Ingrandimenti

padre Raffaele Talmelli
Luciano Regolo

IL DIAVOLO

*Riconoscere la sua seduzione,
difendersi dai suoi attacchi*

MONDADORI

Di Luciano Regolo
nelle edizioni Mondadori

Il dolore si fa gioia
Le lacrime della Vergine
Natuzza, amica mia
Natuzza Evolo
Dove la Madonna parlò a Natuzza

www.librimondadori.it

Il Diavolo
di padre Raffaele Talmelli e Luciano Regolo

ISBN 978-88-04-64049-3

Published by arrangement with Delia Agenzia Letteraria
I edizione settembre 2014
Anno 2014 - Ristampa 1 2 3 4 5 6 7

Indice

9 *Prefazione*
di Luciano Regolo

15 *Introduzione*
di padre Raffaele Talmelli

Parte prima
IL MISTERO DELL'INIQUITÀ

25 1 Alle radici del male
La crisi della ragione, 25 – I demonologi, 28 – Demonologia e magia, 31 – Le negatività, una trappola, 34 – Psicopatologia e malattie dell'anima, 36 – Domande esistenziali, 44

55 2 La menzogna, il ruggito del leone
Nomen omen, 55 – Contra naturam, 60 – Seducere, 64 – Infamare, 66 – Pompa diaboli, 72

Parte seconda
LA LOTTA

79 3 Le corna della bestia
La profonda attrazione, 79 – La comunione profonda, 93 – La punta dell'iceberg, 100

110 4 L'ultima purificazione
San Francesco d'Assisi e il Tentatore, 113 – San Francesco da Paola interroga e scaccia il Maligno, 115 – Santa Gemma Galgani e l'"omino nero", 116 – Le dure prove di santa Faustina Kowalska, 119 – Madre Speranza e Anna Katharina, beate e

perseguitate, 121 – Don Bosco e i lacci dei "gattoni", 124 – Gli esorcismi di don Orione, 126 – Il filo conduttore, 131

Parte terza
I NERI FRUTTI

135 5 Il mostro quadricefalo
La gerarchia impeccabile, 136 – La Chiesa dei puri, 142 – La Chiesa mummificata, 147 – La Chiesa dei "messaggi", 156

170 6 L'enorme drago rosso
Le tenebre del totalitarismo comunista travestite di luce, 190

198 7 Le tenebre dell'intelletto
I tentacoli della Nuova Era, 200 – Il plagio delle menti, 206 – Dalle diagnosi col pendolo alle danze estatiche, 211 – La musica di Belzebù: rock satanico e dintorni, 219

Parte quarta
LA LUMINOSA DIFESA

227 8 La donna vestita di sole
L'esca di santa Caterina e il monumento mariano di Grignion de Montfort, 229 – Perché la Regina del Cielo schiaccia il serpente, 233 – L'appello di suor Lucia dos Santos, 239 – La potente arma del Rosario, 241 – Il ruolo della Madre Celeste negli esorcismi, 245 – L'emblematico caso del beato Bartolo Longo, 247

250 9 I moniti celesti: «Fate quello che Egli vi dirà»
Il vero senso dei messaggi, 251 – La trappola del futuro, 254 – L'affetto della Madre, 257 – Il vero e il falso di La Salette, 259 – Il significato più profondo di Lourdes e la scelta di Benedetto XVI, 266 – I pastorelli di Fatima e la visione dell'Inferno, 273 – L'"eclissi" delle coscienze, 276 – L'offerta e la comunione, via di salvezza, 278 – L'azione congiunta dei due Cuori Immacolati, 281 – La "parte oscura" del terzo segreto: un diabolico inganno, 284 – Lacrime, 293 – Un accorato invito al risveglio dell'anima, 300

304 10 Liberaci dal male
La tromba del Diavolo, 304 – La porta dell'Inferno, 320 – La barca di Pietro, 327

333 *Ringraziamenti*

Il Diavolo

Nota al testo

Pur all'interno di una trattazione congiunta, con reciproco scambio di documenti e intuizioni, si devono a padre Raffaele Talmelli l'Introduzione e i capitoli 1, 2, 3, 5 e 10 [*Imprimatur* dell'arcivescovo di Siena, monsignore Antonio Buoncristiani, e licenza alla pubblicazione del superiore generale dei Servi del Paraclito, padre David T. Fitzgerald]; la Prefazione e i capitoli 4, 6, 7, 8 e 9, dedicati ai fenomeni storicamente più particolari, sono da riferire a Luciano Regolo.

Prefazione
di Luciano Regolo

"Tutti siamo tentati, perché la legge della vita spirituale, la nostra vita cristiana, è una lotta. Perché il principe di questo mondo – il diavolo – non vuole la nostra santità, non vuole che noi seguiamo Cristo. Qualcuno di voi – forse, non so – può dire: 'Ma, Padre, che antico è lei: parlare del diavolo nel secolo ventunesimo!'. Ma, guardate che il diavolo c'è! Il diavolo c'è anche nel secolo ventunesimo! E non dobbiamo essere ingenui, eh? Dobbiamo imparare dal Vangelo come fare la lotta contro di lui."

Questo il monito lanciato da papa Francesco nell'omelia dell'11 aprile 2014 alla messa celebrata in Santa Marta. Solo uno dei suoi tanti richiami a tenere conto dell'esistenza del demonio per poterne fronteggiare l'effetto devastante che produce sulle anime sonnolenti.

"La vita di Gesù è stata una lotta" ha aggiunto papa Bergoglio. "Lui è venuto per vincere il male, per vincere il principe di questo mondo, per vincere il demonio che ha tentato Gesù tante volte, e Gesù ha sentito nella sua vita le tentazioni", come anche le persecuzioni: i cristiani che vogliono "seguire Gesù" devono "conoscere bene questa verità. Come fa il demonio per allontanarci dalla strada di Gesù? La tentazione incomincia lievemente, ma cresce: sempre cresce". Poi "contagia un altro, si trasmette a un altro, cerca di essere comunitaria. E alla fine, per tranquillizzare l'anima, si giustifica. Cresce, contagia e si giustifica".

Per un lungo periodo, dopo il Concilio Vaticano II, anche all'interno degli stessi vertici ecclesiastici resisteva la convinzione che il demonio in quanto tale fosse solo una fantasia superstiziosa, forse il simbolo stesso dell'assenza del bene. Ma, da Paolo VI in poi, gli appelli dei pontefici a prendere in considerazione il Maligno quale attentatore e ingannatore numero uno del nostro tempo si sono fatti sempre più incalzanti. Fino a quelli più recenti di papa Francesco: "Il diavolo tante volte viene travestito da angelo di luce: a lui piace imitare Gesù. Si fa buono e ci parla tranquillamente, come ha parlato a Gesù dopo il digiuno nel deserto". Ecco perché, secondo il pontefice, dobbiamo chiedere al Signore "la saggezza del discernimento per conoscere quando è Gesù che ci dà la luce e quando è proprio il demonio travestito da angelo di luce. Quanti credono di vivere nella luce e sono nelle tenebre, ma non se ne accorgono!".

Che cosa c'è dietro questo serrare le file contro il principe delle tenebre? È vero che, come diceva Baudelaire, il più grande inganno del demonio è lasciarci credere che lui non esista? Come si fa a riconoscere la seduzione del male e a proteggersi dall'assalto delle sette? Sono realmente aumentate queste ultime, come anche le possessioni diaboliche? Perché la Madonna di Fatima fece vedere ai pastorelli l'Inferno? E perché santi e mistici tra i più popolari della nostra epoca, come san Pio da Pietrelcina o Natuzza Evolo, subivano percosse e continui assalti da Satana e dalle sue schiere? È vero che ci sarebbe una minaccia occultistica-satanica-massonica in grado di minare le fondamenta della Chiesa, o non è forse questa stessa paura la vera minaccia, il più temibile inganno soffiato dal Maligno?

Da queste e altre domande sono partito quando ho chiesto a padre Raffaele Talmelli, uomo di cui ho avuto modo di apprezzare l'intensa fede unita al rigore dello studioso, di scrivere con me questo libro. Anche padre Raffaele, oblato benedettino, ora Servo del Paraclito, esorcista e psichiatra, si è trovato davanti al Diavolo, e nessuno meglio di lui può spiegare come la Chiesa cattolica affronta la battaglia contro il Maligno. Oltre ai fenomeni più eclatanti, che in realtà si rivelano spesso frutto di psicopatologie, ci sono casi meno evidenti eppure dalle conseguenze nefaste. E proprio su quest'ultimi bisogna vigilare. Questo è l'insegnamento più prezioso che ho tratto dalle molte conversazioni con padre Raffaele e grazie al nostro studio "congiunto" che ha preceduto la stesura di questo volume.

Uso il termine "studio" nel senso più pieno, poiché è stato indispensabile, almeno per me, prima di affrontare un tema così insidioso, calarmi in alcuni aspetti dottrinali e teologici per fugare il campo da suggestioni, confusioni, dubbi. L'argomento "Diavolo" intriga e turba nello stesso tempo, ma spesso è influenzato dalle antitetiche posizioni che dominano la gran parte dei libri che gli sono stati dedicati: da un lato la spettacolarizzazione, l'angosciosa ricerca dell'effetto brivido che si trascina dal fenomeno cinematografico *L'esorcista* in poi; dall'altro l'atteggiamento *minimal* che tende a liquidare il discorso sul demonio a frutto di mere superstizioni o a "roba da Medioevo".

Le fonti bibliche forniscono senza dubbio un'ottima bussola per non incorrere in alcuno dei due estremi. E da questa convinzione, condivisa con padre Raffaele, ha preso corpo questo testo, il cui scopo non è affatto quello di diffondere paura o allarmismo, ma, al contrario, trasmettere speranza, quell'eterna speranza che si ricava dal Vangelo: la consapevolezza che, se anche esiste la minacciosa ombra del Maligno, ci si può difendere con la conoscenza, la preghiera e una serie di altri facili accorgimenti. Questo lavoro è allora un excursus sulla lotta contro Satana ma anche un vademecum per smascherarlo, dal momento che il più delle volte il Diavolo opera in modo davvero poco plateale, e quindi "neutralizzarlo"...

Nella prima parte si affronta il "mistero dell'iniquità": perché esiste la Bestia? È il quesito che viene più riproposto dai non credenti o dagli scettici, perplessi sul fatto che la mente perfetta di Dio, onnisciente e oltre il tempo, abbia concepito anche il male creando quegli angeli che poi si sono ribellati trasformandosi in demòni, o abbia creato l'uomo e la donna lasciandoli poi esposti alla tentazione.

Come un leone con le sue prede, il demonio attacca l'uomo quando è in solitudine. La sua principale arma è la menzogna, l'inganno che contribuisce all'isolamento dagli affetti autentici e dalla fede, che è amore verso Dio. Per "smascherare" questi strumenti occorre conoscerli, capirne fino in fondo la scaturigine e le manifestazioni nel quotidiano.

La lotta contro il Maligno è l'oggetto della seconda parte del volume. Si comincia dalle tentazioni nel loro triplice volto, recentemente ricordato da papa Francesco: i bisogni corporei di cui il Diavolo si serve volendo farci vivere soltanto di... "biologia"; la "manipolazione" a sfondo religioso – emblematica, a questo riguardo, la vicenda seguita in prima persona da padre Raffaele di quelle due false veggenti che per quattordici anni hanno seminato rovina e zizzania in un'intera comunità con la diffusione di messaggi apparentemente "celesti" –; infine, l'ingannevole promessa della gloria terrena, ossia la seduzione del potere, della ricchezza e della celebrità da conseguire nel minor tempo e senza sforzi, sebbene a costo di notevoli rinunce o compromessi sul piano morale.

L'esempio più illuminante della "difesa" viene dal racconto evangelico delle tentazioni subite da Gesù nel deserto, ma anche le vite di alcuni santi e beati perseguitati dagli assalti diabolici ci indicano la medesima strada. Le botte subite da san Pio da Pietrelcina, o le molestie, le visioni orrende che turbarono i sonni di santa Gemma Galgani e tante altre figure di varie epoche venerate dalla Chiesa altro non furono che la conseguenza del loro vivere pienamente a immagine e somiglianza del Cristo, in totale fusione con Lui, tanto da attirare la violenta opposizione di Satana perché col loro esempio non avvicinassero altre anime a Dio. C'è una precisa ragione teologica che spiega perché il Signore permetta che persone in così stretta comunione con Lui subiscano simili sgradevoli "attentati". Vi si può vedere la possibilità non solo di fortificare la santità dei diretti interessati, ma anche di offrire la sofferenza e i fastidi patiti per la salvezza di altre anime che cedono facilmente alle insidie diaboliche.

Le conseguenze della continua azione distruttiva esercitata dal male sugli uomini nel corso dei secoli, i "neri frutti" dell'opera del Maligno esaminati nella terza parte, rivelano che la tentazione più temibile è quella di indurre le menti a pensare che la Chiesa non sia quella che realmente voleva edificare il Cristo. Questa menzogna, che ha un fine disgregante e rovinoso, si basa sulla falsa convinzione che l'infallibilità papale sia assoluta e non legata esclusivamente alle questioni teologiche e dottrinali. I sacerdoti, in quest'ottica fallace, non dovrebbero commettere alcun peccato, alcuna manchevolezza. Attirando quindi l'attenzione sulle fragilità o sugli sbagli di singoli ecclesiastici, s'instilla il dubbio, la sfiducia verso l'intera Chiesa. Ma Gesù, fondando quest'ultima, non rese i suoi apostoli immuni dal commettere errori, ma soltanto dall'insegnare degli errori. Le idee dell'infallibilità e della purezza a tutto tondo, agitate per gettare discredito sulla Santa Sede e sulla dottrina cattolica, possono essere considerate come due delle quattro teste di un mostro feroce che vorrebbe dilaniare l'unità del corpo mistico voluto dal Cristo. La terza è quella costituita dall'illusione di un'"Età dell'oro" della tradizione ecclesiastica, che spinge a riandare al passato e a ritenere la Chiesa odierna inadeguata; la quarta è quella dei "falsi profeti" dispensatori di messaggi "celesti" che si pongono, invece, addirittura in posizione privilegiata, se non in contrasto con il Vangelo, in cui è contenuto l'intero, unico ed eterno messaggio di salvezza. Questo, nel nostro tempo, sta diventando uno dei pericoli *diabolici* di maggiore impatto.

La storia recente, attraverso le esperienze dei totalitarismi del ventesimo secolo, mostra a quali nefaste e violente conseguenze possa portare la seducente idea di una comunità di eletti o di una perfezione terrena da realizzare a qualunque costo. L'ombra del Diavolo fu colta da Pio XII nell'agire folle di Hitler, tanto da aver tentato di esorcizzarlo più volte a distanza, così come fu intravista dai tanti religiosi perseguitati nei Paesi comunisti tra gli anni Cinquanta e Sessanta, molti dei quali oggi elevati alla gloria degli altari.

L'inganno di una scorciatoia per la piena felicità su questa terra e quello di una verità destinata a pochi "iniziati" è alla base dell'agguerrito attacco diabolico pienamente in corso nel nostro tempo. Sette e psicosette, monitorate in Italia anche dal ministero degli Interni, continuano a mietere vittime, obnubilando le coscienze e non sempre col semplice scopo di svuotarne le tasche. C'è tutta una schiera di pseudoguru che godono nel destrutturare, attraverso tecniche di plagio, le personalità più fragili, spingendole a un materialismo e a un egoismo sfrenati, mentre parlano di "armonia" e "congiungimento" col cosmo. Illuminanti al riguardo le testimonianze rese di recente da alcune celebrità come la show-girl Michelle Hunziker. Diversi demonologi poi, talvolta non senza esagerazione, hanno messo in guardia dal rischio, elevato specie per gli adolescenti, di messaggi subliminali a sfondo satanico, veicolati attraverso la musica o i video.

Ma l'allarmismo non serve. E la paura non è affatto d'aiuto. La "luminosa difesa", di cui si parla alla conclusione del libro, ci viene dalla fede più sincera, dalle Sacre Scritture, dal più autentico amore cristiano, dalla preghiera convinta. Specie quella mariana, come il Rosario, l'invocazione alla biblica "donna vestita di sole" destinata a schiacciare il serpente. Come Madre premurosa, nei suoi veri messaggi, nelle sue vere apparizioni, non ha fatto altro che ribadire la verità del Vangelo in momenti storici ben precisi nei quali gli uomini, suoi figli, sembravano averle dimenticate. Chi si affida totalmente al suo Cuore Immacolato, secondo l'esperienza mistica dei pastorelli di Fatima richiamata più volte dagli ultimi tre pontefici, chi crede davvero al sacrificio d'amore del Cristo, non dovrà temere alcunché, né potrà mai dubitare del trionfo del bene. La "tromba del Diavolo", allora, continuerà a suonare ma invano, e l'umile barca di Pietro supererà ogni tempesta, come disse Benedetto XVI nell'ultimo giorno del suo pontificato.

Introduzione
di padre Raffaele Talmelli

«Cristo è risorto!» È il gioioso saluto pasquale che i cristiani ortodossi usano scambiarsi quando si incontrano. Chi ha scoperto Gesù Cristo non ha bisogno di andare a cercare la salvezza altrove. Sa che la notizia sconvolgente della sua vittoria sul male e sulla morte è la "bella notizia" di cui l'uomo vive. E quella deve annunciare. Ogni cristiano è chiamato a credere e testimoniare la risurrezione del Cristo. Partendo da questa fede, di fronte agli immensi problemi del mondo l'atteggiamento è radicalmente diverso: non più l'analisi sterile di tutte le sfaccettature e implicanze dei problemi, ma la ricerca delle tracce della vittoria del Cristo, le orme del suo passaggio, i semi di bene che germogliano nei solchi della storia. È questione di prospettiva. O si analizza il concime nella sua composizione, o lo si usa, come il vignaiolo del Vangelo, per fertilizzare il terreno in vista della produzione dei frutti più dolci della terra (cfr. *Lc* 13,8). Nella nostra fede, il Cristo ha già "vinto il mondo" (*Gv* 16,33). La teologia biblica insiste sul concetto del "già e non ancora", perché la salvezza aspetta il suo ultimo compimento. In questa attesa si innesta il nostro agire.

Uno dei frutti più concreti del cristianesimo è stata la liberazione dalla paura. Oggi si spaccia il paganesimo come la condizione ideale per vivere in maniera pacifica e tranquilla. La condizione precristiana non è mai stata caratterizzata da un cielo sereno che avvolge l'umanità; è stata segnata piuttosto dall'incombenza di un fato inesorabile su un mondo dominato da demòni e oscure forze della natura. L'esperienza terrificante di tante vittime di sette, esoterismo e magia ne è sempre prova. Affermava l'allora cardinale Joseph Ratzinger: "È Cristo il 'Dio vicino' che ha forza e volontà di liberarci: per questo il Vangelo è davvero 'buona notizia'. E per questo dobbiamo continuare ad annunciarlo a quei regimi di terrore che sono spesso le religioni non cristiane. Dirò di più: la cultura atea dell'Occidente moderno vive ancora grazie alla libertà dalla paura dei demòni portata dal cristianesimo. Ma se questa luce redentrice del Cristo dovesse spegnersi, pur con tutta la sua sapienza e con tutta la sua tecnologia il mondo ricadrebbe nel terrore e nella disperazione. Ci sono già segni di questo ritorno di forze oscure, mentre crescono nel mondo secolarizzato i culti satanici".[1] Se è importante sottolineare i pericoli, non bisogna in nessun modo cadere in quella visione negativa che ci impedisce di scorgere sia la luce portata dal Cristo che i doni dello Spirito. La visione pessimistica dell'esistenza in cui il male trionfa e l'evoluzione porta solo sciagure non è una visione cristiana. Papa Giovanni XXIII, nel solenne discorso di apertura del Concilio Vaticano II, non poté fare a meno di "risolutamente dissentire" dall'atteggiamento disfattista che da sempre aleggia tra i cristiani, persino nei sacri palazzi. Non esitò ad appellare "profeti di sventura" e persone "senza sufficiente obiettività né prudente giudizio" coloro che non riuscivano a cogliere il positivo, le orme del passaggio di Dio, nel tempo presente.

> Spesso infatti avviene, come abbiamo sperimentato nell'adempiere il quotidiano ministero apostolico, che, non senza offesa per le Nostre orecchie, ci vengano riferite le voci di alcuni che, sebbene accesi di zelo per la religione, valutano però i fatti senza sufficiente obiettività né prudente giudizio. Nelle attuali condizioni della società umana essi non sono capaci di vedere altro che rovine e guai; vanno dicendo che

[1] Cit. in Vittorio Messori, *Rapporto sulla fede*, Edizioni Paoline, Cinisello Balsamo (Mi) 1985, p. 144.

> i nostri tempi, se si confrontano con i secoli passati, risultano del tutto peggiori; e arrivano fino al punto di comportarsi come se non avessero nulla da imparare dalla storia, che è maestra di vita, e come se ai tempi dei precedenti Concili tutto procedesse felicemente quanto alla dottrina cristiana, alla morale, alla giusta libertà della Chiesa.
>
> A Noi sembra di dover risolutamente dissentire da codesti profeti di sventura, che annunziano sempre il peggio, quasi incombesse la fine del mondo.

E indicò la corretta chiave di lettura, che solo chi è veramente convinto della vittoria del Cristo può comprendere:

> Nello stato presente degli eventi umani, nel quale l'umanità sembra entrare in un nuovo ordine di cose, sono piuttosto da vedere i misteriosi piani della Divina Provvidenza, che si realizzano in tempi successivi attraverso l'opera degli uomini, e spesso al di là delle loro aspettative, e con sapienza dispongono tutto, anche le avverse vicende umane, per il bene della Chiesa.[2]

La tentazione di vedere nel tempo presente l'apice di tutti i mali e la sconfitta del Regno di Dio è sempre in agguato. Nell'agosto del 410, il "sacco di Roma" concluse il terzo assedio condotto dai Visigoti di Alarico. In pochi decenni le orde barbariche frantumarono l'Impero romano. Molti si convinsero che fosse veramente giunta la fine del mondo. Lo stesso sant'Agostino morirà nel 430 durante l'assedio della sua città, Ippona. In un certo senso un mondo finiva davvero. Eppure il "Dottore della Grazia" aveva invitato tutti, fino all'ultimo, a non perdere la speranza. Soprattutto stigmatizzava l'atteggiamento dei *laudatores temporis acti* che spegnevano ogni possibile risonanza positiva nel presente come nel futuro. Risulta ancora attualissimo un suo famoso discorso, che vale sempre la pena rileggere:

> Tutte le volte che sopportiamo angustie o tribolazioni, queste costituiscono per noi un avvertimento e nello stes-

[2] Giovanni XXIII, Discorso di apertura del Concilio Vaticano II, 11 ottobre 1962.

so tempo un mezzo per correggerci. Infatti anche la Sacra Scrittura non ci promette pace, sicurezza e tranquillità; anzi il vangelo non ci nasconde le tribolazioni, le angustie e gli scandali. Assicurò però che "chi persevererà sino alla fine, sarà salvato" (*Mt* 10,22). Dal primo uomo non avemmo alcun bene, anzi ereditammo la morte e la maledizione, da cui doveva venire Cristo a liberarci. Perciò non lamentiamoci e non mormoriamo, o fratelli. Ce ne mette in guardia anche l'Apostolo dicendo: "Mormorarono alcuni di essi, e caddero vittime dello sterminatore" (1*Cor* 10,10). Che cosa di nuovo e insolito, o fratelli, patisce ai nostri tempi il genere umano, che non abbiano patito i nostri padri? Anzi possiamo noi affermare di soffrire tanto e tanti guai quali dovettero soffrire loro? Eppure troverai degli uomini che si lamentano dei loro tempi, convinti che solo i tempi passati siano stati belli. Ma si può essere sicuri che se costoro potessero riportarsi all'epoca degli antenati, non mancherebbero di lamentarsi ugualmente. Se, infatti, tu trovi buoni quei tempi che furono, è appunto perché quei tempi non sono più i tuoi. Dal momento, infatti, che sei già libero dalla maledizione, che possiedi già la fede nel Figlio di Dio, che sei già stato iniziato e istruito nelle sacre Scritture, non vedo come tu possa pensare che Adamo abbia conosciuto tempi migliori. Anche i tuoi genitori hanno portato l'eredità di Adamo. Ed è proprio Adamo al quale fu detto: "Con il sudore del tuo volto mangerai il tuo pane e lavorerai la terra da cui sei stato tratto; essa spine e cardi produrrà per te" (cfr. *Gen* 3,19.18). Ecco che cosa ha meritato, che cosa ha ricevuto, ecco che cosa gli ha inflitto il giusto giudizio di Dio. Perché allora credi che i tempi passati siano stati migliori dei tuoi? Considera bene che il primo Adamo sino all'uomo odierno non incontra se non lavoro, sudore, triboli e spine. Cadde forse su di noi il diluvio? Son venuti forse su di noi tempi tanto terribili di fame e di guerre, come una volta e tali da giustificare il nostro lamento contro Dio a causa del tempo presente? Pensate dunque che sorta di tempi erano quelli. Sentendo o leggendo la storia di quei fatti, non siamo forse rimasti inorriditi? Perciò abbiamo piuttosto motivo di rallegrarci, che di lamentarci dei nostri tempi.[3]

[3] Agostino, *Discorsi*, 346/C, 1.

Un esorcista a cui viene chiesto di parlare del demonio lo deve fare nella giusta prospettiva. Probabilmente chi è ghiotto di racconti truculenti, bave sgocciolanti, "diverse lingue, orribili favelle, parole di dolore, accenti d'ira, voci alte e fioche, e suon di man con elle",[4] in questo testo non troverà quello che cerca. Sebbene "non ci fa certamente piacere intrattenervi sul diavolo, la dottrina della quale esso offre lo spunto risulterà assai utile per voi".[5] Abbiamo deciso dunque di scrivere insieme questo libro, forse un po' controcorrente, per dare una traccia, per inquadrare l'azione del Maligno nella giusta prospettiva. Cioè "in rapporto alla sconfitta che sta subendo da parte di Colui che ci ha assicurato: 'Coraggio, io ho vinto il mondo'".[6] E anche per mettere in guardia da alcune trappole che il "nemico dell'uomo" (1*Pt* 5,8) semina sul nostro cammino. La ragione profonda per cui lo sconfitto conduca comunque una lotta inesorabile resta fondamentalmente un mistero. Il "mistero dell'iniquità" (2*Ts* 2,7), appunto. Proprio nel documento più "ottimista" dell'intero Concilio ecumenico Vaticano II, i padri conciliari non esitano a scrivere:

> Tutta intera la storia umana è pervasa da una lotta tremenda contro le potenze delle tenebre, lotta cominciata fin dall'origine del mondo, che durerà fino all'ultimo giorno. Inserito in questa battaglia, l'uomo deve combattere senza soste per poter restare unito al bene, né può conseguire la sua interiore unità se non a prezzo di grandi fatiche, con l'aiuto della grazia di Dio.[7]

La demonologia e i problemi che essa pone, per quanto gravi, non devono tuttavia avere il primato in una visione adulta e integrale della fede e all'interno di un corretto concetto della gerarchia cristiana delle verità. Quando si decide di parla-

[4] Dante Alighieri, *Divina Commedia, Inf.* III, 25-27.
[5] Giovanni Crisostomo, *De diabolo tentatore,* Omelia II, 1.
[6] Giuseppe Zenti, *Lettera aperta rivolta al direttore di Radio Maria,* nell'"Azione", 11 dicembre 2005.
[7] Concilio Vaticano II, Costituzione pastorale sulla Chiesa nel mondo contemporaneo *Gaudium et Spes,* n. 37.

re di Satana, si deve sempre ricordare che non è un dio alternativo, ma una creatura che, come tale, è sempre soggetta al Creatore e quindi ha un potere limitato, e non può cancellare la libertà dell'uomo.[8] È un cane alla catena. "Il male non avrà l'ultima parola, ma l'amore, la misericordia e il perdono."[9]

Può risultare strano iniziare un libro sul Diavolo parlando della vittoria del Cristo. Ma è solo inquadrando il "problema diabolico" nel contesto dell'economia della salvezza che esso acquista un senso. Porre un'enfasi eccessiva su tali fenomeni, quasi fossero più importanti del Vangelo o delle virtù cristiane, è sicuramente fuorviante. Come dimenticarsi della meta per fermarsi ad ammirare il panorama. Concentrarsi su un particolare decontestualizzato è già una visione diabolica; il frammento di un puzzle ci fa capire ben poco della bellezza del quadro, come spiegheremo nelle pagine successive.

L'evangelista Giovanni ci dice che il Cristo è "la luce vera, quella che illumina ogni uomo" (*Gv* 1,9) e che a quanti "lo hanno accolto, ha dato potere di diventare figli di Dio" (*Gv* 1,12). Si capisce chiaramente che nella parola *diventare* è racchiusa una dinamica, un cammino, una meta. I Vangeli sinottici si concludono con la salita di Gesù al Padre; il cammino terreno compiuto da Gesù è una continua salita: a Gerusalemme, al monte, al cielo. Ai discepoli lascia il compito preciso di battezzare "tutti i popoli nel nome del Padre e del Figlio e dello Spirito Santo" (*Mt* 28,19). È interessante notare che nel testo greco la preposizione usata per esprimere "nel nome" sia la preposizione *eis*, che indica chiaramente un moto a luogo. Una meta. Non dunque una visione paralizzata e statuaria della vita, ma un continuo viaggio verso il cielo: "Al ciel siete chiamati! [...] Sù, anime leggiadre, vestitevi d'amore".[10] Il Catechismo riassumeva la parabola umana con queste parole:

[8] Cfr. Conferenza episcopale toscana (d'ora in poi, CET), Nota pastorale, *A proposito di magia e di demonologia*, 1° giugno 1994, n. 20.
[9] Francesco, Via Crucis al Colosseo, 18 aprile 2014.
[10] Giovanni Animuccia (1520-1571), *Laudate Dio*, lauda spirituale dell'Oratorio filippino.

> L'anima umana è spirituale e ragionevole, libera nel suo operare, capace di conoscere e di amare Dio e di goderlo eternamente: perfezioni che rispecchiano in noi un raggio dell'infinita grandezza del Signore.[11]

Questa premessa è necessaria. Come sottolineava il vescovo di Verona Giuseppe Zenti: "Non conviene parlare troppo di Satana. C'è il rischio che se ne faccia propaganda, pur con tutta l'intenzione contraria. La nostra pubblicità conviene riservarla, in esclusiva, al Vangelo. E occorre essere attenti a non dare l'impressione che alla fine il vincitore è lui".[12] Non possiamo d'altronde escludere che l'insistenza mediatica sul Diavolo sia totalmente estranea alla genesi della morbosa curiosità sul satanismo che tragicamente affascina tanti giovani. Resta sempre vero che il male si vince facendo il bene (cfr. *Rm* 12,21), e l'enfasi sul male, oltre a non essere il metodo cristiano, rischia di collaborare alla sua diffusione. Un giornalista lo sa bene.

Affrontiamo dunque un discorso pieno di rischi. Le sfaccettature dell'azione diabolica toccano tutto il creato; quando ci imbattiamo in qualcuna di esse, l'esperienza è sempre terrificante. Ma, come cristiani, condividiamo la grande certezza che Gesù infuse a Pietro:

> E io ti dico: tu sei Pietro e su questa pietra edificherò la mia Chiesa e le porte degli inferi non prevarranno contro di essa (*Mt* 16,18).

[11] Pio X, *Catechismo Maggiore*, Tipografia vaticana, Roma 1905, n. 55.
[12] G. Zenti, *art. cit.*

Parte prima

IL MISTERO DELL'INIQUITÀ

1
Alle radici del male

La crisi della ragione

Charles Baudelaire, a metà Ottocento, affermava "Miei cari fratelli, non dimenticate mai, quando si sente lodare il progresso della ragione, che il più grande inganno del Diavolo è quello di convincere che non esiste".[1] Da allora sono cambiate molte cose. Con buona pace di Baudelaire, varcato il Terzo millennio non si può ancora sostenere che la mentalità sia orientata all'esaltazione del lume della ragione. Già Chesterton, più di un secolo fa, scriveva: "La ragione ha bisogno di difesa: tutto il mondo moderno è in guerra con la ragione, e la torre già vacilla".[2] La torre ha profonde crepe. Basti riflettere un momento sulla lotta "scientifica" scatenata contro quella che tutta la filosofia classica ha considerato la ragione per eccellenza: la *natura ut ratio* ovvero la "legge naturale" o "diritto naturale". Ogni minimo accenno all'esistenza di una legge naturale scatena violente rivolte di pensiero, ribellioni di intellettuali, proteste dei movimenti più emancipati. Eppure sembrerebbe così "naturale" e ragionevole che le ali siano fatte per volare e gli occhi per vedere. Ma non si può dire. Non si può dire perché ciò impliche-

[1] Charles Baudelaire, *Le Spleen de Paris*, in *Petits Poèmes en prose* [1862], Librairie générale française, Québec 2003, p. 150.
[2] Gilbert K. Chesterton, *Ortodossia* [1908], Morcelliana, Brescia 2008, p. 45.

rebbe un finalismo, un'insopportabile ammissione che esiste un progetto intrinseco alla natura stessa e, se esiste un progetto, significa che c'è una volontà: "Ciò, d'altra parte, presupporrebbe un Dio creatore, la cui volontà si è inserita nella natura".[3] Incredibilmente, la Chiesa cattolica, da secoli accusata di voler oscurare il lume della ragione, sembra essere l'ultima paladina in difesa della ragione, come ha mostrato tutto il pontificato di papa Benedetto XVI. E allora si sa: "Il sonno della ragione genera mostri".[4] Ovviamente i cristiani non sono rimasti immuni in mezzo a tanti sconvolgimenti culturali. Per limitarci all'argomento di questo libro, possiamo ben dire che siamo passati dalla non esistenza del Diavolo paventata da Baudelaire, alla riproposizione del mostro. Non che il Diavolo non sia un mostro! Lo è sicuramente, e della peggior specie. Ma la sua mostruosità non sta nelle fattezze del corpo che – in quanto spirito – non ha; è una mostruosità perversa, che trasforma in male tutte le cose più belle che Dio ha creato. Come l'intelletto, la volontà e la libertà. E mentre il Cristo fa "nuove tutte le cose" (*Ap* 21,5), il Maligno le rende inevitabilmente vecchie e disgustose. Mentre la grazia di Dio sa ricavare il bene anche dal male, l'azione diabolica sa trasformare tutto in male. Ci si passi la metafora: come un immenso intestino trasforma in escrementi anche i cibi più deliziosi. Non a caso, la visione dantesca dell'Inferno sarà di dannati immersi nello sterco proveniente da tutte le latrine (*privadi*) del mondo:

> Quivi venimmo; e quindi giù nel fosso
> vidi gente attuffata in uno sterco
> che da li uman privadi parea mosso.
>
> E mentre ch'io là giù con l'occhio cerco,
> vidi un col capo sì di merda lordo,
> che non parëa s'era laico o cherco.[5]

[3] Benedetto XVI, Discorso al Bundestag, 22 settembre 2011.
[4] *El sueño de la razón produce monstruos*, titolo di una famosa acquaforte realizzata nel 1797 da Francisco Goya.
[5] Dante Alighieri, *Divina Commedia, Inf.* XVIII, 112-117.

Benché nei documenti conciliari il tema demoniaco venga affrontato sedici volte,[6] ne è seguito un lungo silenzio, un vuoto, specialmente nella formazione dei sacerdoti. Per esempio, in pochissimi seminari si è affrontato lo studio della teologia ascetica e mistica. Papa Paolo VI, in un'udienza che suscitò violente contestazioni ("curiosamente soprattutto da parte di quei commentatori ai quali nulla dovrebbe importare un aspetto di una fede che dicono di rifiutare nella sua totalità"),[7] aveva lamentato l'insufficiente attenzione al problema da parte della teologia contemporanea: "Sarebbe questo sul Demonio, e sull'influsso ch'egli può esercitare sulle singole persone, come su comunità, su intere società, o su avvenimenti, un capitolo molto importante della dottrina cattolica da ristudiare, mentre oggi poco lo è".[8] L'esito di tale insufficiente attenzione è stato una sorta di demonologia "fai da te", in cui ciascuno, ignorando l'insegnamento del magistero, si è creato le proprie soluzioni. Ma non si tratta di innocue soluzioni.

A riempire il vuoto, poi, ha provveduto, a suo modo, il cinema. Non possiamo dimenticare l'enorme influenza che, negli anni Settanta, ebbe il film *L'esorcista*.[9] Il demonio, totalmente svincolato dalle sue radici scritturali, appare come responsabile di fenomeni paranormali in pieno genere horror. Mentre nel Medioevo l'orrida iconografia del Maligno aveva il preciso scopo di raffigurare la tragedia del peccato per dissuadere i peccatori, nelle moderne rappresenta-

[6] Cfr. Concilio Vaticano II, *Sacrosantum Concilium*, n. 6; *Lumen Gentium*, n. 5 § a; n. 16; n. 35 § a; *Dignitatis humanæ*, n. 11 § b; *Ad Gentes*, n. 3 § a; n. 9 § b; n. 14 § b; nota n. 19; n. 48 § c; n. 63; *Gaudium et Spes*, n. 2 § b; n. 13 §§ a, b; n. 22; n. 37 §§ a, b.

[7] Joseph Ratzinger in Vittorio Messori, *Rapporto sulla fede*, Edizioni Paoline, Cinisello Balsamo (Mi) 1985, p. 144.

[8] Paolo VI, Udienza generale, 15 novembre 1972.

[9] *The Exorcist*, di William Friedkin, tratto dall'omonimo romanzo di William Peter Blatty, fu distribuito in Italia, con il titolo *L'esorcista*, nel 1973, l'anno successivo alla famosa udienza di Paolo VI. Sebbene gravato dalla censura, ebbe un enorme successo e un forte impatto culturale. A tutt'oggi, è classificato tra i primi dieci film che hanno ottenuto i maggiori incassi nella storia del cinema.

zioni si traduce in una fenomenologia finalizzata a creare emozioni forti. Nulla più. Molti fedeli ricorrono all'esorcista perché spaventati da rumori notturni, ma per nulla intimoriti dalla loro vita morale dissoluta. Come l'eterno gusto per lo spettacolo della sofferenza e della morte: una manciata di pop-corn, qualche salatino e un digestivo; ma non scatta la benché minima solidarietà. Decisamente il Secolo dei Lumi è tramontato, per lasciare brillare il secolo delle emozioni. Emozioni forti, emozioni violente, lo "sballo". Tragico ed effimero si intrecciano in un abbraccio moralmente esiziale. D'altronde, ogni telegiornale inizia con un brutale assassinio e si conclude con una sfilata di moda.

I demonologi

Dobbiamo notare, senza scandalizzarci, che molti cristiani hanno seguito il fiume delle emozioni e, proprio dagli anni Settanta, anche la demonologia "fai da te" ha fornito sostanzioso combustibile per il calderone emozionale. Anziché approfondire il ruolo tremendo del "mistero dell'iniquità" e inquadrarlo in un cammino di conversione personale, persino alcuni sacerdoti si sono spinti sulla ribalta mediatica in veste di spettacolari "cacciatori di demòni". Tutto ciò che poteva stuzzicare la fantasia dell'audience è stato fatto. L'esito? La banalizzazione dell'azione demoniaca affinché, polarizzando l'attenzione di cristiani e non cristiani su particolari teatrali e inconsistenti, l'opera del "Nemico degli uomini" potesse procedere indisturbata. Fissarsi sul polverone paranormale significa distogliere lo sguardo dalla realtà in cui il Maligno agisce realmente. Ammoniva Giuseppe Zenti:

> Non se ne può fare, attraverso qualche voce che si esprime ai microfoni di Radio Maria, un fenomeno di incontrollata espansione, come se in queste persone di fatto il demonio si sia scatenato. Lo scatenamento del demonio ha ben altre aree: le guerre, le ingiustizie, gli egoismi, l'induzione alla prostituzione, la pedofilia, la pornografia, la disgrega-

zione della famiglia, le bestemmie conclamate, la cultura dell'indifferenza, dell'ateismo pratico, dell'arrivismo, della sensualità sfrenata.[10]

A questo punto bisognerebbe coraggiosamente aggiornare la frase di Baudelaire: "Miei cari fratelli, non dimenticate mai che il più grande inganno del Diavolo è quello di convincere che la sua presenza è da cercarsi negli sbalzi d'umore, nei pensieri ossessivi, nell'insonnia, nei vomiti incoercibili, nelle fobie, nelle voci minacciose, nei rituali ossessivi. In una parola: nell'ambulatorio dello psichiatra. E, perché no, anche tra gli ecclesiastici che invitano alla prudenza sui fenomeni straordinari". L'Ingannatore ha agito deformando i tradizionali criteri di riconoscimento; come in tutte le guerre, ha saputo calamitare le difese nemiche su un falso obiettivo.

Capiamo bene che una siffatta demonologia, come uno specchietto per allodole, attiri tanti sguardi in modo da non vedere le trappole in cui l'umanità si precipita. Il triste esempio del "vescovo esorcista", monsignor Emmanuel Milingo, deve aiutarci ad aprire gli occhi: per anni ha praticato esorcismi, sfidando, oltre che il buon senso, i criteri indicati dalla Chiesa. Invitato più volte alla prudenza ha continuato la sua opera sbandierando che "il fumo di Satana è entrato nella Chiesa".[11] La maggior parte dei vescovi, nelle cui diocesi andava a celebrare i suoi riti di guarigione e gli esorcismi, non gli permetteva di

[10] Giuseppe Zenti, *Lettera aperta rivolta al direttore di Radio Maria*, nell'"Azione", 11 dicembre 2005.

[11] L'espressione fu pronunciata da Paolo VI durante l'omelia del 29 giugno 1972, in occasione della solennità dei Santi apostoli Pietro e Paolo, e da allora viene regolarmente impugnata da tutti quelli che, per qualche ragione, credono opportuno disubbidire al magistero. Monsignor Milingo denunciò pubblicamente le "influenze sataniche sul Vaticano" alla "Terza conferenza di pace" dei *crusaders* (così chiamati dal nome della loro testata, "Fatima Crusader"), cristiani di stampo vetero-cattolico che, ispirandosi ai messaggi di Fatima, propugnano una lotta senza quartiere contro il comunismo e accusano violentemente le gerarchie vaticane, papa compreso, di avere manipolato i messaggi della Madonna al fine di non indire un'autentica crociata contro i nuovi nemici della Chiesa.

celebrare in chiesa, per cui i raduni avvenivano in grandi alberghi. Convinto che tutte le malattie psichiatriche fossero segno della presenza di Satana, fra urla e contorsioni, esorcizzava tutti coloro che lo desideravano; da ultimo si convinse che anche i malati di cancro fossero da esorcizzare. Già Esopo aveva scritto una istruttiva favola sul pastore che gridava "Al lupo!" in assenza di lupi... Una cosa è certa: chi vede sempre il Diavolo dove non c'è, quando lo incontra lo accoglie con uno smagliante sorriso. L'abiura della fede cristiana, l'adesione alla "Chiesa dell'unificazione", il matrimonio, l'approdo scismatico: in Milingo vi fu un crescendo di divisione fino alla spaccatura totale. Risultano quanto mai profetiche le parole di Tanquerey:

> Se vi furono qualche volta esorcisti che s'ingannarono, lo dovettero al non essersi attenuti alle regole fissate dal *Rituale*. A scanso di errori, è opportuno far esaminare il caso non solo da sacerdoti ma anche da medici cristiani.[12]

Ma l'esempio del "vescovo esorcista" diventato eretico e scismatico ci fa riflettere su un'altra realtà: la preghiera, esorcismo incluso, non è una formula magica. Non basta profferire parole per ottenere l'effetto sperato. Anche il Diavolo recita preghiere e salmi. A modo suo. Pensiamo a Satana in persona che, parlando con Gesù, gli propone una rovinosa discesa dal pinnacolo del tempio offrendogli la sua interpretazione del salmo 90:

> Se tu sei Figlio di Dio, buttati giù; sta scritto infatti: "Ai suoi angeli darà ordine per te, perché essi ti custodiscano"; e anche: "Essi ti sosterranno con le mani, perché il tuo piede non inciampi in una pietra" (*Lc* 4, 9-11).

Fuori dalla comunione ecclesiale, sia le preghiere sia le Sacre Scritture possono diventare armi del Maligno. È indispensabile comprendere che parlare e agire in nome di

[12] Adolfo [Adolphe] Tanquerey, *Compendio di Teologia ascetica e mistica*, Società di S. Giovanni Evangelista, Desclée & Co., Paris 1928^5, III, c. III, n. 1542.

Cristo significa anche vivere in profonda sintonia con tutto ciò che "la santa Chiesa ci propone a credere", come recita l'*Atto di fede*. Ogni sacerdote non ha "poteri speciali", ma ha tutto – e solo – il potere che gli è conferito dal sacramento. L'esorcista non agisce da solo: è tutta la Chiesa che, unita allo Spirito Santo, opera in lui in forza del mandato conferito direttamente dal vescovo.

> Confidando nel soffio con il quale il Figlio di Dio dopo la risurrezione donò lo Spirito, la Chiesa agisce negli esorcismi non in nome proprio ma unicamente nel nome di Dio o di Cristo Signore, al quale tutti gli esseri, Diavolo e demoni compresi, devono obbedire.[13]

Per questo è ancora più necessaria la comunione profonda e sincera con la Chiesa. La radice del peccato di Satana fu la disobbedienza, e solo la forza dell'obbedienza lo può scacciare.

Demonologia e magia

A dire il vero, l'insufficienza teologica sottolineata da Paolo VI, almeno a livello magisteriale, fu seriamente affrontata. Nel giugno del 1975, la Congregazione per la dottrina della fede promulgò un importante documento su *Fede cristiana e demonologia*,[14] in cui venne ribadito che l'esistenza di Satana e dei demòni "si presenta come una affermazione indiscussa della coscienza cristiana".[15] Da allora sono seguiti vari documenti, interventi dei papi e la pubblicazione di un nuovo *Rito degli esorcismi* adattato al contesto religioso attuale.

[13] Conferenza episcopale Italiana (d'ora in poi, CEI), *Rito degli esorcismi*, Roma 2001, Presentazione, n. 12; si tratta della traduzione integrale del *De exorcismis et supplicationibus quibusdam*, promulgato con decreto della Congregazione per il culto divino e la disciplina dei sacramenti il 22 novembre 1998.
[14] Congregazione per la dottrina della fede (d'ora in poi, CDF), *Fede cristiana e demonologia*, in *Enchiridion vaticanum*, vol. V, nn. 1347-1393.
[15] Ivi, n. 1364.

Bisogna tuttavia spendere ancora una parola sul tramonto del Secolo dei Lumi. Al drastico ridimensionamento della pretesa razionalistica, ha fatto seguito una sconcertante esplosione del sacro. Una volta abbandonato il Dio cristiano invece dell'auspicato balzo in avanti, si è fatto un passo indietro, tornando a una cultura di stampo precristiano e quindi, in un certo senso, al dio-natura. E il *Deus sive Natura* (Dio, ossia la Natura) porta con sé panteismo e politeismo. Succede così che anche gli straordinari mezzi offerti dalla scienza e dalla tecnica, quando non siano diventati essi stessi divinità, hanno finito col nutrire l'ingordo ventre del nuovo paganesimo; in esso dèi, demòni, negatività ed entità oscure governano il destino degli uomini. Per dirla con Chesterton: "Quando la gente smette di credere in Dio, non è vero che non crede in niente, perché crede in tutto".

La fede cristiana ci insegna che la nostra preghiera ha uno scopo ben preciso: far sì che noi ci conformiamo alla volontà di Dio, e non certo piegare Dio a compiere la nostra volontà (cfr. *Mt* 6,10; *Lc* 22,42). Se è vero che Gesù ha promesso di concedere tutto ciò che sarà richiesto al Padre "nel suo nome" (cfr. *Gv* 16,23), resta pur sempre vero che nel nome di un altro possiamo chiedere o fare solamente ciò che l'altro vuole: riscuotere denaro o favori nel nome di qualcuno, senza averne avuto le debite concessioni, è un reato! Il cristianesimo ci presenta quindi un cammino, un'ascesi per realizzare il progetto che Dio ha pensato quando ci ha voluti al mondo. Nel paganesimo il cammino è esattamente inverso: i riti e le pratiche magiche vorrebbero mettere al proprio servizio le paurose forze occulte che si ritiene agiscano nel mondo, a costo di alleanze con le stesse potenze del male.[16] Ne è conseguito un incredibile proliferare di "operatori dell'occulto", con autentici business fondati sui disagi e le paure. Normalmente, almeno in questo caso, il giro di denaro è rimasto abbastanza estraneo alla Chiesa cattolica. Non è invece rimasto estraneo una sorta di ade-

[16] Cfr. Angelo Scola, *I riti satanici nel giudizio della Chiesa*, nell'"Osservatore Romano", 15 febbraio 1997.

guamento alle leggi del mercato, al punto da indurre persino alcuni religiosi a presentarsi esattamente con le modalità tipiche della magia: amuleti, formule e spettacolarità. Sono persino comparsi, come ai tempi di san Paolo, laici in veste di esorcisti itineranti (cfr. *At* 19,13). L'arcivescovo Antonio Buoncristiani, inviato dalla Conferenza episcopale italiana come "osservatore" al Convegno internazionale degli esorcisti nel giugno del 1996, nella "Riflessione conclusiva" mise in guardia: "Ci sono esorcisti facili ad ammettere e ad agire in base ad asserite fatture e malefici (con i quali la gente si spiega le avversità della vita): il rischio molto grave è quello di mancare alla carità seminando odi, vendette e separazioni all'interno della stessa famiglia [...] C'è poi chi consegna come 'protezione' olio, sale, incenso dopo averli benedetti. Che significato deve attribuirsi loro? Non sono una specie di sostitutivo degli amuleti?".[17] Comportamenti ambiguamente e falsamente religiosi indeboliscono e rischiano di vanificare l'opera di salvezza che la Chiesa porta con la Parola e i sacramenti. Anche i concetti di benedizione, di liberazione e di guarigione bisogna che siano adeguatamente compresi, onde evitare che persino la preghiera di benedizione sia ridotta a un atto più o meno magico.[18]

> Il potere di scacciare i demoni e di liberare il mondo dalla loro oscura minaccia in vista dell'unico e vero Dio – questo potere esclude al contempo ogni concezione magica della guarigione, in cui si cerca di servirsi proprio di queste potenze misteriose. Le guarigioni magiche sono sempre legate anche all'arte di volgere il male contro il prossimo e di mettergli i "demoni" contro. Signoria di Dio, regno di Dio significa propriamente l'esautoramento di queste forze mediante il sopraggiungere dell'unico Dio, che è buono, il Bene in persona.[19]

[17] Archivio personale dell'arcivescovo Antonio Buoncristiani.
[18] Cfr. CET, Nota pastorale *A proposito di magia e di demonologia*, 1° giugno 1994, n. 18.
[19] Benedetto XVI, *Gesù di Nazaret*, Rizzoli, Milano 2007, p. 211.

I vescovi toscani hanno di recente raccomandato ai sacerdoti di astenersi decisamente dal compiere gesti impropri come benedizione di medicinali, fotografie, alberi genealogici e oggetti vari, ma di adeguarsi con precisione alle indicazioni dei rituali approvati.[20]

L'incompatibilità fra magia e fede è un insegnamento costante della tradizione cristiana: nei primi secoli, maghi, astrologi e indovini erano addirittura esclusi dal battesimo. Tertulliano pronuncia parole severissime verso tutti gli operatori di magia:

> Di astrologi, di stregoni, di ciarlatani d'ogni risma, non si dovrebbe nemmeno parlare. Eppure, recentemente, un astrologo che dichiara di essere cristiano ha avuto la sfacciataggine di fare l'apologia del suo mestiere! È dunque necessario ricordare, sia pure brevemente, a lui e ai suoi simili, ch'essi offendono Dio, mettendo gli astri sotto la protezione degli idoli e facendo dipendere da loro la sorte degli uomini. L'astrologia e la magia sono turpi invenzioni dei demoni.[21]

Le negatività, una trappola

Con grande frequenza i fedeli si rivolgono all'esorcista nella convinzione di avere "qualcosa di negativo addosso" e, spesso, esibiscono foto, indumenti (persino mutandine!) e altri oggetti appartenenti a qualche persona cara, dai quali l'esorcista dovrebbe – grazie al suo speciale "sesto senso" – intuire la presenza di qualche "negatività". È difficile non domandarsi chi abbia indotto i fedeli a tale stoltezza.[22] Dicevamo che, purtroppo, in parallelo agli interventi sempre

[20] Cfr. CET, *Esorcismi e preghiere di guarigione*, indicazioni pastorali e norme dei vescovi della Toscana, in corso di stampa.

[21] Tertulliano, *De idolatria*, IX, 1.

[22] Il *Rito degli esorcismi* (Presentazione, n. 7) recita: "Sarebbe quindi da stolti prestare tanta attenzione all'eventuale presenza del Maligno in alcuni fenomeni insoliti e non preoccuparsi affatto della realtà quotidiana della tentazione e del peccato, in cui Satana, 'omicida fin da principio' e 'padre della menzogna' (*Gv* 8,44), è sicuramente all'opera".

chiarissimi del magistero, si è sviluppata una demonologia molto più popolare nella quale criteri, linguaggio e riti sono mutuati direttamente dal mondo della magia. Dobbiamo tristemente notare che alcuni sacerdoti, incuranti della retta catechesi e senza il mandato del loro vescovo, si sono fatti paladini di una tale demonologia giungendo a inauditi eccessi: qualcuno è persino arrivato a cospargere di acqua santa i genitali dei presunti ossessi! Come sempre, presunzione e disobbedienza sono le caratteristiche con le quali il Maligno "firma" i suoi interventi: "Satana si può anche nascondere sotto il manto dell'umiltà, ma non è capace di indossare il manto dell'ubbidienza, ed è qui che si rivela tutto il suo traffico".[23] Va ribadito con chiarezza che gli esorcisti non sono i maghi della Chiesa cattolica. Gli esorcisti non hanno "poteri eccezionali", come visioni a distanza, intuizioni speciali al contatto con oggetti, "viaggi" nell'aldilà o produzione di "fluidi", né sono sensitivi in grado di cogliere le "negatività". Anche la convinzione che certuni abbiano tali poteri è uno degli inganni del Diavolo.

> L'autentico senso della fede non ha bisogno di simili riferimenti. Il discepolato descritto dal Vangelo richiede l'incontro semplice e autentico con Gesù Signore e Maestro, e rifugge da forme di ricerca dello "straordinario". Credere in Gesù, convertirsi alla sua parola e mettersi alla sua sequela, in comunione con tutta la Chiesa, è il paradigma di riferimento essenziale da cercare e perseguire, come hanno fatto milioni e milioni di credenti dalle origini a oggi, senza lasciarsi sviare da concezioni e comportamenti miracolistici e vani.[24]

La Chiesa postconciliare ha riveduto e adattato alle esigenze del proprio tempo alcuni uffici più strettamente legati all'azione liturgica che, conferiti tramite un apposito rito, erano considerati come istituzioni previe per ricevere gli ordini sacri: Ostiariato, Lettorato, Esorcistato e Accolitato (ordini minori); Suddiaconato, Diaconato e Presbiterato (ordini

[23] Faustina Kowalska, *Diario*, II, § 939, Libreria editrice vaticana, Città del Vaticano 1996, p. 337.
[24] CET, *A proposito di magia e di demonologia* cit., n. 12.

maggiori). Di essi sono sopravvissuti soltanto Lettorato, Accolitato, Diaconato e Presbiterato. Il *motu proprio* di Paolo VI *Ministeria quaedam* riduce l'Esorcistato a un servizio che, di fatto, sussiste solo su domanda dei vescovi. È evidente che "la Chiesa, non facendo più di questo ministero una funzione specifica non riconosce più agli esorcismi l'importanza che avevano nei primi secoli".[25] Ciò ha comportato una rilettura dell'ufficio di esorcista, inquadrandolo in una visione più ampia del ministero sacerdotale. Gli esorcisti sono semplicemente sacerdoti che, in dipendenza dai loro vescovi, sono investiti di una missione ecclesiale che devono esercitare con massima prudenza e discrezione; spetta in modo particolare a loro discernere l'azione ordinaria e straordinaria del Maligno, e quindi svolgere un vero e proprio ministero dell'ascolto, "farsi carico in ogni momento della sofferenza di quanti si rivolgono a loro per questi problemi, aiutandoli a cogliere la domanda di senso cristiano dell'esistenza che la loro prova contiene [...] e prevenire quella facile creduloneria che spinga a vedere, sempre e comunque, l'azione straordinaria del Maligno, dimenticando quella ordinaria che è di gran lunga la più massiccia e insidiosa".[26]

Psicopatologia e malattie dell'anima[27]

Nonostante l'indubbio sforzo del magistero di restituire alla demonologia il suo ampio respiro, dove essa non ha preso la deriva del paranormale ha prevalso una concezione riduttiva e asfittica, nella quale l'influsso demoniaco sembra esaurirsi entro la sfera di segnali squisitamente mentali. Che la mente umana sia il luogo di elezione in cui si esprimono le "potenze dell'anima" è fuor di dubbio. Sant'Agostino ne menzionava tre: memoria, intelletto, e volontà. Se è vero

25 CDF, *Fede cristiana e demonologia* cit., n. 1384.
26 CET, *A proposito di magia e di demonologia* cit., Criteri per una corretta lettura della Nota (di Angelo Scola).
27 Per approfondimenti cfr. Raffaele Talmelli, *Ecco, io vedo i cieli aperti – Psicopatologia, fenomeni mistici, demonologia*, OCD, Roma 2008.

che si tratta di "potenze dell'anima", è anche vero che esse sono le nostre facoltà mentali le quali, per potersi esprimere, necessitano di una struttura neurologica perfettamente funzionante. Ci rendiamo conto che attorno alle tre facoltà si coagulino interpretazioni biologiche, psicologiche, filosofiche e teologiche. Diciamo che, anche in questo caso, la prospettiva di lettura è fondamentale. Lo stesso volto della Laura amata dal Petrarca potrebbe essere descritto, in termini assai meno poetici, da un disegnatore forense o da un anatomopatologo. In questo campo è più che mai necessario avere una visione ampia, che tenga conto di tutti i fattori, per non cadere in un riduzionismo veramente *diabolico.*

Certamente, un intelletto mal funzionante desta grande impressione. Deliri, allucinazioni, repentini viraggi d'umore, idee ossessive, comportamenti compulsivi, alterazioni della personalità creano sempre sconcerto. Con il progredire della scienza medica, anche le terapie per i disturbi mentali hanno avuto un enorme sviluppo. Basti pensare che, in meno di tre decenni, siamo passati dal *sine cura* rappresentato dai manicomi, alla cura della stragrande maggioranza dei disturbi mentali, specie se presi per tempo. Tale positiva evoluzione della psichiatria, certamente un dono concesso da Dio, anziché provocare una ubiquitaria riconoscente esultanza, ha incredibilmente scatenato una sorta di maligna rivalità fra psichiatria e demonologia, con enormi danni prima alla salute e poi alla fede.

Alcuni demonologi hanno creduto di ravvisare nelle migliorate tecniche diagnostiche e terapeutiche della psichiatria una sottrazione dei loro "poteri speciali" e, con una tale fuorviante convinzione, si sono posti come sostenitori di una terapia alternativa per i disturbi mentali, da loro chiamati "disturbi spirituali", "malattie dell'anima". Ma per i cristiani le malattie dell'anima sono i peccati e i vizi! Non le depressioni, le fobie, gli attacchi di panico, l'anoressia ecc. I peccati, essendo "atti umani" (che presuppongono intelletto e volontà libera), sono scelte cattive, disordini morali deliberatamente voluti. Le malattie mentali si configurano piuttosto nel quadro delle croci di cui il Maligno dissemina la nostra vita. E se è vero che Dio rigetta il peccato, è altrettanto vero che ci aiuta a portare la croce. Una rivalità analoga si ebbe negli anni Cinquanta, quando si iniziarono a curare le epilessie con i farmaci. Anche allora, ad alcuni esorcisti parve di ravvisare, nelle nuove cure, una moderna espressione della perdita della vera fede.

Purtroppo, rinunciando alla prudente discrezione che deve caratterizzare argomenti tanto delicati, la ribalta mediatica è stata utilizzata per diffondere convinzioni del tipo: "Gli psichiatri che non consultano l'esorcista sono idioti strumenti del Maligno", quasi che la vera infestazione diabolica fosse la terapia farmacologica... Una simile ideologia ha prodotto gravi conseguenze almeno a tre livelli. A livello di molti operatori sanitari che – offesi e mortificati da una sconsiderata predicazione che vorrebbe creare una barricata proprio dove fede e scienza si incontrano e collaborano fattivamente – si sono sentiti allontanati dalla Chiesa. A livello di moltissimi pazienti, specialmente psicotici,[28] i quali – rinforzati dalla pratica impropria di esorcismi e preghiere di liberazione – hanno strutturato le loro convinzioni deliranti e quindi hanno rifiutato le terapie disponibili, con le immaginabili conseguenze. A livello di molti fedeli che – confusi dall'ambiguità del linguaggio – hanno ceduto alla tentazione di credere alle "forze occulte" e alle "negatività" predicate dai maghi.

Se esiste il pericolo di un eccesso di razionalismo che neghi la possibilità di influsso demoniaco, in una società fortemente caratterizzata dal prevalere di forme di pensiero magico, occultista e superstizioso, ne esiste uno peggiore: che persone afflitte da psicopatologie più o meno gravi ritengano di essere vittime di influssi satanici e, per questa

[28] Si definiscono psicotici i pazienti che presentano una severa alterazione dell'equilibrio psichico, con perdita del rapporto con la realtà, deliri (irriducibili convinzioni erronee) e allucinazioni sensoriali (percezioni senza oggetto) con assenza di consapevolezza. Possono inoltre comparire repentini cambiamenti del tono dell'umore, impulsi a comportarsi in modo bizzarro o aggressivo.

ragione, rifiutino la terapia. In questi casi lo sfacelo della vita personale, famigliare e sociale è la conseguenza più immediata. Con grande prudenza il nuovo *Rito*, ponendo fine alla atavica commistione superstizione-fede, afferma:

> Nel caso di un intervento che viene ritenuto diabolico, l'esorcista usi in primo luogo la necessaria e massima cautela e prudenza. Anzitutto non creda subito di trovarsi di fronte a una persona posseduta dal demonio, perché potrebbe trattarsi di un caso di malattia soprattutto di natura psichica. Allo stesso modo non creda subito di essere in presenza di una possessione diabolica quando il soggetto dice di essere in modo speciale tentato o depresso o anche tormentato, potendosi trattare di frutto di immaginazione.
>
> Sappia distinguere bene i casi di aggressione diabolica da quelli derivanti da una certa credulità, che spinge alcuni, anche tra i fedeli, a ritenersi oggetto di malefici, sortilegi o maledizioni fatte ricadere da altri su di loro o sui loro parenti o sui loro beni. Non neghi loro l'aiuto spirituale, ma eviti assolutamente di ricorrere all'esorcismo.[29]

Identificare la malattia mentale con la possessione diabolica può solo ingenerare ulteriore confusione e dolore in persone già fortemente provate. Giovanni Paolo II, intervenendo a un congresso di Neuropsichiatria, ebbe a dire:

> La Chiesa cattolica ammira e incoraggia il lavoro e l'impegno degli uomini e delle donne di scienza come esploratori dell'uomo e dell'universo. Mentre la Chiesa non pretende di avere una particolare competenza nella natura specificatamente scientifica dei vostri sforzi, gradisce sinceramente e apertamente il progresso della conoscenza ottenuto con mezzi onesti. Essa è fermamente convinta che il progresso della scienza è una speciale forma di servizio all'umanità. Desidero fare mie le parole del Concilio Vaticano II per assicurarvi che "i vostri sentieri non ci sono estranei. Noi (nella Chiesa) siamo amici della vostra vocazione di ricercatori, compagni nelle vostre fatiche, ammiratori dei vostri successi, e, se necessario, consolatori nei vostri insuccessi e

[29] CEI, *Rito degli esorcismi* cit., Premesse generali, nn. 14-15.

scoraggiamenti" (*Messaggio del Concilio Vaticano II agli uomini e donne di pensiero e di scienza*). In questo senso la Chiesa apprezza enormemente i vostri sforzi per mettere a disposizione della comunità medica una più completa comprensione dell'influenza sul comportamento umano dei meccanismi biochimici che sono stati oggetto del vostro studio e della vostra discussione durante questi giorni. Lo specifico punto nel quale si incrociano i nostri cammini è la realizzazione che la Chiesa e la comunità medico-scientifica, ognuna nella propria sfera, cercano di servire il benessere degli esseri umani. Tutti sono chiamati ad andare oltre la propria realizzazione in intima comunione con gli altri e con il Creatore stesso. La scienza in generale, e la scienza medica in particolare, è giustificata e diventa uno strumento di progresso, liberazione e felicità solo nella misura in cui serve l'integrale benessere dell'uomo. [...] Nel vostro campo, strettamente legato all'intimo benessere degli individui, siete messi quotidianamente a confronto dal fatto che i processi biochimici che studiate devono essere integrati con una più ampia verità di ciò che significa essere una persona, essere il soggetto di inalienabili diritti, possedere la dignità di essere umano che non può mai essere perduta.[30]

Nell'ottobre 2005 è stata indetta una giornata mondiale dedicata al problema della salute mentale. Così si esprimeva il cardinal Javier Lozano Barragán:

È urgenza di una forte azione preventiva delle malattie mentali. La diagnosi precoce, l'intervento ai primi segnali di disagio e di sofferenza, la realizzazione di specifiche misure di intervento, rappresentano lo strumento primario di tutela della salute mentale. È necessario garantire la diffusione di una reale educazione alla salute e promuovere stili di vita sani coerenti a una cultura dei valori.

La Chiesa cattolica ha sempre dato il suo contributo sia nel prevenire che nell'assistere i malati di mente e le loro famiglie sul piano medico-assistenziale, sociale, spirituale e pastorale. Noi siamo coscienti di trovare specialmente nei

[30] Giovanni Paolo II, Discorso ai partecipanti a un congresso di Neuropsichiatria, 12 aprile 1986.

malati mentali la preziosa immagine di Dio che nel Cristo sofferente, come dice il Profeta Isaia, "non ha apparenza né bellezza per attirare i nostri sguardi, non splendore per provare in lui diletto" (*Is* 53,2); è lì che si trova la forza redentrice di tutta l'umanità.[31]

Benedetto XVI ha affrontato direttamente il problema delle malattie mentali parlando, senza possibilità di equivoci, di "cure necessarie":

> Incoraggio pertanto gli sforzi di chiunque si adoperi perché a tutti i malati di mente sia dato accesso alle cure necessarie. Purtroppo, in molte parti del mondo i servizi per questi malati risultano carenti, insufficienti o in stato di disfacimento. Il contesto sociale non sempre accetta i malati di mente con le loro limitazioni, e anche per questo si registrano difficoltà nel reperire le risorse umane e finanziarie di cui c'è bisogno. Si avverte la necessità di meglio integrare il binomio terapia appropriata e sensibilità nuova di fronte al disagio, così da permettere agli operatori del settore di andare incontro più efficacemente a quei malati e alle famiglie, le quali da sole non sarebbero in grado di seguire adeguatamente i congiunti in difficoltà.[32]

E papa Francesco, senza mezzi termini, ha esclamato: "Quando un giovane mi dice: 'Che brutti tempi, questi, Padre, non si può fare niente!', mah! Lo mando dallo psichiatra!".[33]

È triste notare in varie pubblicazioni una sorta di mal riposto trionfalismo nell'annotare la costante vittoria dell'esorcista di turno sullo psichiatra ateo che si ostina a prescrivere farmaci laddove sarebbero bastati acqua santa e preghiera per risolvere vomiti incoercibili, fobie, voci minacciose, rituali ossessivi, arresti psicomotori ecc. Si può tranquillamente ravvisare l'antica tecnica di contrapporre scienza e fede: "O si crede in Dio o si crede nei medici", come sen-

[31] Javier Lozano Barragán, Nota sulla Giornata mondiale della Salute mentale, 10 ottobre 2005.

[32] Benedetto XVI, Messaggio per la XIV Giornata mondiale del Malato, 8 dicembre 2005.

[33] Francesco, Saluto ai giovani della diocesi di Piacenza-Bobbio, 28 agosto 2013.

tenziava un sacerdote che voleva a tutti i costi esorcizzare un'anoressica.

Il problema vero è un'errata concezione dell'influsso del Maligno sulla vita dell'uomo. Abbassare il suo livello di intervento ai sintomi psichiatrici significa ignorarne la portata. A furia di concentrare l'attenzione demonologica su piccole fobie e rumori notturni, si è finito col non accorgersi delle legislazioni a favore di aborto ed eutanasia...

Deve essere chiaro che riconoscere una diagnosi psichiatrica non è affatto espressione del razionalismo che rifiuta la trascendenza. È il semplice e corretto uso della ragione che ci fa attribuire gli eventi a giuste cause. Santa Teresa d'Avila descriveva con chiarezza che la percezione di voci e suoni, come pure le alterazioni dell'umore possono essere frutto di una seria patologia; nello stesso tempo dava un'importante indicazione psicologica e pastorale: non contrariare apertamente chi ne fosse vittima. Nei secoli successivi, la psichiatria descriverà i pericoli di aggravamento ("strutturazione") del delirio derivanti dai tentativi di contrastarlo razionalmente.

> Alcune [parole] sembra che vengano dal di fuori, altre dall'intimo più segreto dell'anima, altre dalla sua parte superiore, e altre dall'esterno, in modo da udirle con le orecchie del corpo e da sembrare che siano dette con voce articolata. Qualche volta – spesso, anzi – possono essere effetto di fantasia, specialmente in persone di debole immaginazione o melanconia: intendo di una melanconia notevole.
>
> Secondo me, di queste due classi di persone, non è il caso di occuparsi, neppure se dicono di vedere, sentire e intendere; e guardarsi anche dall'inquietarle con dir loro che sono vittime del demonio, ma ascoltarle come persone inferme. La Priora o il confessore, con cui esse si confidano, raccomandino loro di non ammettervi importanza, perché nel servizio di Dio non è questo che vale, e che per tale via il demonio ne ha ingannati parecchi. Tuttavia, per non affliggerle di più – che già lo sono per il loro umore – aggiungano che così non sarà di loro. Dicendo che si tratta di melanconia, non si finirebbe più: affermerebbero di vedere e di sentire [questo e quello] anche con giuramento, perché a loro sembra proprio così.

> Bisogna dispensarle dall'orazione e far di tutto per indurle a non curarsi di quel che sentono, perché il demonio, anche se non nuoce a queste anime ammalate, può servirsi di esse per far del male alle altre.[34]

I trattati di teologia mistica, pur con linguaggi e strumenti che rispecchiano la cultura del loro tempo, si preoccupano sempre di stabilire delle differenze tra fenomeni mistici e malattia mentale, differenze che, a onor del vero, non sono mai troppo sottili, almeno per quanto riguarda le patologie più severe. Annotava per esempio Tanquerey:

> Esperienze fatte su persone colpite da malattie nervose mostrarono una certa analogia tra questi stati morbosi e gli atteggiamenti esterni degli ossessi. Né c'è da meravigliarne: il demonio può produrre e malattie nervose e fenomeni esterni simili a quelli delle nevrosi. Nuova ragione per essere molto riserbati nei giudizi su pretesi casi di ossessione. Queste analogie però riguardano unicamente i gesti esterni, che *non bastano da soli* a provare l'ossessione. Non s'incontrano mai colpiti da nevrosi che parlino lingue ignote o rivelino i segreti dei cuori o predichino l'avvenire con precisione e certezza. Ora sono questi, come dicemmo, i veri segni dell'ossessione; ove manchino tutti, si può credere a una semplice nevrosi.[35]

In un recente intervento in materia di esorcismi, con esemplare chiarezza, i vescovi toscani hanno espressamente vietato ai sacerdoti di mettere in discussione diagnosi e terapie mediche, precisando che, se una persona è affetta da disturbi psichici, praticarle preghiere di esorcismo sarebbe puramente illusorio e soprattutto dannoso. In tali casi la preghiera da consigliare non può essere né di esorcismo né di liberazione, perché ciò renderebbe ambiguo il significato e il ruolo di tali preghiere, oltre a radicare ulteriormente eventuali convinzioni deliranti.[36]

C'è ancora un particolare da non sottovalutare. La psichiatria è stata percorsa da varie correnti ideologiche; in più di

[34] Teresa d'Avila, *Castello interiore*, Seste mansioni, c. III, nn. 1-3.
[35] A. Tanquerey, *op. cit.*, n. 1542.
[36] Cfr. CET, *Esorcismi e preghiere di guarigione*, cit.

una, la responsabilità delle malattie mentali sembra ricadere sempre sulla famiglia o sulla "cattiva volontà" del paziente, che in realtà ne è vittima. Un tale modo di concepire la malattia ha prodotto l'idea che accettare una terapia sia fondamentalmente una grave sconfitta. Feriti nell'orgoglio, molti malati hanno innescato una sorta di estenuante e assurdo braccio di ferro per dimostrare che "bisogna farcela con le proprie forze". Il danno e la beffa. Vite distrutte per non ricorrere ai farmaci dispensati gratuitamente dal servizio sanitario... Ricorrere alle cure necessarie non è semplicemente opportuno, ma doveroso. Sappiamo che il Diavolo ci attacca nel punto debole. È quindi ovvio che, appoggiandosi sul nostro orgoglio, sfrutti le nostre nevrosi per distruggere la vita personale, famigliare e sociale. Curandoci, in qualche modo gli sottraiamo materia su cui lavorare.

Risulta quindi evidente che il corretto discernimento richiede in ogni caso una valutazione multifattoriale, sia per quanto riguarda i fenomeni diabolici, mai avulsi dal contesto morale, che per le patologie psichiatriche, di norma costellazioni sindromiche e non isolati sintomi patognomonici.

Domande esistenziali

> Nulla ci importano le deficienze che sono nel mondo? le disfunzioni delle cose rispetto alla nostra esistenza? il dolore, la morte? la cattiveria, la crudeltà, il peccato, in una parola, il male? e non vediamo quanto male è nel mondo? specialmente, quanto male morale, cioè simultaneamente, sebbene diversamente, contro l'uomo e contro Dio? Non è forse questo un triste spettacolo, un inesplicabile mistero? E non siamo noi, proprio noi cultori del Verbo i cantori del Bene, noi credenti, i più sensibili, i più turbati dall'osservazione e dall'esperienza del male?[37]

Con drammatico realismo, Paolo VI poneva questi interrogativi durante un'udienza generale. A pensarci bene, si

[37] Paolo VI, Udienza generale, 15 novembre 1972.

tratta degli interrogativi che prima o poi si affacciano alla mente di ogni uomo. E proprio queste domande pongono sempre davanti un bivio: l'assurdità dell'esistenza, come vorrebbe il nichilismo, o la visione salvifica della fede. In ogni caso non è una scelta indolore. Decidersi per l'abisso del non senso comporta la disperazione; decidersi a scalare la montagna della fede comporta il rinnegamento di sé (cfr. *Lc* 14,27.33).

L'Inferno godereccio

Se vogliamo affrontare l'argomento in una prospettiva cristiana, e quindi accostarci alla visione salvifica della fede, c'è un'illusione che sarebbe urgente sfatare: che il peccato sia la via più facile e non comporti alcuna fatica. Una terribile suggestione del Maligno è proprio questa: far credere che la via di Dio sia inaccessibile, la virtù impraticabile e la santità improponibile; mentre invece la via del vizio sia una gradevole passeggiata disseminata di piaceri e l'Inferno il luogo carnoso e godereccio dove dare libero sfogo a tutte le passioni. Ci ricorda Giovanni, che "l'accusatore dei nostri fratelli, colui che li accusava davanti al nostro Dio giorno e notte" (*Ap* 12,10) non è nostro Signore, ma il demonio. Gesù è il nostro Avvocato difensore (cfr. 1*Gv* 2,1)! Si può immaginare l'Accusatore che, davanti a Dio, pretende le sue prede:

> «Signore – dirà il demonio – quest'anima non ha osservato i comandamenti della tua legge, ma della mia. Dammela, dunque, perché mi appartiene.» Oseremo appena balbettare: «Signore, a seguire il demonio si faceva meno fatica; la tua legge è troppo dura...». «Non è vero, non è vero! – ci insulterà il demonio – Io ti facevo lavorare anche di domenica, mentre la legge di Dio ti concedeva riposo. E tu lavoravi per me. Io ti facevo bere vino, anche quando non avevi più sete, e ti faceva male; con l'ubriachezza ti abbassai al di sotto delle bestie. Io ti comandavo di ballare, e tu, stanco da sei giorni di lavoro, ti sfinivi a ballare per farmi ridere. Io ti suggerivo un appuntamento equivoco, e tu lasciavi

i tuoi anche se faceva freddo o pioveva o nevicava. Io ti dicevo di sprecare nei vizi i tuoi sudori della settimana; e tu, che avevi paura di dare un soldo in elemosina, consumavi nei ritrovi con gli amici il sostentamento della famiglia. Altro che leggero il mio giogo! Eppure, tu l'hai preferito a quello di Dio...»[38]

La buona salute

Ma anche sfatato il mito della bellezza fascinosa dell'Inferno, resta il grave problema: perché nella via della salvezza è comunque disseminato tanto male? E, come spesso succede, a un mito se ne contrappone un altro. L'azione diabolica, infatti, si svolge sempre su due fronti: camuffare da verità la menzogna, e da menzogna la verità. Lo stile usato non è la totale invenzione, ma l'enfasi sbagliata, una parte per il tutto. O, come recita l'antico adagio: dire nove verità per far credere una bugia.

Dunque, al mito del fascinoso Inferno si è contrapposto quello della "buona vita spirituale", capace di liberare l'uomo da ogni sofferenza. È un continuo propagandare tecniche e strategie psicologiche per ottenere benessere fisico, equilibrio psicologico, fortuna in amore e agio finanziario. Una sorta di nuovo paradiso terrestre. I cristiani però sanno bene che non si tratta del Regno di Dio. L'osservazione empirica che nessun santo abbia goduto di una salute di ferro dovrebbe destarci qualche sospetto... Lo scandalo della Croce, del Dio che non scende dal patibolo e che si lascia annichilire nella morte è ancora il "sasso d'inciampo" dell'evento cristiano. "Egli è qui per la rovina e la risurrezione di molti in Israele, segno di contraddizione, perché siano svelati i pensieri di molti cuori. E anche a te una spada trafiggerà l'anima" (*Lc* 2,34-35). Epurato dall'imbarazzante realtà della Croce e della sua dinamica ascendente, infarcito di diete ed esercizi di rilassamento, il cristianesi-

[38] Stefano M. Manelli, *Maggio mese di Maria*, Casa Mariana, Isernia 2003[10], pp. 28-30.

mo diviene una sorta di nuovo mito, una delle tante ricette per vivere bene, sani e a lungo. Forse dovremmo affrontare con maggiore chiarezza il tema della sofferenza in genere e avere il coraggio di non scinderlo mai dal significato salvifico della Croce.[39] In pratica, significa ammettere senza ambiguità che la fede cristiana non comporta necessariamente buona salute e tranquillità psicologica; significa non illudere nessuno che la preghiera piegherà Dio ai nostri desideri; significa ribadire che una autentica vita spirituale non rimuoverà affatto le croci che il Maligno semina sul nostro cammino. Ma, anziché essere solo strumento di orrore e di morte, acquisteranno un significato salvifico.[40]

Il Maligno suggerisce una mentalità da distributore automatico: se tu introduci un numero giusto di monete, otterrai il prodotto desiderato. Se tu reciti il giusto numero di preghiere, otterrai quello che chiedi. Insomma, una lampada di Aladino. Anziché coltivare la speranza, la preghiera si trasforma in una pretesa e, se non ottiene l'effetto desiderato, diventa una prova da esibire contro Dio. La fede cristiana ci insegna pure che la vita non si esaurisce nel nostro cammino terreno. Sappiamo benissimo che "c'erano molte vedove in Israele al tempo di Elia, quando il cielo fu chiuso per tre anni e sei mesi e ci fu una grande carestia in tutto il paese; ma a nessuna di esse fu mandato Elia, se non a una vedova a Sarepta di Sidone. C'erano molti lebbrosi in Israele al tempo del profeta Eliseo, ma nessuno di

[39] Cfr. Raffaele Talmelli, *La guarigione interiore: dalla sofferenza psichica alla kenosi*, in Fernando Taccone (a cura di), *Persona e Croce*, OCD, Roma 2011, pp. 101-114.

[40] Nel nostro contesto, risulta quanto mai opportuna la puntualizzazione di monsignor Zenti: "Debbo segnalare un'ultima divulgata espressione che risulta quanto meno infelice. Si tratta dell'espressione popolare di 'prendere sulle nostre spalle tutte le croci che il buon Dio ci riserva in giornata'. Insinuando l'idea, pagana, che sia Dio la causa di tante nostre sofferenze e disgrazie. In realtà, Dio è dalla nostra parte per aiutarci a portare le nostre croci quotidiane, quelle che la vita e la cattiveria hanno piantato sulla nostra strada, in compagnia del Crocifisso, dando a esse valore redentivo. Che è cosa diversa dal pensarle come confezionate da Dio come strani regali che ci riserva. Anche se Lui ci fa sempre il regalo di trasformare le croci in strumento di purificazione e di salvezza" (*art. cit.*).

loro fu risanato se non Naamàn, il Siro" (*Lc* 4,25-27). E, a dire il vero, i Vangeli ci riportano che Gesù non fece sparire dalla faccia della terra malattie e morte; guarì in tutto undici lebbrosi, sette ciechi, quattro paralitici e risuscitò tre morti. Il Nuovo Testamento descrive con sobrietà i miracoli; Giovanni li chiama sempre "segni" (*semeîa*) proprio per ricordarci che essi hanno il preciso scopo di rimandare a un'altra verità: la vita eterna. Nella prospettiva diabolica, ottenebrato il progetto eterno sul creato, vale l'antico detto "mangiamo e beviamo, perché domani moriremo" (1*Cor* 15,32). Il Diavolo vorrebbe farci credere che il Cristo ci dovrebbe aver liberati dalla morte terrena. Dio invece ci ha liberati *per mezzo* della morte terrena, infatti "siamo stati riconciliati con Dio *per mezzo* della morte del Figlio suo" (*Rm* 5,10). Nella giusta ottica, anche "un fallimento può diventare ricordo di Dio, comunicazione con Dio, nostra partecipazione alla sua Pasqua. La dimensione sacramentale della Chiesa può illuminare molto questo cammino.

Una persona ferita, incapace per struttura o per natura di rivolgersi a Dio e di instaurare rapporti sereni con gli altri, può fare esperienza d'amore, di cura, di attenzione in una comunità di cristiani. Se le accade che qualcuno, da fratello, riconosca con amore la sua esistenza, magari mille volte gli ripeterà la stessa storia, mille volte gli urlerà il suo rancore; ma in questo rapporto, anche continuando a soffrire, pian piano integrerà sempre più la sua sofferenza nella relazione con l'altro. E così quel dolore, vissuto all'interno di un rapporto di carità, comincerà a diventare memoria della comunità, della Chiesa, delle relazioni d'amore e di libertà. E dove c'è la carità c'è Dio. Chi soffre, o è vittima della propria nevrosi, potrà sperimentare nella concretezza che prendere coscienza delle proprie strutture e ferite psichiche non è tutto. Ciò che è tutto è una presa di coscienza del proprio mondo psichico, sconosciuto o non riconosciuto, nell'Amore, perché qualcuno lo accoglie, lo accetta e nel cuore lo affida a Dio. Dopotutto, non è così importante arrivare alla tranquillità psicologica. Anche quella può essere un idolo da non mitizzare. Ciò che conta e che sana davvero è scoprire la propria vita raccolta e nascosta con Cristo in Dio".[41]

Le parole che il vecchio Simeone rivolse a Maria interpellano e scuotono ogni uomo: «Anche a te una spada trafiggerà l'anima». Prima o poi la spada del dolore trafigge la vita di tutti, e quindi eccoci al solito bivio.

Dal carbone al diamante

Senza ancora avere affrontato la domanda essenziale "Perché il male e perché la morte?", ci siamo cautamente avvicinati al modo con cui la fede cristiana affronta tali problematiche. Per continuare con la prosaica metafora usata poc'anzi, possiamo affermare che il cristianesimo ci insegna che dal concime nasceranno i fichi.

> Del resto Dio, nella sua onnipotenza, Egli che ha il sommo potere sulle cose [...], essendo supremamente buono, non permetterebbe mai che un qualsiasi male esistesse nelle sue opere, se non fosse sufficientemente potente e buono al punto da ricavare il bene persino dal male.[42]

La fede dunque ci dice che anche la sofferenza, illuminata dalla Croce, diventa uno strumento prezioso che può rendere tutta la nostra esistenza sempre più conforme al progetto di Dio in noi. Ovviamente ammettendo l'esistenza di un progetto. Possiamo persino intuire in un tale cammino una sorta di "cristificazione" di tutto il nostro essere, come quando gli atomi di carbonio acquistano tutti la stessa struttura tetraedrica fino a creare il diamante. Con linguaggio assai più elegante, "Vladimir Solov'ëv propone il famoso esempio del carbone e del diamante: si tratta della stessa realtà chimica, ma di una diversa struttura fisica. Uno, pieno di contraddittorietà interna, non fa passare la luce, piuttosto la divora, la uccide. E rimane nero. L'altro – il diamante – lascia che la luce splenda e che la stessa so-

41 Marco Ivan Rupnik, *Nel fuoco del roveto ardente*, Lipa, Roma 1997, p. 56.
42 Agostino, *Enchiridion ad Laurentium: sive de fide, spe et caritate*, 3, 11.

stanza del carbone diventi di una indescrivibile bellezza. Questo esempio può farci comprendere la dimensione cristologica, eucaristica e sacramentale dello spirituale. [...] L'uomo, il suo corpo, in cui si mescolano istinti, passioni, desideri egoistici, volontà autosalvifica, in Gesù Cristo diventa il compimento della creazione, la vera immagine e somiglianza del Dio invisibile. La materia, il corpo e qualsiasi altra realtà, una volta penetrata dall'Amore, appare trasfigurata, cioè rivela la sua verità interiore".[43]

Non possiamo affrontare un tale argomento prescindendo da una visione religiosa dell'uomo e senza uno sguardo teologico su cui torneremo più volte. "Se si elimina Dio dall'orizzonte del mondo, non si può parlare di peccato. Come quando si nasconde il sole, spariscono le ombre; l'ombra appare solo se c'è il sole; così l'eclissi di Dio comporta necessariamente l'eclissi del peccato. Perciò il senso del peccato – che è cosa diversa dal 'senso di colpa' come lo intende la psicologia – si acquista riscoprendo il senso di Dio. Di fronte al male morale, l'atteggiamento di Dio è quello di opporsi al peccato e salvare il peccatore. Dio non tollera il male, perché è Amore, Giustizia, Fedeltà; e proprio per questo non vuole la morte del peccatore, ma che si converta e viva."[44] Nella Passione del Figlio, Dio ci ha lasciato la prova che "dal più grande male morale che mai sia stato commesso, cioè il rifiuto e l'uccisione del Figlio di Dio, causata dal peccato di tutti gli uomini",[45] è scaturito il bene incommensurabile della nostra redenzione. E da quell'evento "Tutto concorre al bene di coloro che amano Dio" (*Rm* 8,28). Santa Caterina da Siena "aprendo l'occhio dell'intelletto col lume della santissima fede"[46] poté comprendere profondamente che "tutto quello che Dio dava o permetteva, tribolazioni e consolazioni, ogni cosa era data

[43] M. Rupnik, *op. cit.*, p. 45.
[44] Benedetto XVI, *Angelus*, 13 marzo 2011.
[45] *Catechismo della Chiesa Cattolica*, Libreria editrice vaticana, Città del Vaticano 1992 (d'ora in poi, CCC), n. 312.
[46] Caterina da Siena, *Dialogo della Divina Provvidenza*, Cantagalli, Siena 2006, p. 138.

per amore e ordinata alla salvezza dell'uomo, non per altro fine".[47]

Dunque male e peccato sono le due facce della stessa medaglia che Dio, nella prospettiva dell'eternità, sa volgere in bene. Il peccato resta dunque una "perversione della libertà umana, ed è causa profonda della morte, perché distacco da Dio fonte della vita (cfr. *Rm* 5,12), e poi, a sua volta, occasione ed effetto d'un intervento in noi e nel nostro mondo d'un agente oscuro e nemico, il demonio".[48]

Resta allora la domanda più radicale: perché Dio che è Amore, Giustizia, Fedeltà permette l'esistenza del Diavolo e dell'Inferno?

L'estrema espressione della libertà

Il vecchio Catechismo, in modo lapidario, definiva l'Inferno: "Il patimento eterno della privazione di Dio, nostra felicità, e del fuoco, con ogni altro male, senza alcun bene".[49] Senza addentrarci troppo in disquisizioni teologiche, partendo da alcune elementari definizioni, possiamo riflettere sul senso dell'Inferno, cioè della "privazione di Dio". Il senso è più facile a capirsi di quanto non sembri. L'Inferno è il "regno delle tenebre" (*Lc* 22,53); Giovanni ci dice che "Dio è luce" (1*Gv* 1,5). Operando una elementare equazione, possiamo riformulare la definizione: "le tenebre consistono nella privazione della luce". Se aggiungiamo la altrettanto lapidaria definizione che andranno all'Inferno solo "i cattivi che non servono Dio e muoiono in peccato mortale",[50] ci basta ricordare che il peccato mortale richiede necessariamente "piena avvertenza e deliberato consenso"[51] per comprendere il quadro. "Il peccato mortale è una possi-

[47] *Ibid.*

[48] Paolo VI, Udienza generale, 15 novembre 1972.

[49] *Primi elementi della dottrina cristiana* – Tratti dal Catechismo pubblicato per ordine del Sommo Pontefice S. Pio X, Libreria editrice vaticana, Città del Vaticano 1964, n. 17.

[50] Ivi, n. 16.

[51] Ivi, n. 83.

bilità radicale della libertà umana, come lo stesso amore. [...] La nostra libertà ha il potere di fare scelte definitive, irreversibili."[52]

> Gli angeli e gli uomini, creature intelligenti e libere, devono camminare verso il loro destino ultimo per una libera scelta e un amore di preferenza. Essi possono, quindi, deviare. In realtà, hanno peccato.[53]

In altre parole, per far sì che l'amore verso di Lui fosse realmente una libera scelta, Dio ha voluto che esistesse un "luogo" apposito destinato a tutti coloro che, non amandolo, rifiutano con tutte le proprie forze (cioè con "piena avvertenza e deliberato consenso") di stare con Lui. Chi rifiuta la luce è quindi libero di giacere nel buio. L'Inferno è "lo stato di definitiva autoesclusione dalla comunione con Dio e con i beati",[54] "la conseguenza di una avversione volontaria a Dio, in cui si persiste sino alla fine".[55] Dio ha creato l'uomo per l'immortalità, e l'uomo ha la possibilità di scegliere se dedicarsi al bene o al male e quindi come trascorrere la propria personale vita eterna. Chi ha voluto costruire la propria vita lontano da Dio non può essere costretto a cambiare idea; se un tale cambiamento avvenisse deliberatamente, non c'è dubbio che Dio accoglierebbe il pentito, ma la dannazione è la radicalizzazione assoluta e definitiva del rifiuto di Dio costruito per tutta la vita. La libertà è consistenza ontologica della creazione. Esiste dunque un "luogo" lontano da Dio-luce-vita, un luogo in cui, all'opposto, regnano tenebre e morte (cfr. *Lc* 1,79). E gli inquilini di un siffatto luogo sono coloro che lo hanno voluto con tutte le proprie forze. Come i demòni, cioè gli angeli che per invidia e superbia si ribellarono a Dio.[56] Certamente Gesù non scherzava quando disse che nella Geènna "il loro verme non muore e il fuoco non si estingue" (*Mc* 9,48). Si

[52] CCC, n. 1861.
[53] Ivi, n. 311.
[54] Ivi, n. 1033.
[55] Ivi, n. 1037.
[56] Cfr. Pio X, *Primi elementi della dottrina cristiana* cit., n. 50.

può sempre sperare che, angeli ribelli a parte, un simile alloggio sia vuoto; nutrita da questa speranza, la Chiesa non cessa di pregare affinché *tutti* gli uomini si salvino (cfr. 1*Tm* 2,4 e 2*Pt* 3,9). Ma questo non ci è dato sapere.

A questo punto, è bene rivisitare anche il concetto di condanna: nei Vangeli, la condanna inflitta da Dio è una sorta di "certificato". Nel testo greco del Vangelo di Matteo risuona, malamente tradotta, l'espressione: «Via, lontano da me, maledetti, nel fuoco eterno» (*Mt* 25,41). La traduzione presenta qualche difficoltà per via di una sfumatura in più di cui è dotato, nella lingua greca, il modo imperativo. In greco era possibile distinguere se il comando fosse riferito allo svolgimento di un'azione (imperativo *presente*), a una azione già portata a termine (imperativo *perfetto*) oppure a una azione puntuale vista nella sua totalità, quindi delimitata da un inizio e una fine (imperativo *aoristo*). Ai "maledetti", Gesù si rivolge con un imperativo *presente* (*poreúesthe*), esattamente come quando dice ai discepoli addormentati: «Dormite pure» (*Mt* 26,45); in altre parole è come dicesse: "Continuate pure per la vostra strada, lontano da me, nel fuoco che non ha fine", "certificando" così la loro volontà. Se li avesse voluti cacciare altrove avrebbe usato un imperativo aoristo, come quando i farisei gli intimarono di andarsene altrove: «Vattene di qua» (*Lc* 13,31). In un certo senso, i dannati sono quindi i peccatori "ben riusciti" che portano a termine il loro intento, e l'Inferno è la garanzia della loro libera scelta.

> La concreta possibilità della dannazione è necessaria, se si vuol continuare ad ammettere la libertà creata nella sua vera essenza. La libertà dell'uomo non può ridursi alla possibilità di scegliere tra un luogo e l'altro di villeggiatura o tra una cravatta a righe e una cravatta a pois; e neppure di scegliere la moglie o il partito politico: la nostra libertà, nel suo significato più profondo, è la spaventosa e stupenda prerogativa di poter costruire il nostro destino eterno. Per non essere puramente nominale, questa prerogativa deve necessariamente includere la reale e concreta possibilità di decidere per la perdizione. Come si vede, il miste-

ro della dannazione è essenzialmente connesso col mistero della libertà, che è forse l'unico vero mistero dell'universo creato.[57]

Dio volle dunque creare esseri liberi e dotati di una "natura sociale".[58] Anche i demòni condividono, in modo perverso, una natura sociale e "cercano di associare l'uomo alla loro ribellione a Dio".[59] Secondo sant'Ireneo, l'apostasia del Diavolo cominciò quando egli ebbe gelosia della creazione dell'uomo e cercò di farlo ribellare al suo autore.[60] Con il solito linguaggio sintetico, i *Primi elementi della dottrina cristiana* riassumevano: "I demòni ci tentano per l'invidia che ci portano, la quale fa loro desiderare la nostra eterna dannazione, e per odio a Dio, la cui immagine risplende in noi. Iddio poi permette le tentazioni, affinché noi, vincendole con la sua grazia, esercitiamo le virtù e acquistiamo meriti pel paradiso".[61]

[57] Giacomo Biffi, *Linee di escatologia cristiana*, Jaca Book, Milano 1984, p. 67.
[58] CCC, n. 1905.
[59] CEI, *Rito degli esorcismi* cit., Proemio.
[60] Cfr. Ireneo, *Adversus haereses*, VI, 11, 3.
[61] *Primi elementi della dottrina cristiana* cit., n. 42.

2
La menzogna, il ruggito del leone

Nomen omen

I Latini erano convinti che il nome (*nomen*) fosse molto più dell'appellativo che consente di distinguerci gli uni dagli altri: ritenevano che nel nome fosse racchiuso, come un presagio (*omen*), il destino della persona. Anche nel mondo biblico i nomi non sono mai casuali: per esempio Adamo significa "umanità"; Abramo "padre di una moltitudine"; Isacco "Dio che ride"; Elisabetta "promessa solenne di Dio"; Giovanni "Dio fa grazia"; Pietro "pietra"; Gesù "Dio è salvezza". Non dimentichiamo poi che nel cristianesimo esiste addirittura una venerazione del Santissimo "Nome di Gesù".

Una etimologia illuminante

La parola "demonio" deriva dal latino *daemonium* che, a sua volta, traduce la parola greca *daimónios*. Di per sé non ha un'accezione negativa: il termine si riferisce semplicemente a qualcosa che appartiene al mondo divino, a una forza capace di distribuire una sorte favorevole o avversa. Nell'Antico Testamento il termine compare solo nel libro di Tobia, con accezione esclusivamente negativa: è riferito ad Asmodeo, lo spirito cattivo che uccide gli uomini; nel Nuovo Testamento è invece la forza oppositiva che cerca di distruggere sia l'uomo che l'opera divina. Le Scritture si staccano sensibilmente dalla magia: non più forze occulte impersonali e sovrumane che dominano la vita del cosmo e dell'uomo, ma un essere personale al quale lo stesso Gesù si rivolge con il "tu" (cfr. *Mt* 4,10; *Mc* 1,25; 5,8; 9,25; *Lc* 4,35).

Negli anni che seguirono il Concilio Vaticano II, non era raro imbattersi in discorsi teologici che, negando l'esistenza del demonio, lo relegavano a una personificazione mitica il cui significato sarebbe soltanto quello di sottolineare drammaticamente l'influsso del male e del peccato sull'umanità. Una questione di linguaggio, di parole che andrebbero decodificate. Contro tali convinzioni così si espresse la Congregazione per la dottrina della fede:

> Queste prese di posizione, ripetute con sfoggio di erudizione e diffuse da riviste e da certi dizionari teologici, non possono non turbare gli spiriti: i fedeli, abituati a prendere sul serio gli avvertimenti di Cristo e degli scritti apostolici, hanno l'impressione che discorsi del genere intendano, in questo campo, imprimere una svolta alla opinione pubblica e coloro, tra essi, che hanno una conoscenza delle scienze bibliche e religiose, si domandano fin dove condurrà il processo di smitizzazione avviato in nome di una certa ermeneutica.[1]

In realtà, sebbene gli appellativi riferiti al demonio siano molti, segnano tutti il passaggio da una concezione generica di "forza negativa" a una assai più personale; hanno tutti un loro significato che, perlopiù, è intuitivo: "menzognero e padre della menzogna" (*Gv* 8,44), "Maligno" (*Mt* 5,37; 13,19.38; *Gv* 17,15), "nemico degli uomini" (1*Pt* 5,8), "omicida fin da principio" (*Gv* 8,44), "tentatore" (*Mt* 4,3), "principe di questo mondo" (*Gv* 12,31; 14,30; 16,11), "Impero delle tenebre" (*Lc* 22,53; *Col* 1,13), "Grande drago", "Serpente antico", "il Satana" (*Ap* 12,9). Meno intuitivo è il significato dell'appellativo "Diavolo", vocabolo che ricorre trentadue volte nel Nuovo Testamento e che riassume in sé tutti gli altri significati. La sua radice etimologica implica un elemento di divisione e di allontanamento, espresso dall'insieme della preposizione *diá* (unita a un verbo denota divisione, opposizione, rivalità) e del verbo *bállo* (getto una cosa senza curare dove cade). Per meglio comprendere, si pensi che, sostituendo la preposizione *diá* con *sym* (insieme), si ot-

[1] CDF, *Fede cristiana e demonologia*, in *Enchiridion vaticanum*, vol. V, n. 1349.

tiene un verbo il cui significato è l'esatto contrario: *symbállo* (unisco, metto insieme); da questo verbo deriva la parola "simbolo". Ebbene, al tempo degli autori neotestamentari la parola greca *sýmbolon* era utilizzata per indicare una speciale "tessera di riconoscimento" (un anello o una tavoletta di terracotta): all'atto di stipulare un accordo, i due soggetti spezzavano (*diabállein*)[2] il *sýmbolon* conservandone ciascuno la propria metà; il perfetto combaciare delle due parti della tessera provava l'esistenza dell'accordo. La rottura del "simbolo" è equiparabile al taglio di una banconota: ogni metà, pur mantenendo la sua apparenza, perde valore e significato. Ecco il senso profondo di *diabolico*: una divisione, un allontanamento che fa perdere valore e significato, con le sfaccettature che tale disunione comporta, cioè l'inganno e l'accusa. Il frutto di tale divisione è il peccato.

Per contro, ogni volta che lavoriamo per creare l'unità, che siamo nella linea del "cogliere quello che ci unisce e lasciar da parte, se c'è, qualche cosa che ci può tenere un po' in difficoltà",[3] stiamo contribuendo a ricreare quell'unione (*sýmbolon*) che il peccato ha disgregato.

C'è un episodio molto bello narrato nel Vangelo di Matteo (15,22-28). Una donna cananea (quindi doppiamente emarginata: in quanto donna e in quanto pagana) chiede a Gesù di esorcizzare la figlia "crudelmente tormentata da un demonio" (15,22). Gesù sembra ignorarla, ma la donna non si scoraggia e persevera. Allora Gesù le risponde: "Non sono stato inviato che alle pecore perdute della casa di Israele. [...] Non è bene prendere il pane dei figli per gettarlo ai cagnolini" (15,24.26). Alla disarmante risposta della donna: "È vero, Signore, ma anche i cagnolini si cibano delle briciole che cadono dalla tavola dei loro padroni" (15,27), Gesù resta ammirato da tanta fede e la esaudisce. La fiducia nel potere salvi-

[2] Nel testo, il verbo greco *diabállo* (coniugato al modo infinito, *diabállein*) sarà citato in più occasioni, con lo scopo di richiamare la sua valenza etimologica nei contesti di divisione, inganno, avversione.

[3] Saluto di Giovanni XXIII ai fedeli partecipanti alla fiaccolata in occasione dell'apertura del Concilio ecumenico Vaticano II, 11 ottobre 1962.

fico di Gesù supera le barriere etniche e culturali, e la donna – in virtù della sua grande fede – viene unita alla "mensa dei figli". In quell'istante il potere del demonio si dissolve.

Il vero diabolico

Nel cristianesimo il peccato è molto più della violazione di una legge: è una scelta che, facendoci fissare l'interesse su un particolare, produce la perdita del valore e del significato dell'atto stesso che compiamo. Come quando la bontà del vino fa dimenticare il valore dissetante della bevanda... Un particolare a scapito del tutto e con effetto boomerang. In questo senso, ogni volta che si sceglie di compiere un atto senza tener conto del suo significato intrinseco, si compie un atto *diabolico*, come appunto tagliare una banconota. Per quanto possa venire spontaneo, un tale atto è comunque la punta di un iceberg: presuppone la persuasione che la moralità non abbia un riferimento oggettivo, bensì la soggettività derivata dal mondo dei propri desideri. Nel libro della Genesi (3,5) il Diavolo invita a addentare il frutto dell'albero morale con il preciso scopo di diventare "come Dio, conoscendo il bene e il male". E nel linguaggio biblico la parola *conoscere* non indica mai una semplice trasmissione di dati, traduce addirittura un idioma ebraico (*yâda'*) per i rapporti sessuali e quindi implica una comunione profonda capace di creare: "Adamo *conobbe* Eva sua moglie, la quale concepì e partorì Caino" (*Gen* 4,1). Il Diavolo quindi tenta l'uomo a "sganciarsi" (*diabállein*) da Dio, a usare la libertà di cui Dio l'ha dotato per creare il proprio sistema di valori, a credersi egli stesso un dio autonomo dal Dio vero, il quale ha inscritto un progetto nella creazione. Una volta che l'uomo ha abboccato, anche gli atti umani più ordinari, stravolti nel loro autentico significato, diventano *diabolici* e quindi capaci di una distruzione e di una morte che prima colpisce le facoltà dell'uomo, e poi lo getta lontano da Dio per l'eternità. Ecco anche l'elemento di inganno: anziché la deificazione e la promessa immortalità, "la morte è entrata nel mondo per invidia del Diavolo" (*Sap* 2,24). I vizi capitali sono il migliore esempio di come giuste e fondamentali istanze umane (autostima, proprietà, sessualità, legittima difesa, nutrizione, progresso, riposo), una volta autonomizzate e svincolate dal loro significato, si trasformino in scopi esistenziali, in crudeli divinità cui sacrificare salute, affetti, energie e vite. In altre parole, "lo scambio dei mezzi con i fini, porta a dare valore di fine ultimo a ciò che è soltanto un mezzo per concorrervi, oppure a considerare delle persone come puri mezzi in vista di un fine".[4] E poiché "gli uomini facilmente si persuadono che sia falso, o almeno dubbio, ciò che essi 'non vogliono che sia vero'",[5] nasce altrettanto facilmente una perversa solidarietà che "rende gli uomini complici gli uni degli altri e fa regnare tra di loro la concupiscenza, la violenza e l'ingiustizia".[6] La divisione che ogni uomo sperimenta in sé di fronte alla scelta fra male e bene, se sfocia nella scelta del peccato, porta alla complicità che fa ritenere male il bene e bene il male. In tal modo si creano strutture sociali *diaboliche* che "sono l'espressione e l'effetto dei peccati personali. Inducono le loro vittime a commettere, a loro volta, il male. In un senso analogico esse costituiscono un 'peccato sociale'".[7] Né deve trarre in inganno il fatto che tali strutture, spacciate per un bene superiore, talora siano volute da una maggioranza di cittadini: lungi dal trasformarsi in miracolose strutture di bontà, mantengono tutte le loro caratteristiche distruttive. Cosa che il semplice criterio cronologico può ben dimostrare. Diavolo è dunque colui che opera tale divisione. Si può anche comprendere che non è una semplice deriva o un'assenza di bene, come lo è l'Inferno, ma una precisa volontà, "un'efficienza, un essere vivo, spirituale, pervertito e pervertitore. Terribile realtà. Misteriosa e paurosa".[8] Per la nostra comprensione è importante passare dall'idea

[4] CCC, n. 1887.
[5] Pio XII, Lettera enciclica *Humani generis*, Introduzione.
[6] CCC, n. 1869.
[7] *Ibid.*
[8] Paolo VI, Udienza generale, 15 novembre 1972.

che l'azione *diabolica* sia una speculazione filosofica, a quella che si tratti di scelte molto concrete. Noi, in genere, ci fermiamo alla percezione che il peccato sia la violazione di una legge frutto di una legislazione, e certamente è anche quello. Ma se teniamo conto della situazione *diabolica*, vediamo che, nel nostro caso, la violazione implica una radice assai più profonda, mette in discussione cioè il fondamento stesso del discernimento fra male e bene: il fatto che la legge non sia imposta da Dio, ma intrinseca alla natura. Non è un legislatore a imporre all'occhio di vedere: il vedere è una legge intrinseca dell'occhio, cioè la sua "legge di natura". Aristotele condannava l'usura come atto "contro natura", per il fatto che la "ragion d'essere" del denaro è lo scambio; il denaro, per sua natura sterile (*átokos*), nell'usura genera altro denaro, "sicché questa è tra le forme di guadagno la più contraria a natura".[9] La vera azione *diabolica* ci spinge quindi ad agire contro la legge naturale.

Contra naturam

Oggigiorno trae in inganno la parola "natura", perlopiù riferita al mondo vegetale e animale, oppure a ciò che si fa d'istinto e che, riecheggiando la dottrina di Jean-Jacques Rousseau, rispecchia i bisogni primari e richiama la condizione primordiale dell'uomo stesso. Ma qui il significato è diverso: con la parola "natura" si intende la qualità intrinseca, costitutiva di un essere, la sua "ragion d'essere", la *ratio*.

La ragion d'essere[10]

Accennavamo al fatto che le ali sono fatte per volare e gli occhi per vedere. L'occhio vede e le ali fendono l'aria proprio perché quella è la loro "ragion d'essere", appunto la loro "legge naturale" che, capiamo bene, ne esprime l'esi-

[9] Aristotele, *Politica*, I, 10.
[10] Cfr. Ètienne Gilson, *Dio e la filosofia*, Massimo, Milano 2010[4], pp. 114 ss.

stenza stessa; ne consegue che esistano anche norme che ne determinano il loro retto uso. La scienza può spiegare *come* si sviluppano e *come* funzionano occhi e ali, ma non può dire *perché* esistono. Gli aeroplani volano: essendo per definizione macchine volanti, la loro "ragion d'essere" è volare; l'ingegneria meccanica e aerospaziale ci possono ben spiegare *come* volano, ma il *perché* (la *ratio*) della loro esistenza risiede unicamente nella volontà del progettatore. In altre parole, "una causa finale ha stabilito un'esistenza della quale la scienza può stabilire le leggi".[11] È chiaro che dietro a un tal *perché*, c'è sempre la domanda più profonda che poneva Leibniz: "Perché c'è qualcosa piuttosto che nulla?".[12] Il ricorso alla causa finale è un'operazione metafisica che porta inevitabilmente a riconoscere un Creatore che ha lasciato le sue orme nel creato stesso donandogli il senso di esistere.

> Di qui, dunque, è dettata ogni legge giusta e si trasferisce retta nel cuore dell'uomo che opera la giustizia, non emigrando in lui, ma quasi imprimendosi in lui, come l'immagine passa dall'anello nella cera, ma senza abbandonare l'anello.[13]

Spiegava Clemente Alessandrino, un Padre della Chiesa del secondo secolo, che l'uomo, essendo fatto a immagine di Dio, ha un progetto da compiere, un fine ultimo cui tendere: divenire simile a Dio. Grazie a quella connaturalità con Dio che l'uomo ha ricevuto nel momento della creazione, egli è già di per sé immagine di Dio e, percorrendo il cammino della fede e della pratica delle virtù, può raggiungere anche quella profonda comunione che si traduce nella somiglianza. È evidente la dinamica del cammino, dove "le buone opere devono accompagnare la conoscenza intellettuale come l'ombra segue il corpo".[14]

E allora, nell'ottica *diabolica*, bisogna arrestare il cammino

[11] Ivi, p. 117.
[12] "*Pourquoi il y a plus tôt quelque chose que rien?*" è la famosa domanda che il filosofo tedesco Gottfried Wilhelm von Leibniz pone nello scritto *Principes de la nature et de la grâce fondés en raison*, 1714.
[13] Agostino, *De Trinitate*, XIV, 15, 21.
[14] Benedetto XVI, Udienza generale, 18 aprile 2007.

e fermarsi prima della meta. Bisogna negare l'evidenza. Negare il senso. Negare l'esistenza di un progetto e di un fine. Affermare che è tutto frutto del caso, del caos (ovvero assenza di leggi), persino le ferree leggi fisiche che regolano l'universo. E quindi, cercare un senso diventa un'operazione assurda. Nietzsche ci direbbe che già chiedersi il perché è una domanda oziosa, in quanto il porsela presuppone che potrebbe esistere un senso, cosa che il nichilismo nega con fierezza:

> Stirpe miserabile ed effimera, figlio del caso e della pena, perché mi costringi a dirti ciò che per te è vantaggiosissimo non sentire? Il meglio è per te assolutamente irraggiungibile: non essere nato, non essere, essere niente. Ma la cosa in secondo luogo migliore per te è morire presto.[15]

Il mondo diabolicamente "liberato" dalla ragion d'essere, dalla ragione naturale, dalla ragione creatrice, diventa solo apparentemente più razionale. Di fatto il mondo e la vita sono in balia del potere del caso, ben espresso dalla "teoria del caos".[16]

Il compito centrale e durevole degli annunciatori di Gesù Cristo è liberare, cioè esorcizzare il mondo dal potere del Nemico in tutte le sue manifestazioni: "Guarite gli infermi, risuscitate i morti, sanate i lebbrosi, cacciate i demòni" (*Mt* 10,8).

> Esorcizzare significa collocare il mondo nella luce della *ratio* che proviene dall'eterna Ragione creatrice come pure dalla sua bontà risanatrice.[17]

Il valore non negoziabile

Secondo quelli che rinnegano la legge naturale, la "ragion d'essere", il senso, dunque, dovrebbe essere quello che diamo noi in base all'uso, cioè il totale arbitrio. Una volta negato il significato intrinseco (e quindi il valore proget-

[15] Friedrich W. Nietzsche, *La nascita della tragedia*, Adelphi, Milano 1977, p. 32.
[16] Cfr. Benedetto XVI, *Gesù di Nazaret*, Rizzoli, Milano 2007, p. 209.
[17] *Ibid.*

tuale), tutto diventa possibile. I concetti di bene e di male, disancorati dall'oggettività di un valore intrinseco – che è *ab-soluto,* cioè non relativo alla volontà di un legislatore o alla destinazione d'uso –, naufragano nel soggettivismo che, inevitabilmente, sfocia nella dittatura di chi detiene il potere (culturale, psicologico, fisico, razziale, economico, politico, militare ecc.). Già Cicerone, individuando nella *ratio* una sorta di base morale comune a "tutti i popoli", prevedeva le più nefaste conseguenze nel caso qualcuno tentasse di metter mano alla legge naturale:

> Vi è una legge vera, ragione retta conforme alla natura, presente in tutti, invariabile, eterna, tale da richiamare con i suoi comandi al dovere, e da distogliere con i suoi divieti dall'agire male... A questa legge non è possibile si tolga valore né è lecito che in qualcosa si deroghi, né essa può essere abrogata; da questa legge non possiamo essere sciolti a opera del senato o del popolo... Essa non è diversa a Roma o ad Atene, non è diversa ora o in futuro: tutti i popoli invece in ogni tempo saranno retti da quest'unica legge eterna e immutabile; e unico comune maestro, per così dire, e sovrano di tutti sarà Dio; di questa legge egli solo è l'autore, l'interprete, il legislatore; e chi non gli obbedirà rinnegherà se stesso, e rifiutando la sua natura di uomo, per ciò medesimo incorrerà nelle massime pene, anche se potrà essere sfuggito ad altre punizioni.[18]

Dividere, allontanare l'uomo dalla legge naturale comporta una cascata di conseguenze infinita. Se pensiamo che il Diavolo è "omicida fin da principio", possiamo comprendere meglio l'immensa stria di sangue che parte dall'assassinio di Abele e arriva ai nostri giorni. La ragione? Sempre la stessa: uomini che hanno smesso di riconoscere la dignità umana presente in altri uomini. E dicendo "fin da principio" non significa parlare del Paleolitico, ma anche della vita nascente. Al fondo di ogni omicidio volontario, c'è sempre il misconoscimento della intrinseca dignità umana; la vittima, quindi, diventa eliminabile. Quando poi il rinne-

[18] Cicerone, *De re publica*, III, 22, 33.

gamento del diritto naturale diventa il fondamento di un sistema politico, non esiste più nessun argine all'arbitrio umano. Basta guardare a un passato non troppo lontano per rendersi conto come il rinnegamento del diritto naturale è stato il passaggio obbligato per giustificare moralmente pagine orribili della storia umana. Nel 1937, Pio XI scrisse una lettera enciclica, eccezionalmente in tedesco, nella speranza di poter scuotere i residui di coscienza della classe dirigente nazista. In essa ravvisò la caratteristica *diabolica* dell'allontanamento, del distacco, dei concetti di bene e di male – e di conseguenza anche della legislazione – dal loro fondamento "naturale":

> È una caratteristica nefasta del tempo presente il volere *distaccare sempre più* non solo la dottrina morale, ma anche le fondamenta del diritto e della sua amministrazione dalla vera fede in Dio e dalle norme della rivelazione divina. Il Nostro pensiero si rivolge qui a quello che si suole chiamare *diritto naturale*, che il dito dello stesso Creatore impresse nelle tavole del cuore umano (cfr. *Rm* 2,14ss.), e che la ragione umana sana e non ottenebrata da peccati e passioni può in esse leggere.[19]

Il papa riconobbe il presupposto dell'immane tragedia proprio nella convinzione, ormai diffusa, che l'essere umano non avesse in sé nessun valore se non quello della sua utilità, utilità stabilita dai vertici della classe politica al potere:

> Quelle leggi umane, che sono in contrasto insolubile col diritto naturale, sono affette da vizio originale, non sanabile né con le costrizioni né con lo spiegamento di forza esterna. Secondo questo criterio va giudicato il principio: "diritto è ciò che è utile alla nazione". Certo a questo principio può darsi un senso giusto, se si intende che ciò che è moralmente illecito non può essere mai veramente vantaggioso al popolo. Persino l'antico paganesimo ha riconosciuto che, per essere giusta, questa frase dovrebbe essere capovolta e suonare: "Non vi è mai alcunché di vantaggioso, se in pari tempo non sia moralmente buono; e non perché è vantaggioso è moral-

[19] Pio XI, Lettera enciclica *Mit brennender Sorge* ["Con bruciante preoccupazione"], n. 8.

> mente buono, ma perché moralmente buono è anche vantaggioso" [Cicerone, *De officiis*, III, 30]. Quel principio, staccato dalla legge etica, [...] misconosce – confondendo interesse e diritto – il fatto fondamentale che l'uomo, in quanto persona, possiede diritti dati da Dio, che devono essere tutelati da ogni attentato della comunità, che avesse per scopo di negarli, di abolirli e di impedirne l'esercizio. [...] Chi si allontana da questo ordine scuote i pilastri sui quali riposa la società, e ne pone in pericolo la tranquillità, la sicurezza e l'esistenza.[20]

Ma torniamo al significato dei nomi. In fondo, ci troviamo davanti a una lista di appellativi orribili e tutti con accezione negativa. Sorge spontanea la domanda: come è possibile che gli uomini dotati di libero arbitrio seguano tanto facilmente e volentieri una simile faccenda?

Seducere

Risulta subito evidente che, nella complicità col Diavolo, qualche elemento essenziale sfugge alla prima lettura, dal momento che nessuno sceglie deliberatamente la compagnia di un omicida, bugiardo, ingannatore ecc. Eppure, come ci insegna la morale classica, i peccati sono sempre "atti umani", cioè azioni che richiedono una adesione cosciente, libera e volontaria. È dunque necessaria un'operazione che in qualche modo preceda la nostra adesione, carpendo la nostra libera volontà. Ecco allora il meccanismo della seduzione.

> Alla morte che gli proponeva il diavolo, l'uomo non sarebbe giunto per costrizione violenta; il diavolo infatti non aveva il potere di costringerlo, ma solo l'astuzia per ingannarlo. Se tu, o uomo, non avessi acconsentito, il diavolo non avrebbe potuto far nulla: è stato il tuo consenso che ti ha portato alla morte.[21]

Capiamo bene come una demonologia stile horror sia fuorviante. Il Diavolo innanzitutto ci seduce. *Seducere*. L'etimologia stessa della parola latina è ingannevole: sembrereb-

[20] *Ibid.*
[21] Agostino, *Commento al Vangelo di san Giovanni*, Omelia XII, 10.

be derivare da *secum ducere* (condurre a sé), invece deriva dalla preposizione *se* (a parte, separazione) unita al verbo *ducere* (condurre), e significa letteralmente: sviare, condurre fuori dal retto cammino, tirare al male specialmente con astuzie e lusinghe. La stessa parola "peccare", sia in ebraico che in greco, è espressa da verbi (*het'* e *hamartáno*) che indicano: mancare il bersaglio, perdere, sbagliare. È chiaro che per poter esercitare una seduzione "Satana si maschera da angelo di luce" (2*Cor* 11,14). Se Dalila si fosse presentata con un forcone infuocato, vomitando crema verdastra ed emanando fetore sulfureo, con buona probabilità Sansone avrebbe goduto di un'ottima vista fino alla vecchiaia. È proprio per questa ragione che il giorno del battesimo ci viene chiesto: "Rinunciate a Satana? E a tutte le sue opere? E a tutte le sue seduzioni?".

Tutti sappiamo cosa sia la seduzione. Talora è una sorta di benevolo inganno di cui siamo consapevoli. Fin dall'infanzia, per esempio, impariamo che "il furto è l'anima del commercio"; tale consapevolezza, in genere, ci fa sorridere di fronte a certe pubblicità che promettono muscoli da culturista in una settimana o profumi che conquistano i cuori. Ben peggiore è il discorso della seduzione-truffa: qui la seduzione mira, tramite artifici e raggiri, a ottenere un vantaggio a scapito della vittima, diviene una conquista di potere basata sulla menzogna; la verità è mascherata sotto un'apparenza appetibile, "gonfiata", per nascondere una realtà ben diversa; il male è travestito da bene. Un cavallo di Troia. La seduzione ci mette davanti a una scelta: per cedervi bisogna accettare volontariamente una violazione che, ai nostri occhi, appare piccola, quasi insignificante, e sembra apportarci un grande vantaggio. Come una crepa che può spaccare una montagna. Ovunque si trovano organizzazioni di volonterosi cittadini che consigliano ai consumatori come difendersi dalle truffe. Bisogna però fidarsi dei loro consigli. Nel battesimo ci viene chiesto di rinunciare alle seduzioni di Satana, e la Chiesa non fa certo mancare istruzioni e consigli per non cadere nelle sue seduzioni, tuttavia... Ecco allora l'altra faccia della medaglia seduttiva: la sfiducia.

Infamare

Per minare la fiducia, bisogna far perdere credibilità a chi ci può difendere e consigliare per il nostro bene. Sebbene si tratti di un personaggio d'opera buffa, don Basilio, prima di cantare la celebre aria *La calunnia,* declama una grande massima: "Con buona grazia bisogna principiare a inventar qualche favola che al pubblico lo metta in mala vista, che comparir lo faccia un uomo infame, un'anima perduta".[22]

Il grande Rivale

Bisogna insinuare il dubbio, o la certezza, che chi ci consiglia lo fa per pura invidia o per qualche altro torbido motivo. Così fece il serpente, insinuando ai progenitori che Dio avesse proibito all'umanità di cibarsi dell'albero morale perché invidioso: "Non morirete affatto! Anzi, Dio sa che quando voi ne mangiaste, si aprirebbero i vostri occhi e diventereste come Dio, conoscendo il bene e il male" (*Gen* 3,4-5). Suggerì cioè la prospettiva della rivalità. In essa, l'intervento di Dio nella storia dell'uomo non avviene per offrire l'Alleanza – Alleanza che, con la risurrezione, va oltre la stessa morte – ma per renderci infelici. In una parola, si attribuiscono a Dio i connotati del Diavolo. Se, non fidandoci, vogliamo verificare personalmente le conseguenze delle nostre trasgressioni, il gioco è fatto. Qualcosa di simile succede anche nella medicina: molti fumatori preferiscono verificare personalmente le conseguenze del fumo, piuttosto che fidarsi della scritta che campeggia in ogni pacchetto di sigarette: il fumo uccide. Per neutralizzare il nemico bisogna dunque renderlo in qualche modo inaffidabile. "Il dottore – sottinteso: perché è cattivo e rivale della mia felicità – non vuole che io fumi." Si può sempre supporre che ci siano interessi che vanno oltre la salute del paziente, ma la realtà in genere non è quella. Nella strategia del Maligno, dunque, la primaria necessità è far percepire Dio come ne-

[22] Gioachino Rossini, *Il Barbiere di Siviglia,* libretto di Cesare Sterbini, I atto.

mico dell'uomo, fonte delle frustrazioni e dei limiti imposti alla libertà, come un vecchio Shylock,[23] che ogni giorno pretende la sua libbra di carne e di sangue.

La moglie di Lot

I peccati dei cristiani, poi, adeguatamente diffusi, enfatizzati e pubblicizzati – quando non inventati – diventano il combustibile per l'infamante calderone della sfiducia. Sebbene il peccato faccia parte della "normalità" e sia in un certo senso "accovacciato alla nostra porta" (*Gen* 4,7), non bisogna sorvolare facilmente sulla sua pericolosità. Si dice che il Diavolo usi la lente d'ingrandimento per i peccati. Dio perdona, il Diavolo no, ed esibisce pubblicamente i trofei delle nostre cattive azioni. Ci possiamo facilmente rendere conto come il peccato, pur essendo un atto personale, non resti mai confinato nella coscienza di chi lo commette. Come una goccia d'inchiostro annerisce un bicchier d'acqua.

San Pietro, scrivendo alla prima comunità cristiana, avvertì i fedeli di tutti i tempi che "il vostro nemico, il Diavolo, *come leone ruggente* va in giro, cercando chi divorare" (1*Pt* 5,8). In tutte le epoche possiamo udire il ruggito di quel leone che, generalmente amplificando e diffondendo i peccati, crea il panico e paralizza per la paura. Gli uomini sono peccatori e i cristiani sono uomini; è ovvio che la Chiesa – tema caro a papa Francesco – è formata da "uomini peccatori, donne peccatrici, sacerdoti peccatori, suore peccatrici, vescovi peccatori, cardinali peccatori, papa peccatore".[24] Se da un lato tutto ciò ci richiama al senso di responsabilità, dall'altro non significa affatto che dobbiamo restare paralizzati dal senso di colpa – che non è il salutare pentimen-

[23] Shylock è lo spietato usuraio del *Mercante di Venezia* di Shakespeare. Pretende di ricevere legalmente una libbra della carne di un suo debitore insolvente ma, grazie a un astuto cavillo del difensore della vittima, fallisce nel suo intento.

[24] Francesco, Udienza generale, 2 ottobre 2013.

to – per i peccati nostri e altrui; né che, proprio a causa di quei peccati, la Chiesa non abbia il diritto-dovere di lavorare per l'edificazione del Regno di Dio e combattere contro il Principe di questo mondo. È la consumata strategia del Maligno che vuole una Chiesa divorata dalla paura, paralizzata dagli errori dei suoi figli, dove l'infedeltà di alcuni membri oscura la santità di milioni di cristiani. Nel Vangelo di Luca (17,32), Gesù ci fa uno strano ammonimento: "Ricordatevi della moglie di Lot". A forza di voltarsi indietro a guardare verso Sodoma, la donna "divenne una statua di sale" (cfr. *Gen* 19,26). Ai cristiani è richiesto il coraggio di guardare avanti e avere la capacità di "lasciarsi Sodoma alle spalle", quand'anche ne fossimo stati residenti, come Lot e tutta la sua famiglia.

Dobbiamo tuttavia ammettere con Léo Moulin che non c'è misfatto sulla faccia della terra che non sia stato attribuito ai cristiani e alla loro Chiesa: dal cannibalismo all'incendio di Roma, dai genocidi ai dissesti finanziari degli Stati.

> Date retta a me, vecchio incredulo che se ne intende: il capolavoro della propaganda anti-cristiana è l'essere riusciti a creare nei cristiani, nei cattolici soprattutto, una cattiva coscienza; a instillargli l'imbarazzo, quando non la vergogna, per la loro storia. A furia di insistere, dalla Riforma sino a oggi, ce l'hanno fatta a convincervi di essere i responsabili di tutti o quasi i mali del mondo. Vi hanno paralizzati nell'autocritica masochistica, per neutralizzare la critica di ciò che ha preso il vostro posto. [...] Da tutti vi siete lasciati presentare il conto, spesso truccato, senza quasi discutere. Non c'è problema o errore o sofferenza della storia che non vi siano stati addebitati. E voi, così spesso ignoranti del vostro passato, avete finito per crederci, magari per dar loro manforte.[25]

Comprendiamo meglio come già san Paolo, ai suoi tempi, sentisse il bisogno di precisare: "Il nostro appello non è stato mosso da volontà di inganno, né da torbidi motivi, né abbiamo usato frode alcuna" (1*Ts* 2,3).

[25] Citato in Vittorio Messori, *Pensare la storia. Una lettura cattolica dell'avventura umana*, Edizioni Paoline, Cinisello Balsamo (Mi) 1992, pp. 23-24.

La leggenda nera

Il cristianesimo si presentò da subito con un volto assai scomodo: da un lato non esibiva nessuna repulsione per "spregevoli" categorie sociali (per esempio, donne e schiavi), dall'altro non organizzava rivolte contro il potere dominante. Era nella posizione ideale per suscitare inimicizie da entrambe le sponde. La Roma imperiale, che pure era estremamente tollerante verso i culti stranieri, intuì il pericolo della trasformazione profonda che una simile religione sarebbe stata capace di provocare, e riservò ai cristiani il trattamento persecutorio che sappiamo. Lo storico Tacito definiva il cristianesimo "una esiziale superstizione che, repressa per un momento, erompeva di nuovo, non solo in Giudea, origine di quel male, ma anche per l'Urbe, ove da ogni parte confluiscono e vengono celebrate tutte le cose più orribili e vergognose".[26]

Per meglio sensibilizzare l'opinione pubblica e renderla impermeabile all'evento cristiano, era importante – allora come ora – creare un ruggito, una leggenda nera, una *vox populi* squalificante di sicuro effetto. E l'accusa di violenza sui bambini è da sempre il boccone più prelibato e sicuro per suscitare lo sdegno e l'orrore. I negri mangiavano i bambini; gli americani mangiavano i bambini; i comunisti mangiavano i bambini. Il retore Marco Cornelio Frontone in una celebre *Orazione contro i Cristiani*, così descriveva l'iniziazione cristiana:

> Un neonato cosparso di farina, per ingannare gli incauti, viene posto innanzi a colui che viene iniziato. Il neofita viene istigato a infliggere colpi, come se fossero inoffensivi, al piccolo ricoperto di farina, che così viene ucciso con ferite inferte alla cieca e senza consapevolezza. Orribile a dirsi, ne succhiano poi avidamente il sangue, se ne spartiscono a gara le membra, e su questa vittima stringono un patto, impegnandosi reciprocamente al silenzio a motivo della complicità in quel delitto.[27]

[26] Publio Cornelio Tacito, *Annales*, XV, 44.

[27] Minucio Felice, *Octavius*, VIII, 4-IX, 7, Waltzing, Louvain 1903.

Il tutto seguito da orge incestuose.

Certamente non si può invocare il comportamento sempre impeccabile dei cristiani, ma ci rendiamo conto che le leggende nere fanno parte del gioco screditante del Maligno.

Facendo un rapido salto di molti secoli, vediamo che la strategia non è cambiata. Non appena papa Pio XI individuò il bubbone infernale nel cuore della Germania nazista, subito scattò il ruggito, la *vox populi*, per screditare il monito papale:

> Ci sono casi di abusi sessuali che vengono alla luce ogni giorno contro un gran numero di membri del clero cattolico. Purtroppo non si può più parlare di casi individuali ma di una crisi morale collettiva che forse la storia culturale dell'umanità non ha mai conosciuto in una dimensione così spaventosa e sconcertante. Numerosi sacerdoti e religiosi sono rei confessi. Non c'è dubbio che le migliaia di casi venuti a conoscenza della giustizia rappresentino solo una piccola frazione dell'ammontare autentico, dal momento che molti molestatori sono stati coperti e nascosti dalla gerarchia.[28]

A circa due mesi dalla pubblicazione dell'Enciclica *Mit brennender Sorge*,[29] il ministro della propaganda nazista scatenò l'infamante campagna contro la Chiesa cattolica unitamente all'arresto di trecentoventicinque membri del clero. Scandalo a livello nazionale. Il papa aveva inequivocabilmente riconosciuto l'opera del Maligno e metteva in guardia il popolo tedesco:

> Nei solchi, in cui Ci eravamo sforzati di gettare la semenza della vera pace, altri sparsero – come l'*inimicus homo* della Sacra Scrittura (cfr. *Mt* 13,25) – la zizzania della sfiducia, della discordia, dell'odio, della diffamazione, di un'avversione profonda, occulta e palese, contro Cristo e la sua Chiesa, scatenando una lotta che si alimentò a mille fonti diverse e si servì di tutti i mezzi. Su di essi e solamente su di essi e sui loro

[28] Joseph Goebbels, Discorso del 28 maggio 1937 (cit. da Massimo Introvigne, *Goebbels e l'operazione preti pedofili*, in "Avvenire", 16 aprile 2010).
[29] Pio XI, *Mit brennender Sorge* cit.

> protettori, occulti o palesi, ricade la responsabilità, se sull'orizzonte della Germania appare non l'arcobaleno della pace, ma il nembo minaccioso delle dissolvitrici lotte religiose.[30]

Incredibilmente, nonostante si trattasse della magistratura del Terzo Reich, su trecentoventicinque arrestati ne furono condannati solo ventuno e non sapremo mai quanto quelle accuse fossero vere; per gli altri non fu possibile mantenere i capi d'imputazione e il tentativo di squalificare la Chiesa, nonostante il polverone iniziale, non riuscì. "La perfidia della campagna di Goebbels susciterà più indignazione dell'eventuale colpevolezza di alcuni religiosi."[31]

Il leone non attacca il branco: isola la sua preda. Se non si vuole restare vittima, bisogna imparare a non fuggire di fronte al suo ruggito, a non isolarsi, e mantenere quella fiducia in Dio che il Maligno vuole svellere dal nostro cuore. Ma la voce di Dio non è un ruggito, non si impone. Va ascoltata con delicatezza e attenzione: è il "mormorio di un vento leggero" (1*Re* 19,12).

Dunque è necessario, per non essere sedotti, continuare a fidarsi, "non gettare via il bambino insieme all'acqua sporca". Osservava acutamente il venerabile vescovo statunitense Fulton Sheen: "Ogni tanto ci si imbatte in una banconota falsa, ma non ho mai conosciuto nessuno che, a causa di essa, sostenga che la moneta degli Stati Uniti sia senza valore. Gli astronomi hanno individuato macchie sul sole, ma non ho ancora sentito nessuno affermare che il sole non sia la luce del mondo".[32]

Pompa diaboli

Secondo l'antico formulario del rito del battesimo, ai catecumeni veniva posta la domanda: "Rinunciate a Satana e a tutte le sue pompe?". Oggi il desueto termine "pompe del Diavo-

[30] Ivi, 1.
[31] M. Introvigne, *Goebbels e l'operazione preti pedofili, art. cit.*
[32] Fulton Sheen, *Scandals*, Conferenze radiofoniche, 1950.

lo" ci fa sorridere, ma vale la pena analizzarlo meglio. Il *Catechismo Maggiore* recitava: "Per opere e pompe del demonio si intendono i peccati, e le massime del mondo contrarie alle massime del santo Vangelo".[33] Anche in questo caso, la derivazione del termine "pompa" è greca: *pompé* (processione, ingiuria, scherno e tutto ciò che era ammesso nelle processioni dionisiache); in essa è racchiuso sia il riferimento alla sontuosità che alla liberazione di una energia vitale incontrollata. Oltre alla danza forsennata, la "pompa" includeva il sacrificio per smembramento e l'ingestione di carni crude e sangue. Da quei primitivi riti si è andati ben oltre. In una catechesi battesimale, Benedetto XVI ha spiegato che "la pompa del diavolo erano soprattutto i grandi spettacoli cruenti, in cui la crudeltà diventa divertimento, in cui uccidere uomini diventa una cosa spettacolare: spettacolo, la vita e la morte di un uomo. Questi spettacoli cruenti, questo divertimento del male è la 'pompa del diavolo', dove appare con apparente bellezza e, in realtà, appare con tutta la sua crudeltà".[34]

In una tale "pompa", attrattivo divertimento, troviamo gli ingredienti necessari per risalirne alla fonte: omicidio, divertimento, forti emozioni. Anticamente tutto questo si realizzava nelle arene, dove i gladiatori si affrontavano fino all'ultimo sangue. Ed è proprio qui che si inserisce la tentazione: assecondare quel primitivo istinto di sopravvivenza ci porta a percepire, in modo inconscio, l'altro come rivale: *mors tua vita mea*; la sofferenza e la morte altrui diventano un modo per esorcizzare la propria sofferenza e la propria morte, uno spettacolo grazie al quale ci si libera dell'altro senza alcuna responsabilità personale. Basti pensare agli ingorghi autostradali causati dai curiosi che si fermano ad ammirare un incidente.

> Lo spettatore, infatti, mentre guarda morire un altro uomo non è, per definizione, responsabile di nulla, non deve fare nulla se non appunto guardare e godersi, per contrasto,

[33] Pio X, *Catechismo Maggiore*, Tipografia vaticana, Roma 1905, n. 570.
[34] Benedetto XVI, *Lectio divina*, 11 giugno 2012.

la sensazione di sicurezza e di potere che la morte dell'altro gli procura. L'essenza del potere, come ha notato Elias Canetti, si può dire che stia proprio nella sopravvivenza rispetto alla morte dell'altro; ma questa non è una prerogativa solo del re o del tiranno: a ben vedere, il sollievo che la visione della morte dell'altro produce (perché "lui è morto e io invece no") assomiglia molto al piacere di cui parla Lucrezio, nel II libro del *De rerum natura* ("Dolce, quando il mare è in tempesta, guardare da terra il naufragio di un altro"), presentandolo come l'ambito premio della saggezza del filosofo, che può guardare con sovrano distacco a tutti gli affanni e le sofferenze delle esistenze umane. Senza essere né re né filosofo, l'uomo comune si può procurare nell'anfiteatro, al modesto prezzo di un biglietto, un surrogato di questo piacere.[35]

Oggi, una cultura della non violenza si è fatta dignitosamente strada. I gladiatori non ci sono più, e anche l'uccisione di animali per divertimento trova, grazie a Dio, sempre più oppositori. Ma l'istinto umano non cambia. È necessaria la grazia di Dio unitamente alla collaborazione personale per risalire dal livello della pura istintività.

Considerate la vostra semenza:
fatti non foste a viver come bruti,
ma per seguir virtute e canoscenza.[36]

Per quanto possa sembrare un fatto di poco peso, una cultura mediatica che ci propone continuamente l'omicidio come spettacolo, come tema dominante di buona parte delle produzioni cinematografiche e televisive, non è lontana dalla "pompa del diavolo". E che dire delle folle di curiosi sempre attratte dai musei degli strumenti di tortura? Ovviamente tutto questo viene spacciato per giusta informazione, magari fatto a fin di bene affinché certi orrori non si ripetano mai più. Ma siamo così sicuri che esposizioni tanto macabre non si trasformino in una parados-

[35] Leonardo Lugaresi, *Dove s'annida il diavolo*, nell'"Osservatore Romano", 21 giugno 2012.

[36] Dante Alighieri, *Divina commedia*, *Inf.* XXVI, 118-120.

sale propaganda, e alla fine non vadano a stuzzicare quel fondo di sadismo che – stando agli studi psicanalitici – si annida nell'inconscio di ogni uomo? Certo, non si può affermare che l'aver divulgato violenze e orrori commessi dagli uomini abbia migliorato la convivenza umana. Si sa: se i peccati producessero la felicità, il mondo sarebbe pieno di gioia!

La maschera

Il termine "pompa" racchiudeva anche il riferimento alle *consuetudines* pagane, termine che può essere tradotto con l'espressione "moda culturale" o "cultura del tempo". Ci si voleva dunque riferire anche a un tipo di cultura, a un modo di vivere, "nel quale non conta la verità ma l'apparenza, non si cerca la verità ma l'effetto, la sensazione, e, sotto il pretesto della verità, in realtà, si distruggono uomini, si vuole distruggere e creare solo se stessi come vincitori".[37]

La seducente arma della menzogna si nutre di apparenza. I nostri mezzi di comunicazione sono in grado di far apparire sul monitor del nostro computer il mondo intero. Se l'uso di tali mezzi non è guidato da una saggia prudenza, si può rimanere intrappolati nel mondo effimero e seducente dell'apparenza, con un *diabolico* distacco dalla realtà. In tal caso, con un piccolo click, le relazioni interpersonali, le tragedie, le gioie si riducono a uno spettacolo virtuale in cui la responsabilità personale è completamente diluita. Il Diavolo, che opera incessantemente per distaccarci (*diabállein*) dalla realtà, ci seduce a "emanciparci" da Dio e dalla sua Chiesa in modo da non essere espressione di un significato che vada oltre il nostro apparire. La prima umanità, Adamo, voleva essere come Dio creatore. Eppure l'uomo era già come Dio: fatto a sua immagine e somiglianza (cfr. *Gen* 1,26), e libero persino di rifiutare il suo stesso Creatore. La grande tentazione fu proprio quella di usare la libertà per allontanarsi dal progetto che Dio ave-

[37] Benedetto XVI, *Lectio divina* cit.

va inscritto nella sua creatura. Che l'immagine fosse staccata dalla somiglianza.

> Adamo (e Adamo siamo noi stessi) pensava che il "no" fosse l'apice della libertà. Solo chi può dire "no" sarebbe realmente libero; per realizzare realmente la sua libertà, l'uomo deve dire "no" a Dio; solo così pensa di essere finalmente se stesso, di essere arrivato al culmine della libertà. [...] Essere come Dio era il desiderio di Adamo, cioè essere completamente libero. Ma non è divino, non è completamente libero l'uomo che si chiude in se stesso; lo è uscendo da sé, è nel "sì" che diventa libero; e questo è il dramma del Getsemani: non la mia volontà, ma la tua. Trasferendo la volontà umana nella volontà divina nasce il vero uomo, è così che siamo redenti.[38]

Un esorcista della Chiesa cattolica non può non credere che i cristiani siano chiamati ad andare contro una tale corrente; non può neanche tacere il fatto che il nostro impegno battesimale è l'unico vero argine per limitare il dilagare del "Principe di questo mondo".

> Essere battezzati significa proprio sostanzialmente un emanciparsi, un liberarsi da questa cultura [...] in cui non conta la verità; anche se apparentemente si vuol fare apparire tutta la verità, conta solo la sensazione e lo spirito di calunnia e di distruzione. Una cultura che non cerca il bene, il cui moralismo è, in realtà, una maschera per confondere, creare confusione e distruzione. Contro questa cultura, in cui la menzogna si presenta nella veste della verità e dell'informazione, contro questa cultura che cerca solo il benessere materiale e nega Dio, diciamo "no".[39]

[38] Benedetto XVI, Udienza generale, 25 giugno 2008.
[39] *Ibid.*

Parte seconda

LA LOTTA

3
Le corna della bestia

Nell'Apocalisse, Giovanni vide "salire dalla terra un'altra bestia, che aveva due corna, simili a quelle di un agnello, che però parlava come un drago" (13,11). La bestia operava grandi prodigi e per mezzo di essi "sedusse gli abitanti della terra" (13,14). Il frutto di quella seduzione fu "un marchio impresso sulla mano destra e sulla fronte" (13,16) di tutti coloro che adoravano la bestia. Travestite da corna di un mite agnello, in realtà erano le corna del Diavolo.

La profonda attrazione

Gli evangelisti ci lasciano una traccia importante per capire e riconoscere l'intervento del Maligno. Oltre alle grida scomposte dei demòni che non vogliono ingerenze cristiane nella loro vita, Matteo e Luca riportano un "a tu per tu" fra Gesù e Satana che è una vera icona. Nel breve dialogo troviamo sia la via seduttiva usata da Satana, che la via d'uscita indicata da Gesù.

È lo Spirito stesso che conduce Gesù nel deserto per affrontare il Diavolo (cfr. *Lc* 4,1). Il deserto, proprio per le sue caratteristiche, obbliga all'essenziale. Nel deserto non si trovano gli appoggi materiali della vita quotidiana. E nell'essenzialità vediamo che Satana, con grande astuzia, affronta l'uomo nei suoi tre aspetti antropofenomenologici: l'*homo natura*, l'*homo religiosus*, l'*homo sapiens*. Satana seduce con la sua proposta logicamente attraente, quanto illusoria e distruttiva. È la tentazione ordinaria nella quale sensi, intelletto, fantasia, memoria e sentimenti vengono suggestionati o – come si diceva anticamente – "infestati",[1] al fine di distogliere l'uomo dal "conoscere, amare e servire Dio in questa vita, e goderlo poi nell'altra in paradiso".[2]

L'homo natura

"Gesù, dopo aver digiunato quaranta giorni e quaranta notti, [alla fine] ebbe fame" (*Mt* 4,2). Quella fame, se da un lato è il segno della vera incarnazione del Verbo di Dio, dall'altro è l'allegoria di tutti i bisogni connaturati al corpo. Il Diavolo, con apparente ragionevolezza, consiglia la sua soluzione: "Se sei Figlio di Dio, di' che questi sassi diventino pane" (*Mt* 4,3). Il Tentatore non propone manifestamente il male, ma quello che appare più logico, quasi di buon senso nella specifica situazione; ci fa desiderare "un falso bene, facendo credere che le vere realtà sono il potere e ciò che soddisfa i bisogni primari".[3] Dalla risposta di Gesù – "Non di solo pane vivrà l'uomo, ma di ogni parola che esce dalla bocca di Dio" (*Mt* 4,4) –, comprendiamo che la tentazione non è saziare la fame, ma vivere "di solo pane" escludendo Dio dal proprio orizzonte. In altre parole, interpretare l'esistenza umana esclusivamente nella sua dimensione più indubitabile, quella biologica. È la tentazione dell'*homo natura,* appunto. Certamente l'uomo condivide la sua corporeità con il resto degli esseri viventi ma, nella fede, sappiamo che l'esistenza umana non si esaurisce nell'evidente ciclo biologico terreno. Satana sfrutta una verità: l'uomo, biologicamente, funziona come gli altri animali; una volta concepito, nasce, si nutre, si riproduce e muore, restituendo alla terra gli elementi che lo compongono. È una verità

[1] Cfr. Adolfo [Adolphe] Tanquerey, *Compendio di Teologia ascetica e mistica*, Società di S. Giovanni Evangelista, Desclée & Co., Paris 1928^5, III, c. III, n. 1532.
[2] *Primi elementi della dottrina cristiana* – Tratti dal Catechismo pubblicato per ordine del Sommo Pontefice S. Pio X, Libreria editrice vaticana, Città del Vaticano 1964, n. 13.
[3] Benedetto XVI, *Angelus*, 17 febbraio 2013.

amputata e parziale, cioè *diabolica*, è una visione senza speranza, in cui conta solo il soddisfacimento dei bisogni terreni senza nessun significato prospettico. Una specie di infernale catena di montaggio che al suo culmine non ha la vita eterna, ma il disfacimento del sepolcro. "Il Cielo abbandoniamolo agli angeli e ai passeri",[4] sentenziava Heinrich Heine. L'uomo, così "liberato" dalla speranza legata a una prospettiva trascendente, può solo affermare che "viene dalla terra, appartiene alla terra e parla della terra" (*Gv* 3,31) e, con la mente tutta intenta alle "cose della terra", finisce per avere come dio il ventre (cfr. *Fil* 3,19). E così, condivide la maledizione piombata sull'antico serpente: «Sul tuo ventre camminerai e polvere mangerai per tutti i giorni della tua vita» (*Gen* 3,14). E sappiamo bene che l'uomo senza speranza è, come dice la parola stessa, disperato.

Rimuovere Dio dall'esistenza umana e vivere "di solo pane", non solo non accende la speranza ma, per la menzionata perversa solidarietà nel male che "rende gli uomini complici gli uni degli altri e fa regnare tra di loro la concupiscenza, la violenza e l'ingiustizia",[5] crea delle vere e proprie strutture di peccato.

> Certe ideologie hanno puntato a organizzare la società con la forza del potere e dell'economia. La storia ci dimostra, drammaticamente, come l'obiettivo di assicurare a tutti sviluppo, benessere materiale e pace prescindendo da Dio e dalla sua rivelazione si sia risolto in un dare agli uomini pietre al posto del pane. Il pane, cari fratelli e sorelle, è "frutto del lavoro dell'uomo", e in questa verità è racchiusa tutta la responsabilità affidata alle nostre mani e alla nostra ingegnosità; ma il pane è anche, e prima ancora, "frutto della terra", che riceve dall'alto sole e pioggia: è dono da chiedere, che ci toglie ogni superbia e ci fa invocare con la fiducia degli umili: "Padre [...], dacci oggi il nostro pane quotidiano" (*Mt* 6,11).[6]

[4] Cit. in Sigmund Freud, *L'avvenire di un'illusione* [1927], in *Opere di Sigmund Freud*, Bollati Boringhieri, Torino 2000, vol. X, p. 479.

[5] CCC, n. 1869.

[6] Benedetto XVI, Omelia a conclusione del XXV Congresso eucaristico nazionale, Ancona, 11 settembre 2012.

Non si può governare la storia con mere strutture materiali, prescindendo da Dio. Se il cuore dell'uomo non è buono, allora nessun'altra cosa può diventare buona. E la bontà di cuore può venire solo da Colui che è Egli stesso la Bontà, il Bene.[7]

L'homo religiosus

Il secondo intervento del Diavolo è decisamente imbarazzante. Satana per tentare Gesù lo conduce nella Terra Santa, nella Città Santa, nel Tempio Santo, nel suo luogo più alto. E dalla bocca di Satana non escono parole oscene, ma i versetti del salmo 90: «Ai suoi angeli darà ordine per te, perché essi ti custodiscano. Essi ti sorreggeranno con le mani, perché il tuo piede non inciampi in una pietra»!

Il Tentatore propone a Gesù il suo metodo interpretativo delle Scritture e la sua prospettiva religiosa. Si sa: ovviamente "anche i demòni credono in Dio" (cfr. *Gc* 2,19). La prospettiva religiosa adulterata è la tentazione riservata a chi ha già fatto passi nel cammino della fede; all'uomo che, fra le sue istanze esistenziali, inserisce anche il bisogno di trascendenza. È la tentazione riservata – come si suol dire – all'*homo religiosus*.[8] Il fatto che Satana usi le parole di un salmo, ci fa capire con ogni evidenza che recitar preghiere, per quanto speciali possano essere, non significa affatto pregare né essere al riparo dall'influsso del Diavolo. Ricordavamo nel primo capitolo la triste vicenda del vescovo Milingo: certamente gli esorcismi che ha proferito a gogò non lo hanno messo al riparo dall'azione del Maligno. Basta una modesta riflessione storica per rendersi conto che proprio l'uso aberrante delle Sacre Scritture è stato il motivo di tutti gli scismi e – in certi casi – persino di ciò che è il simbolo della violazione di tutti i comandamenti: la guerra. Si può capire come, subito dopo

[7] Benedetto XVI, *Gesù di Nazaret*, Rizzoli, Milano 2007, p. 56.

[8] L'espressione *homo religiosus*, coniata da Gerardus van der Leeuw (1890-1950), si basa sull'etimologia della parola "religione" dal latino *re-legere*, cercare con cura, osservare, stare attenti.

il comandamento che proibisce l'idolatria, il Signore ingiunga: "Non pronuncerai invano il nome del Signore, tuo Dio" (*Es* 20,7); letteralmente il testo greco dice "non maneggerai il nome di Dio senza verità". Proprio la manipolazione del nome di Dio è stata la trappola che ha consentito immense scelleratezze. In un famoso discorso al Corpo diplomatico accreditato presso la Santa Sede, papa Benedetto XVI smascherò "la tentazione della violenza e della sopraffazione" spesso travestita con "aberranti concezioni religiose", e ribadì con forza che "nessuna circostanza vale a giustificare tale attività criminosa, che copre di infamia chi la compie, e che è tanto più deprecabile quando si fa scudo di una religione, abbassando così la pura verità di Dio alla misura della propria cecità e perversione morale [...] Per quanto poi riguarda specificamente la Chiesa Cattolica, in quanto anche da parte di suoi membri e di sue istituzioni sono stati compiuti gravi errori in passato, essa li condanna, e non ha esitato a chiedere perdono. Lo esige l'impegno per la verità".[9]

Gesù risponde alla citazione proposta da Satana con un versetto del Deuteronomio (6,16), riportando il significato del salmo nel giusto alveo: "Sta scritto anche: Non tentare il Signore Dio tuo" (*Mt* 4,7). Deduciamo quindi che il metodo *diabolico* può essere esteso persino all'uso delle Sacre Scritture. Prendere qualche versetto e interpretarlo a proprio comodo, senza tenere conto del senso globale, può portare a dire di tutto, persino ad affermare che sulla Bibbia sta scritto che "Dio non esiste". Ed è vero, è scritto per due volte! Tuttavia, se si legge la frase intera, qualcosa certamente cambia: "'Dio non esiste': pensa lo stolto" (cfr. *Sal* 9 e 52). Il Diavolo è maestro di quella "privata spiegazione" (2*Pt* 1,20) che tanto allarmava l'apostolo Pietro. Gesù, con la sua risposta, dà anzitutto un'indicazione di metodo e, dal Principe degli Apostoli in poi, tutti i papi sono intervenuti per vigilare sull'autentica interpretazione della Parola di Dio. Papa Francesco così esorta i cristiani:

[9] Benedetto XVI, Discorso al corpo diplomatico accreditato presso la Santa Sede, 9 gennaio 2006.

Prima di tutto conviene essere sicuri di comprendere adeguatamente il significato delle parole che leggiamo. Desidero insistere su qualcosa che sembra evidente ma che non sempre è tenuto presente: il testo biblico che studiamo ha duemila o tremila anni, il suo linguaggio è molto diverso da quello che utilizziamo oggi. Per quanto ci sembri di comprendere le parole, che sono tradotte nella nostra lingua, ciò non significa che comprendiamo correttamente quanto intendeva esprimere lo scrittore sacro. [...]

Certamente, per intendere adeguatamente il senso del messaggio centrale di un testo, è necessario porlo in connessione con l'insegnamento di tutta la Bibbia, trasmessa dalla Chiesa. Questo è un principio importante dell'interpretazione biblica, che tiene conto del fatto che lo Spirito Santo non ha ispirato solo una parte, ma l'intera Bibbia, e che in alcune questioni il popolo è cresciuto nella sua comprensione della volontà di Dio a partire dall'esperienza vissuta. In tal modo si evitano interpretazioni sbagliate o parziali, che contraddicono altri insegnamenti della stessa Scrittura.[10]

L'homo sapiens

Il Signore li benedisse e disse loro: «Siate fecondi e moltiplicatevi, riempite la terra e soggiogatela, dominate sui pesci del mare e sugli uccelli del cielo e su ogni essere vivente, che striscia sulla terra» (*Gen* 1,28).

Dio aveva benedetto l'uomo. Gli aveva dato ordine di essere fecondo e di riempire la terra, il fertile giardino di Dio. Gli aveva anche donato di prendere possesso e governare il creato, era l'*homo sapiens*. Tuttavia tale governo era orientato a una finalità ben precisa: "perché lo coltivasse e lo custodisse" (*Gen* 2,15). All'umanità, Dio aveva dato il potere di coltivare e custodire la grande opera della creazione. La coppia di verbi "coltivare e custodire", nell'originale ebraico *læ'âbæd* e *shamær*, evoca sia l'immagine di un giardiniere, sia quella di un devoto fedele. Il verbo *læ'âbæd* let-

[10] Francesco, Esortazione apostolica *Evangelii gaudium*, nn. 147-148.

teralmente significa servire, ed è utilizzato per indicare anche il servizio liturgico nel Tempio. Il verbo *shamær* significa osservare, proteggere, ed è riferito sia a una sentinella che vigila, ma anche e soprattutto al custodire e osservare la Parola del Signore. Ne deriva una vocazione bellissima: custodire con devozione il dono di Dio, il creato, riconoscendo in esso la Sua opera.

Il Diavolo si presenta a Gesù per la terza volta e gli offre una visione prospettica "simbolica" molto suggestiva, che è l'apice del suo intervento: dall'alto gli mostra in un istante tutti i regni della terra e nel contempo, insieme alla visione del panorama, afferma qualcosa di sconcertante: «Tutta questa potenza e la gloria di questi regni è stata messa nelle mie mani e io la do a chi voglio» (*Lc* 4,6). Da notare che nelle mani del Maligno non ci sono i regni con il loro carico di responsabilità, ma solo gloria e potenza. La tentazione è chiaramente quella di dominare; è credere che per cambiare il mondo sia necessario il potere economico, politico e militare. Purtroppo si tratta di una tentazione che sempre serpeggia anche nel cristianesimo, e non manca di far sentire i suoi morsi velenosi. Storicamente, a livello di Chiesa, "la tentazione di assicurare la fede mediante il potere si è ripresentata continuamente, in forme diverse, e la fede ha sempre corso il rischio di essere soffocata proprio dall'abbraccio con il potere. La lotta per la libertà della Chiesa, la lotta perché il regno di Gesù non sia identificato con alcuna struttura politica, deve essere condotta in tutti i secoli. La fusione fra fede e potere politico, infatti, ha sempre un prezzo: la fede si mette al servizio del potere e deve piegarsi ai suoi criteri".[11] Tanto per citare un esempio, nel 360, dopo il famoso editto di Costantino, sant'Ilario di Poitiers, inorridito da una cristianità adagiata ed emula del potere imperiale, scriveva: "Combattiamo contro un nemico insidioso, un nemico che lusinga, non ferisce la schiena, ma accarezza il ventre; non confisca i beni – cosa che do-

[11] Benedetto XVI, *Gesù di Nazaret* cit., pp. 62-63.

nerebbe la vera vita –, ma arricchisce, spingendo così verso la vera morte; non ci imprigiona – cosa che spingerebbe verso la vera libertà –, ma onorandoci nel suo palazzo ci spinge verso la schiavitù; non colpisce i fianchi, ma prende possesso del cuore; non taglia la testa con la spada, ma uccide l'anima con l'oro".[12] Per ottenere la potenza e la gloria offerta dal Maligno bisogna vendergli il cuore; se ne ricava una signoria che santa Teresa ben definiva "una delle molte menzogne inventate dal mondo, il quale onora col titolo di signori persone che, invece, sono schiave di molte cose".[13]

Per non cadere in letture moralistiche riguardanti categorie di terze persone, è sufficiente esaminare se stessi in rapporto ai vizi. "Il vizio è una cattiva disposizione dell'animo a fuggire il bene e a fare il male, causata dal frequente ripetersi degli atti cattivi."[14] Certamente la trasgressione, all'inizio, appare un'espressione della nostra libertà. Non c'è bisogno di descrizioni, per rendersi conto di quale schiavitù orrenda i vizi siano forieri. Il problema vero, è che, quando il peccato diviene abitudinario, a causa dell'ottundimento della coscienza, sgorga con estrema spontaneità e diviene quasi una caratteristica comportamentale. La massima libertà, in tal caso, diviene spendere la vita per il raggiungimento del bramato oggetto. Costi quel che costi.

Il Diavolo, ricordiamolo, per mentire e sedurre usa pezzi di verità. E nelle parole rivolte al Cristo mette sul piatto, con grande chiarezza, il suo reale baratto: «Tutte queste cose io ti darò, se, prostrandoti, mi adorerai» (*Mt* 4,9). Acconsentire a un simile commercio implica un'adesione ideologica profonda, che snatura il significato del rapporto fra l'uomo e il mondo. Prostrarsi non è un semplice gesto. Nel testo greco viene usato il verbo *pípto*, che esprime la caduta da un luogo più alto a uno più basso; e l'adorazione che ne deriva è l'asservimento alle cose del mondo, la rinuncia esplicita al Cielo. Cadiamo certamente nella vera idolatria, che non è la ridicola supersti-

[12] Hilarius Pictaviensis, *Contra Constantium Imperatorem*, I, 5.
[13] Teresa d'Avila, *Vita di santa Teresa di Gesù*, XXXIV, 4.
[14] Pio X, *Catechismo Maggiore*, Tipografia vaticana, Roma 1905, n. 959.

zione legata a totem e amuleti, ma la consegna del nostro essere. Gli idoli esigono sacrifici, diventano scopi esistenziali, crudeli divinità cui sacrificare salute, affetti, energie e vite.

> Servirono i loro idoli
> e questi furono per loro un tranello.
> Immolarono i loro figli
> e le loro figlie agli dèi falsi.
> Versarono sangue innocente,
> il sangue dei figli e delle figlie
> sacrificati agli idoli di Canàan.
>
> (*Sal* 106,36-38).

Gloriose carriere costruite sulle macerie della propria famiglia, spensieratezza ottenuta sacrificando i propri figli, guadagni carpiti distruggendo vite umane, sono esempi di prostrazione e di adorazione a colui che può donare ricchezza, gloria e potenza in questo mondo.

> Allora pronunzierò i miei giudizi contro di loro, per tutto il male che hanno commesso abbandonandomi, per sacrificare ad altri dèi e prostrarsi davanti al lavoro delle proprie mani (*Ger* 1,16).

A tutto questo Gesù rispose: "Vattene, Satana! Sta scritto: Adora il Signore, Dio tuo, a lui solo rendi culto" (*Mt* 4,10).

Il peccato di irreligione

Gesù rispondendo alla seconda tentazione, oltre all'indicazione di metodo, sottolinea anche un grave contenuto: "Non tentare il Signore Dio tuo" (*Mt* 4,7). Tentare Dio, nel linguaggio teologico, è una "materia grave" cioè concernente la vita (riguarda direttamente Dio!), e quindi, se l'atto avviene con piena avvertenza e deliberato consenso, è certamente un peccato mortale,[15] detto di irreligione. Dietro alla parola "irreligione", ormai desueta, si cela l'atteggiamento di sfida di quanti pretendono da Dio qualche

[15] Cfr. Pio X, *Catechismo Maggiore* cit., nn. 951; 954.

prova. Ma il Signore ci dà segni, non prove. E infatti, nella nuova traduzione della Conferenza episcopale italiana (2008) si legge: "non metterai alla prova il Signore Dio tuo".

Se gettarsi dal pinnacolo del Tempio sembra una tentazione troppo irreale, basta decodificare l'atteggiamento simbolizzato da quella tentazione per accorgerci che anche il peccato di irreligione è "accovacciato alla nostra porta". Ogni volta che ci gettiamo imprudentemente, e senza una reale necessità, in una situazione pericolosa, nella convinzione che Dio deve risolvere tutto miracolosamente, siamo nel terreno della irreligione. Come accade in tutte le tentazioni, l'irreligione è la versione *diabolica* di una virtù, nel caso specifico della virtù morale di religione, cioè di quel senso profondo di giustizia che ci porta a volere donare a Dio, pur con tutti i limiti della nostra umanità, ciò che gli è dovuto.[16] E sicuramente, se vogliamo essere giusti, noi dobbiamo "dare a Dio" – in realtà il vantaggio è tutto nostro – quelle manifestazioni di gratitudine che esprimono fiducia in Lui, nelle sue promesse e nella sua Provvidenza.

Grazie alla fede in Dio, si può giungere a rischiare la propria vita per operare un soccorso o per evitare un danno maggiore e, in sommo grado, si può giungere al martirio. Nel peccato di irreligione, invece, si commettono atti senza prudenza, esigendo da Dio un intervento straordinario a conferma delle nostre affermazioni. Come gettarsi dal pinnacolo del Tempio, anziché scendere dalle scale, per vedere se arriveranno davvero gli angeli promessi dal salmo. Lo scopo non è quindi ottenere un maggior bene. È ottenere la prova che Dio è davvero con noi, anzi è al nostro servizio. Sappiamo però, da Franz Werfel, che "per chi ha fede nessuna prova è necessaria, per chi non crede nessuna prova è sufficiente".

La prudenza, poi, è la virtù che regola tutte le altre, l'*auriga virtutum* ("cocchiere delle virtù")[17] stando alla definizione di san Tommaso; grazie a essa possiamo discernere "in ogni

[16] Cfr. Tommaso d'Aquino, *Summa theologiae*, II-II, qq. 81, a 5; CCC, n. 1807.
[17] Id., *Commento alle sentenze di Pietro Lombardo*, II, 41, q. 1, a 1.

circostanza il nostro vero bene e scegliere i mezzi adeguati per compierlo".[18] E, come sempre, il Diavolo ci suggerisce i mezzi sbagliati – "mezzi non ordinati al giusto fine" – per ottenere una cosa giusta. Nel nostro caso tuttavia, anche il fine è solo apparentemente giusto: infatti, non è palesare a Dio un atto del nostro fiducioso abbandono in Lui, ma pretendere che – quasi in ossequio all'investimento che abbiamo fatto in Lui – Egli dia prova che possiede davvero gli attributi in cui noi crediamo. È questo il modo esplicito di tentare Dio.

Esiste però anche un modo più insidioso, una tentazione meglio mascherata da genuina religiosità; in essa, l'intenzione di mettere alla prova Dio non è concepita espressamente, ma si fa qualche cosa che, di sua natura, contiene una tentazione contro Dio. È, insomma, un modo implicito per mettere Dio alla prova. I vecchi trattati di teologia morale riportavano un esempio molto illuminante: "Quando, per esempio, in un imminente pericolo di morte, non si volesse usare alcun rimedio naturale per la salvezza e si volesse attendere un intervento miracoloso da parte di Dio. [...] Mentre non è peccato, in una infermità *leggera*, sperare la guarigione con l'aiuto di Dio, anche senza i rimedi sanitari".[19] È quindi evidente che ogni volta che si ha un'infermità non *leggera* – cioè *grave*, e quindi in grado di compromettere la vita o la qualità della vita – rinunciare alle cure disponibili non è solo una grave imprudenza, ma un peccato di irreligione. La solita confusione operata dal Maligno sulle parole qui gioca sul fatto che Gesù, certamente, può guarire tutte le malattie, e che ha lasciato agli Apostoli il potere di curare le infermità (cfr. *Lc* 9,1; *Mt* 10,1). Nell'interpretazione *diabolica* la preghiera, anziché liberare dalle malattie, dovrebbe liberare l'uomo dalle terapie! Diventa, in un certo senso, il prezzo simoniaco, la tariffa per comprare la salute. E così

[18] CCC, n. 1806.

[19] Eriberto Jone, *Compendio di teologia morale*, traduzione dalla 14ª ed. tedesca a cura dei frati minori cappuccini della provincia di Lombardia, Marietti, Torino 1952, p. 119.

vediamo, tristemente, carovane di fedeli che implorano la grazia di essere guariti miracolosamente per non dover assumere le terapie (magari pure gratuite!) prescritte dal medico. Dietro a quante preghiere di guarigione si nasconde l'imprudenza di non voler assumere farmaci esigendo da Dio un miracolo? E questo alla faccia della Chiesa che ha portato, congiuntamente alla Parola di Dio, strutture sanitarie in tutto il mondo: "Dove arriva una Missione cattolica, troverai sempre una chiesa, una scuola e un ospedale".[20] In altre parole, cambia il metodo, ma il principio resta lo stesso: scendere a terra dal pinnacolo senza prendere le scale. Una volta caduti nella tentazione, per continuare la metafora del pinnacolo, la vita va in pezzi (*diabállein*). Ottenuto il danno, la beffa dell'Ingannatore si completa: prima si perde la salute e poi la fede, pieni di rabbia verso quel Dio che, nonostante il prezzo pagato in preghiere e sacrifici per ottenere il suo intervento straordinario, non ci ha esaudito. "Dove sono le tue elemosine? Dove sono le tue buone opere? Ecco, lo si vede bene da come sei ridotto!" (*Tb* 2,14).

Quando si usa la Parola di Dio per giustificare l'imprudenza, il tradimento dei doveri del proprio stato, la mancanza di carità, lo scisma, e persino l'omicidio, siamo sulla strada dell'uso *diabolico* di ciò che è più sacro.

"Se ci fosse un Dio giusto..."

Satana dunque suggerisce la sua logica, apparentemente ineccepibile e seducente. In tutti gli interventi del Diavolo campeggia una frase: "Se tu sei il Figlio di Dio". Gli evangelisti registrano la frase come chiaro inizio dell'intervento di Satana (cfr. *Lc* 4,7-9; *Mt* 4,3-6).

Quando Gesù incontrò Pietro e suo fratello Andrea, per la prima volta, là sul mare di Galilea, disse: «Seguitemi (*Mt* 4,19; *Mc* 1,17); e usò la stessa espressione per chiamare tutti i suoi discepoli. I Vangeli ci narrano, come in tante icone, lo svol-

[20] La frase, pronunciata dalla beata Maria Bolognesi, è citata in Raffaele Talmelli, *Il profumo dell'unguento*, Edizioni MB, Rovigo 2013, p. 172.

gersi della storia dell'incontro con Gesù. È commovente notare che Gesù, alla fine di tutto, dopo i grandi entusiasmi e le rovinose cadute del povero Pietro, dopo la crocifissione e la risurrezione, dica ancora al suo apostolo: «Seguimi!» (*Gv* 21,19.22). L'ultima parola lasciata da Gesù a Pietro è, in sostanza, la stessa del primo incontro. L'Alfa e l'Omega. "Seguimi": il filo conduttore dell'incontro con Cristo.

A ben guardare, anche Satana ha un suo filo conduttore: "Se tu sei il Figlio di Dio". Così esordisce Satana al suo primo incontro con il Figlio dell'uomo. È una frase che ritroviamo ancora. E la ritroviamo, con tutta la sua valenza *diabolica,* alla conclusione della vita pubblica di Gesù. Gesù aveva sparso il buon seme della sua Parola, aveva insegnato agli uomini a rendere a Dio "quello che è di Dio" (*Mc* 12,17), ma Satana aveva sparso la zizzania della irreligione. «Se tu sei il Cristo, dillo a noi» (*Lc* 22,67); «Tu dunque sei il Figlio di Dio?» (*Lc* 22,70) esclamarono sarcasticamente i membri del Sinedrio. E, vedendo Gesù in croce, "quelli che passavano di lì lo insultavano, scuotendo il capo e dicendo: [...] 'Se tu sei Figlio di Dio, scendi dalla croce!'" (*Mt* 27,39-40). "Anche i soldati lo schernivano, gli si accostavano per porgergli dell'aceto e dicevano: 'Se tu sei il re dei Giudei, salva te stesso'" (*Lc* 23,36-37). Persino "uno dei malfattori appesi alla croce lo insultava: 'Non sei tu il Cristo? Salva te stesso e anche noi!'" (*Lc* 23,39).

Nelle parole "Se tu sei" c'è chiaramente una prospettiva *diabolica*: è quella del condizionale. Satana aveva chiaramente richiesto a Gesù, come prova del suo essere Dio, come condizione per essere un Messia credibile, come legittimazione della sua regalità, una prostrazione adorante (cfr. *Mt* 4,9). Se l'icona evangelica dovesse sembrare poco realistica, è sufficiente parafrasare leggermente la frase del Diavolo, per accorgerci immediatamente quanto la logica satanica ci sia vicino. Quante volte sgorga dal cuore ferito l'inquietante domanda: "Se ci fosse un Dio, come potrebbe permettere..."? E di fronte a tanti buoni progetti che stentano a decollare, non affiora forse il pensiero che "se tu fossi Dio, allora dovresti concedermi...!"?

Ma è proprio qui che entra in gioco la vera regalità di Cristo. Satana avrebbe voluto un re al suo completo servizio. Ma sarebbe stato un re dei desideri; un Genio della lampada da *Mille e una notte*; oppure, con linguaggio psicanalitico, una vera proiezione dei nostri desideri. La magia – proprio per questo è sempre *diabolica* – è costruita esattamente su un simile progetto: le formule magiche (persino preghiere!) sono la password per realizzare la nostra volontà. Invece, come si è detto, nella preghiera che ci ha insegnato Gesù, noi chiediamo al Padre: "Sia fatta la tua volontà" (*Mt* 6,10). È la dinamica diametralmente opposta. Nel cammino di conversione a Dio, anziché pretendere di piegare Dio ai nostri desideri, conformiamo lentamente il nostro cuore al pensiero salvifico di Cristo, alla *mens Christi* (1*Cor* 2,16). E, come avviene in tutti i grandi amori, alla fine desideriamo quello che Dio vuole, cioè il vero bene in una prospettiva di eternità. Affermava santa Teresa di Lisieux: "Il Signore sempre mi ha dato quello che ho desiderato, o meglio mi ha fatto desiderare quello che voleva darmi".[21]

In tutto questo non esiste il meccanismo del tutto e subito; né l'automatismo magico. Non c'è posto per la potenza e la gloria che il Diavolo offre: alla sequela del Cristo c'è solo la beatitudine dei poveri a cui appartiene il regno dei cieli (cfr. *Lc* 6,20), perché tutto sperano da Colui "che fa sorgere il suo sole sopra i malvagi e sopra i buoni, e fa piovere sopra i giusti e sopra gli ingiusti" (*Mt* 5,45).

> La speranza. Ecco la parola che volevo scrivere. I poveri hanno il segreto della speranza. Mangiano ogni giorno dalla mano di Dio e quindi devono sperare, sempre. Gli altri uomini desiderano, esigono, rivendicano e chiamano tutto questo speranza, poiché non hanno né pazienza, né intelligenza, né onore, non vogliono che godere. Ma l'attesa del godimento non è speranza, è piuttosto delirio, ossessione. D'altra parte il mondo moderno vive troppo in fretta, non ha più tempo di sperare. La vita interiore dell'uomo mo-

[21] Teresa del Bambino Gesù, *Manoscritto* C, n. 329.

derno ha ormai un ritmo troppo veloce perché nasca e duri un sentimento così forte e dolce come la speranza. L'uomo moderno non vuole un casto impegno d'amore con l'avvenire. Il mondo non ha più tempo di sperare, né di amare, né di sognare. Solo i poveri sperano per tutti noi, come solo i santi amano e sperano per tutti noi. La tradizione della speranza è nelle mani dei poveri, come il segreto del merletto che le macchine non riusciranno mai a imitare è nelle mani delle vecchie operaie di Bruges.[22]

La comunione profonda

Abbiamo visto che l'amore autentico verso Dio, e quindi verso il prossimo, può trasformare la nostra volontà, fino a renderla conforme al progetto di Dio in noi, in una grande comunione di volontà. La tentazione, in via ordinaria, si oppone direttamente al disegno salvifico di Dio e all'edificazione del Suo Regno attraverso le sue dinamiche seduttive. Quando l'uomo, cedendo alla seduzione, sceglie coscientemente e deliberatamente di peccare, si mette in potere di Satana. Perseverando nel male, può succedere allora che la volontà umana aderisca completamente a quella satanica e a essa si conformi. La tentazione, a quel punto, non è più una profonda attrazione, ma una profonda comunione che sovverte, in modo radicale, la natura intrinseca del nostro agire. È la possessione.

All'opposto, anche persone che abbiano raggiunto uno stato eroico di virtù possono essere tentate con mezzi che, esulando dalle normali vie del desiderio e dell'aridità, acquistano forme straordinarie. Molti santi, come vedremo, hanno subìto attacchi violentissimi del demonio – per singolare permissione di Dio – come purificazione estrema della loro anima.[23]

[22] Georges Bernanos, *Un uomo solo*, Locusta, Vicenza 1962, pp. 58-59.
[23] Cfr. A. Tanquerey, *op. cit.*, n. 1535c.

La spaziosa via della perdizione

I Vangeli, abbiamo visto, ci narrano il cammino terreno di Gesù come una continua salita: a Gerusalemme, al monte, al cielo. Gesù, di se stesso, dichiara di essere "la porta" (*Gv* 10,7) e "la via" (*Gv* 14,6). È chiaro che l'invito di Gesù "saliamo a Gerusalemme!" (*Lc* 18,31) non è un'indicazione stradale. Percorrendo il cammino che ci ha indicato, nutrendoci di Lui, possiamo crescere nel suo amore fino a vivere per Lui (cfr. *Gv* 6,57). San Paolo, poi, ci dice che coloro che amano Dio sono "predestinati a essere conformi all'immagine del Figlio suo, perché egli sia il primogenito tra molti fratelli" (*Rm* 8,29). E potrà affermare di sé: "Non sono più io che vivo, ma Cristo vive in me" (*Gal* 2,20). Tutti i maestri di spiritualità ci insegnano a percorrere le tappe del cammino di conformazione al Cristo, una sorta di salita verso la Gerusalemme celeste chiamata ascesi: san Benedetto descrive dodici gradini (*Regola*, VII); santa Caterina da Siena tre grandi "scaloni" (*Dialogo della Divina Provvidenza*, 26); santa Teresa d'Avila sette "mansioni" (*Castello interiore*). Dante, nel *Purgatorio*, descrive la scalata al Paradiso come una montagna a sette "balze". In ogni caso, possiamo ben comprendere che dall'Alfa all'Omega, dal principio alla fine (cfr. *Ap* 22,13), il passaggio non sia immediato. Parlando ai suoi amici, Gesù li invitò a non scoraggiarsi per le difficoltà, e a sforzarsi (cfr. *Lc* 13,24) di entrare attraverso "la porta stretta" e la "angusta via che conduce alla vita" (*Mt* 7,14).

Per contro, esiste anche una via che conduce alla perdizione. Una "via spaziosa" con una "porta larga" (*Mt* 7,13). I santi la paragonano a una strada in discesa in cui si scivola per disubbidienza, e si procede in virtù di quella forza che, nel prologo della *Regola*, san Benedetto chiama *desidiam* (inerzia, pigrizia). È una bella immagine. Un corpo posto in cima a un pendio, se è inerte, non oppone alcuna resistenza all'attrazione che su di lui esercita la forza di gravità, e così procede, con moto sempre più veloce, fino a terra. Come una valanga. Il peccato ha una dinamica molto simile: l'uomo, se sceglie di restare inerte, non oppone alcuna resistenza all'attrattiva esercitata su di lui dal male e lo pone in opera. Se, però, al discendere per attrazione si aggiunge un catalizzatore, l'impatto col suolo diventa assai più rovinoso. Il peccato, in questo caso, non è più dovuto a una scarsa resistenza, ma a una volontà collaborativa. Nel pieno rispetto della nostra libertà, Dio ci invita sempre a cogliere gli aiuti che ci offre per arrestare la nostra caduta; ma se il rifiuto è totale, allora permette che la nostra scelta giunga fino in fondo. San Pietro afferma che Giuda abbandonò il ministero "per andarsene al posto da lui scelto" (*At* 1,25).

Dunque, come esiste un cammino di "cristificazione", così esiste un cammino di "satanizzazione"; come esiste un cammino che porta a Dio, così ci sono strade che "sembrano diritte, ma sboccano in sentieri di morte" (cfr. *Pr* 14,12). Dopo l'esperienza del deserto, Gesù si scontra nuovamente con Satana. Questa volta non è sul pinnacolo del Tempio, ma è ugualmente in un luogo santo, la sinagoga di Cafarnao. L'evangelista Marco afferma letteralmente che "c'era un uomo *in* uno spirito impuro (*en pneýmati akathárto*)" (*Mc* 1,23). L'affermazione lascia chiaramente intendere che lo spirito impuro non è una tegola che cade sulla testa, ma il grembo che accoglie "chi percorre la via del delitto" (*Sal* 68). E Satana prende il sopravvento. Come la droga tiranneggia coloro che ne hanno abusato. L'uomo posseduto dal Maligno vive nel sovvertimento morale totale: ciò che sapeva essere bene diventa un male da combattere, e ciò che sapeva essere male diventa una meta da raggiungere.

Nel Vangelo di Giovanni abbiamo la tragica descrizione del cammino di "satanizzazione" compiuto dall'apostolo Giuda Iscariota, uno dei Dodici. Come gli altri Apostoli, Giuda fu scelto personalmente da Gesù (cfr. *Mt* 10,4; *Mc* 3,19; *Lc* 6,16; *Gv* 6,70). Come gli altri Apostoli – il Signore li mandò "a due a due" (*Mc* 6,7) – Giuda aveva ricevuto "il potere di scacciare gli spiriti immondi e curare ogni sorta di malattie". Come per gli altri Apostoli, per Giuda era riservato un trono nella gloria di Dio: "Siederete anche voi su dodici troni" (*Mt* 19,28), e Gesù aveva garantito che anche il suo nome era "scritto nei cieli" (*Lc* 10,20). Eppure qualcosa andò storto. Giuda, pur vivendo insieme a Gesù, agli Apostoli e alla Madonna, non riuscì mai a staccarsi dal suo vizio: rubare. A informarci è Giovanni. Gesù non gli tolse mai la gestione della cassa, preferì lasciargli ogni volta l'opportunità di essere fedele. E Giuda sprecò tutte le occasioni. Il racconto della cena di Betania, a pochi giorni dalla Passione, è particolarmente impressionante.

> Sei giorni prima della Pasqua, Gesù andò a Betània, dove si trovava Lazzaro, che egli aveva risuscitato dai morti. E qui gli fecero una cena: Marta serviva e Lazzaro era uno dei commensali. Maria prese allora una libbra di olio profumato di vero nardo, assai prezioso, cosparse i piedi di Gesù, poi li asciugò con i suoi capelli, e tutta la casa si riempì del profumo dell'unguento. Allora Giuda Iscariota, uno dei suoi discepoli, che doveva poi tradirlo, disse: «Perché quest'olio profumato non si è venduto per trecento denari per poi darli ai poveri?». Disse questo non perché gl'importasse dei poveri, ma perché era un ladro e, siccome teneva la cassa, prendeva quello che vi mettevano dentro (*Gv* 12,1-7).

Nel breve dialogo è evidente tutto il cedimento interiore dell'apostolo: dopo tre anni di stretto contatto con il Cristo, pur sapendo bene che Gesù "conosceva quello che c'è in ogni uomo" (*Gv* 2,25), osa mentirgli. E per mentire meglio si serve di una verità: era verissimo che i trecento denari si sarebbero potuti dare ai poveri. È la tecnica satanica: mentire utilizzando una verità. Non a caso Giuda, istigato da Satana (cfr. *Lc* 22,3), subito dopo l'episodio di Betania, "andò dai sommi sacerdoti per consegnare loro Gesù" (*Mc* 14,10; cfr. *Mt* 26,14). Il frutto finale chiarisce la tipologia dell'albero. Ormai, l'Iscariota era definitivamente entrato in un girone economico che, alla fine, lo porta a vendere persino Gesù Cristo per trenta denari, cioè un decimo del valore del vasetto di profumo. Durante l'ultima cena, Gesù, profondamente commosso, offre a Giuda l'ultima possibilità. Senza smascherarlo davanti a tutti, gli dice sommessamente di conoscere il suo tradimento (cfr. *Mt* 26,25); gli offre, segno di grande privilegio, il primo boccone. Ma Giuda resiste. La porta dell'Inferno è spalancata. "E allora, dopo il boccone, Satana entrò in lui. Egli, preso il boccone, subito uscì. Ed era notte" (*Gv* 13,27.30). Gesù "era la luce vera, quella che illumina ogni uomo" (*Gv* 1,9); e Giuda entra nella notte, posseduto dallo spirito delle tenebre.

Dal cammino percorso da Giuda possiamo ben capire che la pratica religiosa – si può vivere nella sinagoga pur essendo posseduti da spirito immondo (cfr. *Mc* 1,23; *Lc* 4,33) –, se non è congiunta a un autentico cammino di conversione, rischia di essere la devota copertura di una vita parallela che, come un cancro spirituale, corrode l'anima fino a consegnarla al Diavolo. E la possessione finale segue proprio la stessa via battuta per anni perseverando nel male. Come un'overdose stronca la vita di chi, nonostante il sostegno della comunità, ha continuato ad abusare "liberamente" della sostanza che poi l'avrebbe ucciso.

L'immagine deturpata

C'è ancora un luogo "privilegiato" dove si aggira lo spirito immondo: fra i sepolcri. Come sempre, dobbiamo cercare nelle parole delle Sacre Scritture il significato racchiuso in esse. Luca ci dice che lo spirito immondo abitava "nei deserti" (*Lc* 8,29) e nei "sepolcri" o "fra le tombe" (*Mt* 8,28; *Mc* 5,3; *Lc* 8,27), luoghi immondi per eccellenza nella tradizione ebraica; la parola greca usata (*mnêma*) richiama a un tempo la memoria del passato e quella della morte. Ma la tomba è anche il segno della fine di ogni speranza per chi non ha fede.

> Giunsero all'altra riva del mare, nel paese dei gerasèni. Sceso dalla barca, subito dai sepolcri gli venne incontro un uomo posseduto da uno spirito impuro (*Mc* 5,1-2).

> Da molto tempo non portava vestiti, né abitava in casa, ma in mezzo alle tombe (*Lc* 8,27).

> Costui aveva la sua dimora fra le tombe e nessuno riusciva a tenerlo legato, neanche con catene, perché più volte era stato legato con ceppi e catene, ma aveva spezzato le catene e spaccato i ceppi, e nessuno riusciva più a domarlo. Continuamente, notte e giorno, fra le tombe e sui monti, grida-

> va e si percuoteva con pietre. Visto Gesù da lontano, accorse, gli si gettò ai piedi e, urlando a gran voce, disse: «Che vuoi da me, Gesù, Figlio del Dio altissimo? Ti scongiuro, in nome di Dio, non tormentarmi!». Gli diceva infatti: «Esci, spirito impuro, da quest'uomo!». E gli domandò: «Qual è il tuo nome?». «Il mio nome è Legione – gli rispose – perché siamo in molti.» E lo scongiurava con insistenza perché non li cacciasse fuori dal paese. C'era là, sul monte, una numerosa mandria di porci al pascolo. E lo scongiurarono: «Mandaci da quei porci, perché entriamo in essi» (*Mc* 5,3-12).
>
> Egli disse loro: «Andate!». Ed essi uscirono, ed entrarono nei porci: ed ecco, tutta la mandria si precipitò giù dalla rupe nel mare e morirono nelle acque (*Mt* 8,32).

Il fatto che poi la legione demoniaca si precipiti in un branco di porci (*Lc* 8,32) lascia intendere molte cose sul grado di impurità in cui era caduto lo sventurato gerasèno. E la terribile parola pronunciata da Gesù: «Andate!» (*Mt* 8,32) non è un vero e proprio comando, indica piuttosto lo svolgersi di un cammino; nel testo greco ancora una volta troviamo l'imperativo presente[24] (*hypágete*), a indicare che Gesù lascia liberi di portare fino in fondo il cammino intrapreso. Come dicevamo, i dannati sono quindi i peccatori "ben riusciti" che portano a termine il loro intento, e l'Inferno è la garanzia della loro libera scelta;[25] la possessione è solo la tappa intermedia.

Ciò che caratterizza l'indemoniato, inoltre, è la drammatica perdita dei suoi connotati civili. Lo spirito di impurità aveva deformato anche tutti i connotati sociali del poveretto, fino a rendere irriconoscibile l'immagine che, all'atto della creazione, Dio gli aveva donato.

Un giorno, mentre Gesù era nel Tempio, alcuni farisei ed erodiani gli chiesero se fosse "lecito pagare il tributo a Cesare" (*Mc* 12,14); Gesù prendendo in mano una moneta chiese: "Di chi è questa immagine? [...] Rendete a Cesare ciò che è di Cesare e a Dio ciò che è di Dio" (*Mc* 12,16). Nelle parole lapidarie del Signore, abbiamo racchiuso il vero

[24] Sul significato dei vari tempi del modo imperativo cfr. il primo capitolo, p. 53.
[25] Cfr. nel primo capitolo, "L'estrema espressione della libertà".

problema dell'esistenza umana: scegliere se rendere la vita sempre più conforme all'immagine del Figlio o del suo antagonista. Si chiedeva sant'Agostino quale incidenza abbiano ancora le tracce dell'immagine di Dio nell'uomo e, comprendendo che tale immagine è suscettibile di paurose deformazioni, esortava i fedeli a fuggire il peccato che ha il potere di trasformare l'individuo al punto da renderlo irriconoscibile. Come l'indemoniato di Gerasa.

> Egli col peccato distrusse tale immagine, la quale solo mediante la grazia viene restaurata, mentre a causa della concupiscenza era rimasta deturpata. Come una moneta sfregata contro la terra perde l'immagine dell'imperatore, così la mente dell'uomo, se viene logorata dalle passioni terrene, perde l'immagine di Dio.[26]

> Riprendi perciò la somiglianza con Dio che hai perduto con le cattive azioni. Come l'immagine dell'imperatore è impressa nella moneta, con una certa analogia possiamo dire che è impressa anche nei suoi figli [...]. Anche tu sei moneta di Dio; ma migliore di una moneta d'oro perché, avendo l'intelletto e una forma di vita, sei moneta di Dio in maniera tale che sei anche consapevole di chi sia l'immagine che porti e a immagine di chi sei stato fatto, mentre la moneta non si rende conto di portare l'immagine del re.[27]

Esiste quindi una legione di demòni che si manifesta con la ribellione violenta al cristianesimo, ai legami umani, alle relazioni sociali, e l'uomo, così posseduto, finisce col riproporre la terribile realtà descritta nel libro della Genesi (6,5), quando "il Signore vide che la malvagità degli uomini era grande sulla terra e che ogni disegno concepito dal loro cuore non era altro che male". Con il prevedibile diluvio di conseguenze... Le facoltà mentali, una volta dominate dalla legione, non possono più distinguere il bene e non possono fare altro che gridare: "Che vuoi da noi, Figlio di Dio? Sei venuto qui a tormentarci prima del tempo?" (*Mt* 8,29).

[26] Agostino, *Discorsi*, 229/V, 2.
[27] Agostino, *Discorsi*, 9, 9.

Da sempre, la Chiesa insegna che "l'avversione veemente a Dio, alla Santissima Persona di Gesù, alla Beata Vergine Maria, ai Santi, alla Chiesa, alla Parola di Dio, alle realtà sacre, soprattutto ai sacramenti, alle immagini sacre"[28] e a tutto ciò che può aiutarci a vivere in comunione con Dio è il segnale oggettivo dell'opera del Maligno. Se pensiamo, solo un momento, al rifiuto ideologico della legge naturale con il conseguente relativismo, alla violenta ribellione contro il magistero della Chiesa, alla lotta multiforme contro il sacramento del matrimonio e dell'ordine, e all'insurrezione contro la presenza dei segnali della fede cristiana, non è difficile notare che il Principe di questo mondo non sta con le mani in mano.

"Alla bestia fu data una bocca per proferire parole d'orgoglio e bestemmie" (*Ap* 13,5).

La punta dell'iceberg

Nella prassi della Chiesa, oltre ai segnali morali appena descritti, vengono segnalate alcune avvisaglie che talora, quando il cammino nel male è giunto al suo massimo grado, lasciano trasparire, in modo straordinario, la presenza del Maligno. La Chiesa tuttavia ci avverte con chiarezza che "sarebbe da stolti prestare tanta attenzione all'eventuale presenza del Maligno in alcuni fenomeni insoliti e non preoccuparsi affatto della realtà quotidiana della tentazione e del peccato, in cui Satana, 'omicida fin da principio' e 'padre della menzogna', è sicuramente all'opera".[29] Tali indizi possono essere: "parlare correntemente lingue sconosciute o capire chi le parla; rivelare cose occulte e lontane; manifestare forze superiori all'età o alla condizione fisica. Si tratta però di segni che possono costituire dei semplici indizi e, quindi, non vanno necessariamente considerati come provenienti dal demonio".[30]

[28] CEI, *Rito degli esorcismi*, Roma 2001, n. 16.
[29] Ivi, n. 7.
[30] Ivi, n. 16.

Per una corretta ermeneutica della fenomenologia straordinaria è importante comunque non attribuire a tali indizi un valore eccessivamente letterale, fatto che comporterebbe inevitabilmente la ricaduta nella demonologia stile horror-paranormale tanto caro alla cinematografia. E sarebbe realmente mettere la lente d'ingrandimento su una pagliuzza non vedendo una trave.

La lingua sconosciuta

Si può intuire facilmente che gli indizi sopraccitati scimmiottino i carismi dello Spirito Santo. Il primo dono che ricevettero gli Apostoli, il giorno di Pentecoste, fu la capacità di farsi capire da tutti, la possibilità di annunziare "le grandi opere di Dio" (*At* 2,11) a tutti gli uomini. Era il "dono delle lingue", che veniva a ricreare quel linguaggio d'amore tra uomo e uomo che "la superbia di Babele aveva disgregato",[31] e quindi gli uomini non comprendevano più "l'uno la lingua dell'altro" (*Gen* 11,7). "Come la diversità delle lingue era cominciata quando i popoli si erano abbandonati all'idolatria, così fu dato un rimedio a questa diversità col dono delle lingue."[32] "Le diverse lingue sono le varie testimonianze su Cristo: così parliamo agli altri di umiltà, di povertà, di pazienza e obbedienza, quando le mostriamo presenti in noi stessi."[33]

Il Maligno, col suo parlare "lingue sconosciute", non rende affatto poliglotti, ma contrappone al luminoso linguaggio dell'amore quello oscuro dell'odio, al linguaggio del perdono quello della vendetta, al linguaggio della speranza quello della disperazione. E lo fa in un modo perlopiù ambiguo. Era ovvio che l'Anticristo, contrapponendosi alla Parola, al Logos, utilizzasse, per dirla con Calvino, una *antilingua*:[34]

[31] Venerabile Beda, *Esposizione e revisione degli Atti degli Apostoli*, in "Collana di testi patristici", vol. 121, Città Nuova, Roma 1995, p. 55.
[32] Tommaso d'Aquino, *Summa*, II-II, q. 176, a. 1.
[33] Antonio di Padova, *Discorsi*, I, 226.
[34] Lo scrittore coniò il neologismo *antilingua* in un articolo pubblicato sul quotidiano "Il Giorno", il 3 febbraio 1965.

la manipolazione del linguaggio a fini ideologici, con parole e significati deformati in modo da non far comprendere il reale contenuto di male veicolato da tali espressioni. Il Pontificio consiglio per la famiglia nel 2003 ha pubblicato un voluminoso *Lexycon* dei "termini ambigui e discussi" che sono ormai entrati nell'uso comune, lemmi tecnici riguardanti "famiglia, vita e questioni etiche" che nascondono mortali deviazioni morali. Nella prefazione, il cardinale Alfonso Lopez Trujillo, facendo riferimento al famoso romanzo di George Orwell *1984*,[35] evidenzia il problema drammatico della manipolazione linguistica:

> Uno dei sintomi più preoccupanti dell'offuscamento morale è la confusione dei termini che porta a livelli estremamente degradanti quando essi vengono utilizzati, con freddo calcolo, per ottenere un cambiamento semantico, cioè del significato delle parole, in una maniera artificiosamente pervasiva.[36]

L'uso ambiguo e confusivo della parola è dunque la strategia semantica del linguaggio del Diavolo. Attraverso l'arte del mentire utilizzando qualcosa di vero – cioè l'uso *diabolico* di una verità – una volta venuta meno la fiducia nella "Madre e Maestra",[37] l'uomo, lasciato solo (il "leone ruggente" per cacciare le sue prede le deve isolare!), cade inevitabilmente nel laccio satanico. E come successe agli Ebrei deportati in Babilonia – che a poco a poco appresero la lingua inizialmente sconosciuta dei loro dominatori, fino a dimenticare la lingua materna – così nel dialogo solitario con Satana – senza più il riferimento oggettivo della morale cristiana – la logica del pensiero assume progressivamente le caratteristiche *diaboliche*, fino

[35] L'autore vi descrive uno Stato totalitario in cui, nel 1984, al fine di dominare completamente i sudditi, viene coniata una "neolingua" che gradualmente si sostituisca a quella comune o "archeolingua". Nella neolingua, certi termini, per suscitare riflessi condizionati, sfuggivano alla chiarezza dell'intelligenza e finivano per assumere un significato contrario.
[36] Pontificio consiglio per la famiglia, *Lexycon*, EDB, Bologna 2003, Prefazione.
[37] *Mater et Magistra* è il titolo, riferito alla Chiesa, della quinta Lettera enciclica di Giovanni XXIII.

a diventare la logica dominante, ben espressa da un linguaggio nuovo, in perfetta sintonia con le scelte morali del soggetto.

> Oltre all'abominevole terrorismo dei kamikaze, che occupa quotidianamente la nostra cineteca mediatica, c'è il cosiddetto "terrorismo dal volto umano", anch'esso quotidiano e altrettanto ripugnante, che viene subdolamente propagandato dai mezzi di comunicazione sociale, manipolando ad arte il linguaggio tradizionale, con espressioni che nascondono la tragica realtà dei fatti. Per esempio, l'aborto viene chiamato "interruzione volontaria della gravidanza" e non uccisione di un essere umano indifeso; la clinica abortiva viene indicata con una espressione innocua, anzi attraente: "centro di salute riproduttiva"; l'eutanasia viene chiamata più blandamente "morte con dignità".[38]

È il piccolo corno che il profeta Daniele (7,7-8) vide spuntare, come la punta di un iceberg, sulla testa della bestia "spaventosa, terribile, d'una forza eccezionale, con denti di ferro, che divorava, stritolava e il rimanente se lo metteva sotto i piedi e lo calpestava". Quel piccolo corno aveva "occhi simili a quelli di un uomo e una bocca che parlava con alterigia".

La chiaroveggenza

Se le lingue nuove e sconosciute scimmiottano il dono delle lingue, la rivelazione di cose occulte e lontane, cioè la chiaroveggenza, mima il dono della profezia. Il vero carisma profetico "non significa predire il futuro, ma spiegare la volontà di Dio per il presente e quindi mostrare la retta via verso il futuro. Colui che predice l'avvenire viene incontro alla curiosità della ragione, che desidera squarciare il velo del futuro; il profeta viene incontro alla cecità della volontà e del pensiero e chiarisce la volontà di Dio come

[38] Angelo Amato, *Il problema del male. Riflessioni filosofiche e teologiche*, Seminario mondiale dei cappellani cattolici e membri delle cappellanie dell'aviazione civile, Roma, 23 aprile 2007.

esigenza e indicazione per il presente. L'importanza della predizione del futuro in questo caso è secondaria".[39]

Dobbiamo fare realmente attenzione. Oltre agli abituali truffatori, esistono persone dotate di una particolare intelligenza che, valorizzando microscopici dettagli che di norma passano inosservati, riescono a intuire piccoli segreti e, talora, anche a prevedere il logico sviluppo di determinate situazioni. Solitamente tale abilità è finalizzata a scopo di lucro. Ma può essere presente una certa chiaroveggenza in persone possedute dal Diavolo. Dobbiamo ricordare che Satana è dotato di un'intelligenza superiore a quella umana e quindi, come dice la parola stessa, può leggere dentro (*intus legere*) le situazioni meglio di chiunque. Il Diavolo può intuire molte cose che si nascondono nel cuore dell'uomo e, soprattutto, legge ciò che lo riguarda in prima persona: il male. E, visto che ne è il primo responsabile – con il peccato, la morte è entrata nel mondo (cfr. *Rm* 5,12) –, il Diavolo vede il male in tutte le sue forme: fisico, psichico e morale. E coloro che gli appartengono fanno lo stesso. Nasce allora, e si perfeziona perseverando nel peccato, quella prontezza che rende capaci di individuare i possibili lati negativi di ogni situazione, quel pessimismo esistenziale che spegne ogni risonanza di bene, quel fiuto, a volte straordinario, che spinge a cercare le orme del Diavolo anziché i segni della vittoria di Cristo. E, dobbiamo dirlo, anche quella singolare sensibilità che porta a riconoscere i propri simili, potenziali collaboratori e complici. Ebbene, quando tutto questo diventa un *habitus* stabilmente radicato, allora può comparire la punta dell'iceberg: la capacità di vedere oltre le apparenze sensibili, le "cose nascoste e lontane", cioè la chiaroveggenza. Ciò non toglie che, per meglio mascherarsi di innocuità, il Diavolo possa pronunciare frasi che sembrano dar gloria a Dio e alla Chiesa, come i demòni che urlavano a Gesù: "Io so chi tu sei: il santo di Dio" (*Mc* 1,24; *Lc* 4,34), o come la giovane schiava "che aveva uno spirito

[39] CDF, *Il messaggio di Fatima*, Libreria editrice vaticana, Città del Vaticano 2000, p. 36.

di divinazione [...] procurava molto guadagno ai suoi padroni facendo l'indovina", e seguiva Paolo e Sila gridando: "Questi uomini sono servi del Dio Altissimo e vi annunciano la via della salvezza" (*At* 16,16-17).

Purtroppo l'atteggiamento dei cristiani di fronte a un tale fenomeno è assai spesso l'adesione acritica, nella convinzione che la chiaroveggenza venga certamente da Dio e sia indubbio segno di santità. Ma la Tradizione della Chiesa ci insegna che tale facoltà viene da Dio esclusivamente quando produce frutti buoni, cioè un reale progresso nella santità;[40] quando invece viene sfruttata per umiliare, indurre dipendenza psicologica e plagio, è certamente una delle manifestazioni della presenza demoniaca che, per ridurre l'uomo in schiavitù, tutto opera affinché la coscienza si atrofizzi per essere poi posseduta e usata come un burattino.

Se il mondo notoriamente abbonda di persone abilmente truffate da maghi e fattucchiere, bisogna osservare un fenomeno più grave che, grazie alle possibilità offerte dai media, si sta intensificando. È il fenomeno in cui il Diavolo, travestito da Cristo o da Madonna, entra in falsi veggenti che poi, dotati di chiaroveggenza e di qualche altro potere, tramite i loro edulcorati messaggi, finiscono col dividere la Chiesa. Di fronte alla comparsa di deviazioni tanto massicce è necessario domandarsene la ragione.

Le rivelazioni private sono considerate da sempre un terreno fertile per le infiltrazioni del Diavolo,[41] ma proprio questa informazione, nell'ultimo scorcio di secolo, non è stata adeguatamente diffusa. La spinta eccessivamente sociologica che, da molte parti, è stata impressa alla Chiesa cattolica ha probabilmente concorso alla deriva di molti fedeli. Così pure l'influenza di alcune correnti teologiche che, per meglio adeguarsi alla cultura moderna, hanno relegato l'esistenza del Diavolo e l'escatologia fra le tante credenze mitiche dell'antichità, e così hanno contribuito a quella "in-

[40] A. Tanquerey, *op. cit.*, III, c. III, n. 1540b.
[41] Cfr. Giovanni della Croce, *Salita del monte Carmelo*, 2, c. XI e Teresa d'Avila, *Castello interiore*, Seste mansioni, c. III.

sufficiente attenzione della teologia contemporanea"[42] lamentata da Paolo VI. E se tanti cristiani sentono il bisogno profondo di rincorrere veggenti che parlino loro dell'aldilà, e Madonne che li rassicurino sull'amore di Dio, significa che, per più ragioni, essi non stanno adeguatamente recependo da parte della Chiesa l'annuncio del Regno.[43] In effetti, che "Dio è amore" e che "Dio ci ama" lo si impara alle prime lezioni di catechismo; è predicato continuamente in tutte le omelie ed è scritto su tutte le immaginette. Eppure il messaggio non arriva più al cuore di tanti fedeli, che vanno poi a cercare la cosa giusta nel modo e nel luogo sbagliati. E allora si sa, Satana sfrutta i bisogni della natura umana e propone il suo modo di soddisfarli.

A differenza della chiaroveggenza, la profezia ci aiuta a leggere nel nostro presente i "segni del tempo", cioè a riconoscere i segni della presenza di Cristo in ogni tempo.

> Nelle rivelazioni private riconosciute dalla Chiesa si tratta di questo: aiutarci a comprendere i segni del tempo e a trovare per essi la giusta risposta nella fede.[44]

La forza straordinaria

Per comprendere l'ultimo indizio della presenza demoniaca è più che mai indispensabile non limitarsi a un'interpretazione fisica del fenomeno. Quando Gesù promise agli Apostoli "riceverete la *forza* dallo Spirito Santo che scenderà su di voi" (*At* 1,8) non intendeva certo dire che sarebbe-

[42] Joseph Ratzinger, in Vittorio Messori, *Rapporto sulla fede*, Edizioni Paoline, Cinisello Balsamo (Mi) 1985, p. 143.

[43] Papa Francesco ha sottolineato che "nel suo costante discernimento, la Chiesa può anche giungere a riconoscere consuetudini proprie non direttamente legate al nucleo del Vangelo, alcune molto radicate nel corso della storia, che oggi ormai non sono più interpretate allo stesso modo e il cui messaggio non è di solito percepito adeguatamente. Possono essere belle, però ora non rendono lo stesso servizio in ordine alla trasmissione del Vangelo. Non abbiamo paura di rivederle. Allo stesso modo, ci sono norme o precetti ecclesiali che possono essere stati molto efficaci in altre epoche, ma che non hanno più la stessa forza educativa come canali di vita" (*Evangelii gaudium*, n. 43).

[44] CDF, *Il messaggio di Fatima* cit., p. 36.

ro diventati energumeni. Il testo latino (*accipietis virtutem*) sicuramente ci aiuta nella comprensione. La forza che viene dallo Spirito Santo ci consolida nello stato di virtù, cioè nella disposizione stabile a compiere il bene e a fuggire il male;[45] riassume in sé l'energia necessaria (la *virtus*) per praticare eroicamente tutte le virtù e quindi testimoniare il Signore fino ai confini della terra. In particolare: la temperanza[46] è quella forza morale che ci consente di evitare il male anche quando piace, la fortezza[47] quella che ci fa compiere il bene anche quando costa. Ricolmi della *forza* dello Spirito, gli Apostoli ("dodici poveri uomini, e per di più ignoranti, che avevano passato la loro vita sui laghi e sui fiumi, [...] che forse mai erano entrati in una città o in una piazza"[48]) non conobbero più ostacoli e, per amore del nome di Gesù, testimoniarono ovunque la risurrezione del Signore, fino all'effusione del sangue. In questo contesto, il termine *forza* indica chiaramente la forza morale che permette a ciascuno di amare il Signore Dio "con tutto il cuore, con tutta l'anima, con tutta la *forza* e con tutta la mente" (cfr. *Lc* 10,27).

C'è poi anche la forza diffusiva del bene, quella fama di santità che conquista il cuore di tanti fratelli che spinge a coltivare sempre meglio il proprio rapporto con Dio, e che misteriosamente si diffonde nel mondo, come il profumo dell'unguento si diffuse nella casa di Betania (cfr. *Gv* 12,3). Di fronte alla apparente inutilità di tante vite "spezzate ai piedi della Croce", di tante vite consumate nella preghiera, nel sacrificio personale e nell'esercizio eroico di tutte le virtù, affermava santa Teresa di Lisieux: "E che importa se i nostri vasi [delle nostre vite] si spezzano, dal momento che Gesù ne è consolato e il mondo è costretto a sentire, suo malgrado, i profumi che emanano e che servono a purificare l'aria avvelenata che non cessa di respirare".[49] E

[45] Cfr. CCC, n. 1804.
[46] Cfr. CCC, n. 1808.
[47] Cfr. CCC, n. 1809.
[48] Giovanni Crisostomo, *Omelie sulla prima lettera ai Corinzi*, 4, 4.
[49] Teresa del Bambino Gesù, *Lettera 148 a Celina*, in *Scritti*, OCD, Roma 1995, p. 639.

la forza diffusiva dell'amore di Dio non è certamente legata alla potenza dei media. Notando la stupefacente fama di santità che avvolgeva la figura di sant'Antonio (che trascorse la vita nelle spelonche del deserto), si domandava (nel quarto secolo) sant'Atanasio: "Come infatti si sarebbe sentito parlare in Spagna e in Gallia, a Roma e in Africa di quest'uomo, che viveva ritirato tra i monti, se non l'avesse fatto conoscere dappertutto Dio stesso, come egli fa con quanti gli appartengono, e come aveva annunciato ad Antonio fin dal principio? E anche se questi agiscono nel segreto e vogliono restare nascosti, il Signore li mostra a tutti come una lucerna, perché quanti sentono parlare di loro sappiano che è possibile seguire i comandamenti e prendano coraggio nel percorrere il cammino della virtù".[50]

Da tutto ciò, ci si rende bene conto che, per la parola *forza*, l'accezione di tipo energetico muscolare è sicuramente l'ultima.

E così succede per la *forza straordinaria* che viene dal Diavolo, parodia della forza donata dallo Spirito. Il fatto che talora possa comparire una potenza muscolare superiore è, pure qui, solo la punta dell'iceberg. Anche la forza straordinaria conferita da Satana è una forza soprattutto morale, che spinge cioè ad agire. Spinge a compiere il male senza alcuna pietà e non si arresta né di fronte alla logica, né di fronte ai valori inalienabili, né tantomeno di fronte ai sentimenti. Dal Maligno proviene quella forza irrazionale – che, dotata di una sua perversa logica interna, si oppone alla *ratio* – e distruttiva che, in tutte le epoche, tende a portare l'uomo alla autodistruzione. Essendo il Diavolo "omicida fin da principio", tende ovviamente a realizzare il suo progetto: eliminare l'uomo dalla faccia della terra. La Chiesa ci avverte sui pericoli dell'odio: "L'umanità che, pur avendo compiuto mirabili conquiste nel campo scientifico, si trova già in grave pericolo, sarà forse condotta funestamente a quell'ora in cui non potrà sperimentare altra pace che la pace terribile della morte".[51]

[50] Atanasio, *L'incarnazione del Verbo*, 93, 5-6.
[51] Concilio Vaticano II, Costituzione pastorale sulla Chiesa nel mondo contemporaneo *Gaudium et spes*, 82.

Tuttavia a Satana è posto un grave limite: il consenso dell'uomo stesso, senza il quale, come ci ha ricordato sant'Agostino, il Diavolo "non può far nulla". Se dunque l'uomo rinuncia volontariamente all'unico riferimento morale oggettivo – come abbiamo visto la *ragione naturale*, la *ratio* – e perde la fiducia nella Chiesa apostolica – "Chi ascolta voi, ascolta me" (*Lc* 10,16) – entra inevitabilmente nel girone satanico e, sedotto proprio sui concetti fondanti di bene e di libertà, lavora con una forza e alacrità davvero straordinaria al progetto della autodistruzione: illudendosi di costruire la strada per il paradiso terrestre, lastrica sagacemente la via dell'Inferno. Progetto ovviamente contrabbandato per quello di un mondo migliore. E con una straordinaria forza di propaganda politica, mediatica, sentimentale e talora persino religiosa, la legione diabolica comincia a rinnovare il mondo liberandolo dai "pesi inutili": i nemici della "vera religione", i nemici della rivoluzione, i nemici del popolo, i nemici dello Stato, i nemici del progresso e della ragione, gli esseri improduttivi, i devianti, gli antisociali, i portatori di handicap, i vecchi, i bambini, i feti, e chi più ne ha più ne metta.

> Noi, essendo uomini, non dobbiamo disprezzare gli uomini, né oltraggiare Cristo, capo comune di tutti, con la nostra disumanità verso gli uomini; piuttosto, nelle disgrazie degli altri, dobbiamo beneficare noi stessi, e fare prestito a Dio della nostra misericordia, perché abbiamo bisogno di misericordia.[52]

Talora, nei personaggi posseduti dal male, si può davvero notare una sorprendente buona salute, un'incredibile forza fisica che, nonostante l'età e i vizi pubblicamente praticati e propagandati, consente loro di spargere il male fino all'ultimo respiro. E vediamo anche che tali creature, possedute dal Maligno, mantengono una incredibile forza seduttiva (cfr. *Ap* 2,20; 12,9) nonostante l'evidenza spudorata della loro menzogna.

[52] Gregorio Nazianzeno, *Discorsi*, 43, 63.

4
L'ultima purificazione

Se c'è un tratto che accomuna sopra ogni altro tutti i santi succedutisi nel corso dei secoli è l'amore inarrestabile per Gesù, il voler vivere a Sua immagine e somiglianza, tanto da fondersi con Lui in una unione spirituale e intima per molti aspetti insondabile. È nell'ottica di una tale intima fusione che va compreso il senso di tanti fenomeni mistici che hanno caratterizzato la vita dei santi. I "contrassegni nella carne"[1] altro non sono che l'attestazione della perfetta conformazione al *Christus patiens* e, in un certo senso, la sua più logica conseguenza. I fenomeni psicofisici autentici che accompagnano l'unione mistica non possono in nessun modo essere disgiunti dal senso di perfetta comunione con le sofferenze del Redentore né, tantomeno, da un contesto di vita cristiana vissuta eroicamente.

Se non si considera che i santi vivono stabilmente nell'esercizio eroico delle virtù, non si può comprendere un elemento da brivido ricorrente in tante loro biografie dal particolare fervore mistico: gli assalti, le tentazioni, talvolta persino le percosse del demonio. Come il Cristo che, nel deserto, si prepara all'ultimo tratto del suo destino salvifico e viene molestato dal Diavolo, così accade alle anime vittime che, per amore del Signore, offrono le proprie sofferenze per la salvezza di chi è preda del peccato. Ecco perché nelle vite

[1] Così la *Nuovissima versione della Bibbia* (Edizioni Paoline, Roma 1976) traduce la parola greca *stígmata* (cfr. *Gal* 6,17).

dei santi, accanto alla grazia divina, ai doni carismatici, all'esercizio delle virtù eroiche, spesso affiora anche l'oscura presenza del Maligno che, invano, cerca di offuscare la loro scia d'amore, in grado di toccare e convertire i cuori perché viene da Dio.

Nei capitoli precedenti, abbiamo analizzato l'azione a largo raggio, l'influenza del Maligno in tanti settori della vita umana. Ci siamo resi conto che il grado di compenetrazione col male può produrre, nei peccatori, spaventose commistioni di identità, fino ad arrivare a vere e proprie possessioni. Ma c'è un'eccezione: i santi.[2] Si tratta di cristiani che, avendo compiuto fedelmente tutto il bene possibile, sono giunti a quello stadio di virtù in cui il male non esercita più nessun fascino; per loro, tutto ciò che allontana da Dio non ha più alcun significato e come l'Apostolo delle Genti possono affermare: "Per lui ho lasciato perdere tutte queste cose e le considero come spazzatura, al fine di guadagnare Cristo" (*Fil* 3,8). A questo punto, e solo a questo punto, Dio può permettere l'estrema "purificazione di un'anima santa",[3] un'ultima "prova passiva"[4] proporzionata alla grandezza delle grazie ricevute.[5] Succede così che il demonio giochi l'ultima carta per tentare di impedire le virtù dei santi: un'ossessione straordinaria che spinge al male. Dio sostiene con la sua grazia i suoi servi fedeli, ma essi devono resistere "fino al sangue nella lotta contro il peccato" (*Eb* 12,4). In questo modo la volontà del soggetto si purifica completamente e rimane stabilmente orientata a compiere sempre e solo la volontà di Dio.

Il demonio, essendo uno spirito, non ha corpo, ma agisce sui nostri sensi, sull'immaginazione, sulla fantasia, sui ricordi. Finché per commettere un peccato basta un piccolo stimolo, non c'è bisogno che Satana intervenga in modo

[2] Adolfo [Adolphe] Tanquerey, *Compendio di Teologia ascetica e mistica*, Società di S. Giovanni Evangelista, Desclée & Co., Paris 1928^5, III, c. III, n. 1539.

[3] Antonio Royo Marín, *Teologia della perfezione cristiana*, Edizioni Paoline, Roma 1961^4, I, c. III, n. 172, 4, 3.

[4] Ivi, n. 167a; cfr. anche A. Tanquerey, *op. cit.*, n. 1535c.

[5] A.R. Marín, *op. cit.*, n. 1426.

straordinario; la concupiscenza non dominata è terreno più che fertile per far crescere la zizzania del peccato. Ma quando, nella vita dei santi, gli stimoli ordinari hanno perduto la loro efficacia seduttiva, allora può accadere che sensi, immaginazione, fantasia e ricordi siano stimolati in modo straordinario. Accade così che, come si possono avere visioni del mondo ultraterreno, ci siano visioni diaboliche polimorfe, sempre orientate a distogliere il santo dalla via della perfezione. Non dimentichiamo inoltre che, ultima ratio, per ingannare il santo e imporgli un'obbedienza peccaminosa, il demonio può presentarsi travestito da Cristo, da Madonna, e persino da vescovo, come accadde a santa Veronica Giuliani (1660-1727). Solo la perfetta comunione con la Chiesa e la totale ubbidienza al confessore possono, in tali casi, superare l'insidia. Una ragione in più per rendersi conto di quanto, se avulse dal contesto di comunione ecclesiale, le rivelazioni private possano essere fallaci.

L'azione diabolica straordinaria è largamente attestata nell'agiografia e documentata negli atti dei processi di canonizzazione. Numerose biografie di santi ne sono marcate, dal terzo al sesto secolo con sant'Antonio abate e san Benedetto abate, al Medioevo con san Domenico e san Francesco; dal Quattro e Cinquecento con san Nicola da Flue, santa Teresa d'Avila e san Giovanni della Croce al Seicento con san Giuseppe da Copertino, fino all'Ottocento con san Giovanni Bosco e al secolo scorso con san Pio da Pietrelcina.

San Giovanni Maria Vianney (1786-1859), più noto come il santo Curato d'Ars, per oltre un trentennio fu vittima di vessazioni demoniache di vario genere, anche in presenza di testimoni che ne riferirono sotto giuramento, e lo stesso può dirsi per san Paolo della Croce (1694-1775), fondatore della Congregazione della Passione di Gesù Cristo, i "passionisti", ed esperto direttore di anime, il quale subì per lungo tempo vessazioni diaboliche esterne e interne.

La fenomenologia delle molestie infernali a santi e beati dunque è estremamente varia. Si va da strani eventi quotidiani come la scomparsa di oggetti, odori nauseanti, tonfi e scossoni notturni, ad assalti più plateali e violenti, che ricorrono quando questi particolari testimoni di fede sfidano direttamente il Diavolo con la preghiera, l'offerta della propria sofferenza, gli esorcismi. Allora il Maligno, eternamente mosso dall'odio verso Dio, interviene con percosse e altri gesti eclatanti per contrastare il piano del Signore, il quale, nel Suo amore per gli uomini, sceglie i santi fin dal concepimento per aiutare le anime nel cammino della salvezza attraverso la loro presenza, il loro conforto, le loro orazioni. Se i racconti di certe manifestazioni possono impressionare, sono tuttavia la prova di quanto fallaci siano quelle credenze che attribuiscono a Satana e alle sue "legioni" un potere illimitato e di quanto sia vana e disperata la riscossa delle tenebre contro la luce divina.

Le esperienze di santi e mistici, infatti, dimostrano che gli spiriti infernali non riescono mai a spegnere la vera fede e, alla fine, oltre a mettere a dura prova i bersagli, non riescono né a scoraggiarli né a intimorirli, proprio perché l'intimità con Dio, l'affidarsi costantemente alla sua misericordia, rende praticamente nulla l'azione del male. Gli eventi più raccapriccianti diventano perciò esempi di richiamo per ogni credente, poiché indicano la via della fede autentica e della preghiera come strumento principale nella lotta contro il male, e nello stesso tempo ci mostrano che il Maligno esiste ed è attivo, perciò bisogna fortificarsi e schermarsi, senza però arrivare a volerne cogliere le tracce ovunque. Anche perché nella stragrande maggioranza dei casi opera in modo silenzioso e subdolo. Ma anche le più ingannevoli insidie demoniache si sventano con la fede, curando costantemente il rapporto con il Signore, restando in "contatto" amorevole con Lui.

San Francesco d'Assisi e il Tentatore

Dalla vita del santo "poverello" narrata da Tommaso da Celano[6] affiora uno dei suoi più impressionanti incontri rav-

[6] Cfr. Tommaso da Celano, *Vita Seconda di San Francesco d'Assisi*, 703, in *Fonti Francescane editio maior* (Scritti e biografie di san Francesco d'Assisi), Editrici francescane, Padova 2004.

vicinati con la "bestia". Una notte, mentre Francesco pregava nella sua celletta all'eremo dei frati di Sarteano, si sentì chiamare per tre volte. Riconobbe subito quella voce e replicò: "Che cosa vuoi?". La risposta non si fece attendere: "Nel mondo non vi è nessun peccatore, che non ottenga la misericordia di Dio, se pentito. Ma chiunque causa la propria morte con una penitenza rigida non troverà misericordia in eterno". Il Maligno cercava d'insinuargli il sospetto che con le sue continue penitenze avrebbe potuto mettere a repentaglio la propria vita e perdere così per sempre la grazia divina. Ma Francesco comprese che era un'astuzia per indurlo alla tiepidezza e non gli diede alcun peso. Così, il Diavolo gli sferrò un altro assalto, ricorrendo allo "stimolo carnale", ossia mandandogli "una violentissima tentazione di lussuria".

La reazione del santo? Si spogliò del saio e si flagellò con forza usando un pezzo di corda. Poi gridò a se stesso: "Orsù, frate asino, così tu devi sottostare, così subire il flagello! La tonaca è dell'Ordine, non è lecito appropriarsene indebitamente. Se vuoi andare altrove, va' pure!". Ma la tentazione non se ne andava, resisteva nonostante le sferzate e le membra ormai "arrossate di lividi". Aprì quindi la porta della celletta e, uscito nell'orto, si immerse nudo nella neve alta. Prendendo poi la neve a piene mani la strinse e ne modellò sette fantocci. Si collocò, infine, dinanzi a essi e cominciò a parlare: "Ecco, questa più grande è tua moglie; questi quattro, due sono i figli e due le tue figlie; gli altri due sono il servo e la domestica, necessari al servizio. Fa' presto, occorre vestirli tutti, perché muoiono dal freddo. Se poi questa molteplice preoccupazione ti è di peso, servi con diligenza unicamente al Signore". Di fronte a queste parole il demonio si dileguò e il santo tornò nella sua cella "glorificando Dio". E in quel momento si accorse che un confratello intento nella preghiera sotto la luna aveva visto il tutto, perciò gli chiese di non rivelare l'accaduto a nessuno finché lui fosse stato in vita. Così fu, poiché questa testimonianza emerse solo alla sua morte.

San Francesco da Paola interroga e scaccia il Maligno

La lotta contro Satana del santo paolano fu costante e quotidiana, perlopiù silenziosa. Ma nella sua prima biografia, scritta da un anonimo discepolo suo coevo, sono riportati due episodi particolarmente significativi. Si tratta di colloqui di Francesco da Paola con i demòni, che gli parlano attraverso ossessi a lui presentati, situazione che si verificava piuttosto spesso[7]. Nel primo caso, attraverso una ragazza "posseduta", il Diavolo gli fa sapere che tutte le regioni d'Italia erano sotto minaccia e che si aspettava solo che lui partisse per sferrare un attacco, poiché gli esseri infernali sarebbero stati neutralizzati dall'"umiltà" e dalla carità del frate. Ma Francesco non si fa intimorire e alla voce minacciosa che promana dalla giovane chiede: "Chi ti ha dato tanta tracotanza e tanta presunzione per invadere e tenere sotto il dominio questa povera creatura di Dio?". E il demonio risponde: "Non sono stato io a cercarla: si mise a camminare su di me, e l'ho invasata: e ci sto così bene, che non riesco a uscirne". A quel punto "l'Uomo di Dio" comanda: "Vattene, in nome della carità, e lascia in pace questa povera figliuola". Il Maligno resiste: "Ma dove vuoi che vada?". E il santo: "Nel luogo che ti sei guadagnato fin dall'inizio della tua creazione". "Va bene! Me ne andrò da qui a tre giorni!" "No, adesso subito te ne devi andare! E non ci fare perder più tempo."

A quel punto il Diavolo propone di uscirsene attraverso gli occhi della ragazza, ma a patto di "portarsene via uno". Francesco si oppone risoluto: "No, ti proibisco di arrecare male alcuno a questa creatura di Dio". Il demonio chiede allora qualche altra cosa in cambio e il frate si fa portare delle ampolle di vetro. Ma il Maligno cercava soltanto di usare l'astuzia per prendere tempo, quindi il santo prende la ragazza per i capelli "dando l'impressione di abbandonarsi all'ira", e ordina al demonio "con grande energia, di uscire

[7] Cfr. *Vita di San Francesco da Paola, scritta da un suo discepolo anonimo* [1502], cap. IX.

dal corpo. Cosa che accadde all'istante. La giovane, assistita e rifocillata dal frate, ritornò a casa completamente risanata".

Il secondo caso narrato dal discepolo anonimo riguarda un'altra ragazza infestata da alcuni demòni ("si chiamano Incubi o Succubi, che la tormentavano giorno e notte"). I genitori decisero di chiedere l'aiuto del "buon Padre". Così, Francesco mandò nella loro casa due religiosi che ordinarono ai diavoli "di uscire da quella povera figlia, e che non la tormentassero più", specificando che agivano per volere di Francesco. Gli spiriti infernali si dileguarono all'istante, mentre a distanza il santo era raccolto in preghiera.

Santa Gemma Galgani e l'"omino nero"

La santa toscana subì attacchi e molestie di diverso genere da parte del demonio. Un giorno, mentre rientrava a casa dalla chiesa, dov'era andata a pregare, nonostante si fosse in pieno inverno, s'imbatté su un ponticello sopra il fossato in un uomo completamente nudo che tentò di afferrarla. Gemma, sconvolta, non sapendo come fare per sfuggirgli, si gettò di sotto nell'acqua, che, per fortuna, era gelata in superficie. Delle persone che passavano da lì, quindi, riuscirono a metterla in salvo. Il finto uomo nudo era in realtà Satana.

Gemma fu poi presa di mira con una serie di dispetti, quando il suo direttore spirituale, il passionista padre Germano Ruoppolo, le ordinò di scrivere la sua autobiografia. Il Maligno afferrava il calamaio e lo scagliava violentemente per terra, lasciava impronte delle sue zampe sui fogli, in modo da rendere illeggibile quanto aveva vergato. Un'azione di disturbo, questa, molto simile a quella subita da san Pio da Pietrelcina nel suo carteggio del 1912 con padre Agostino da San Marco in Lamis, quando il futuro santo riceveva le lettere del direttore spirituale piene di macchie che ne coprivano il testo.[8]

[8] Cfr. Luciano Regolo, *Il dolore si fa gioia – Padre Pio e Natuzza: due vite un messaggio*, Mondadori, Milano 2013, p. 247.

Come il santo pugliese o anche la mistica calabrese Natuzza Evolo, la Galgani aveva frequenti dialoghi col suo angelo custode e godeva di altre visioni celesti, e probabilmente per questo era presa d'assalto con particolare costanza dal Diavolo. Se san Pio riconobbe Satana sotto mentite spoglie in uno dei suoi superiori che gli ordinava di non confidarsi più con padre Agostino, santa Gemma capì che per privarla del conforto spirituale era stato il demonio a mettere zizzania tra padre Germano e monsignor Giovanni Volpi, suo confessore, che avevano sempre avuto rapporti cordialissimi: al primo giunsero lettere dell'altro non firmate e minacciose. E anche questo episodio richiama gli strani "ritardi postali" nel carteggio tra san Pio e padre Agostino. Una notte, tutte le lettere di padre Germano e di Gemma, gelosamente conservate dalla santa, furono sparse dalla forza demoniaca per tutta la casa.[9]

Nulla valse la molteplice e persistente azione diabolica a far perdere la sua pace e tranquillità. Rilevò significativamente il cardinale Ermenegildo Pellegrinetti sugli scritti autobiografici della Galgani: "Scriveva [il diario] con doppia pena: quella di svelare, per obbedienza, meraviglie che la confondevano, e quella di perdersi forse in fantasie o illusioni del Maligno". Lo stesso – nella solita sembianza di un omino scuro, minuscolo, coperto tutto di pelo nero – la tormentava: "Brava, brava, scrivi pure ogni cosa. Non sai che quelle cose lì è tutta opera mia? E se tu vieni scoperta, figurati che vergogna! Dove andrai a nasconderti? Ti faccio passare per santa, invece sei un'illusa".[10] Parole che mettono in chiaro l'intento diabolico: turbare la serenità della santa, creando una confusione tra il bene e il male per indebolirne la forza interiore, secondo una logica che è tipica e ricorrente anche nell'opera silenziosa e meno appariscente del Diavolo.

In quell'occasione, santa Gemma provò un tale malessere che, in preda alla disperazione, avrebbe distrutto l'inte-

[9] Cfr. Gemma Galgani, *Estasi – Diario – Autobiografia – Scritti vari di S. Gemma Galgani*, Postulazione generale dei padri passionisti, Roma 1958, pp. XV e sgg.
[10] Ivi, p. 179.

ro manoscritto, tuttavia non ci riuscì perché non le bastarono le forze: lei stessa riferì che non seppe spiegarsi come mai. Anche san Pio e la mistica calabrese Natuzza Evolo furono bersagliati con questi tentati inganni. Il frate di San Giovanni Rotondo riconosce dallo sguardo il Diavolo in un finto pellegrino fortemente provocatorio che lui ascolta in confessionale. Quanto alla Evolo, quando si trova a tu per tu per la prima volta, al principio degli anni Sessanta, con il Diavolo, questi ha assunto le sembianze di un sacerdote che insulta pesantemente il parroco di Paravati.[11]

Il 21 luglio 1900 Gemma vergò sul diario: "Stasera sono andata a confessarmi da P. Vallini. Ma chi sa, dopo uscita di confessionario, mi sono sentita subito agitata e inquieta! Era segno che il diavolo era vicino. Purtroppo, se era vicino! Me ne avvidi più tardi, quando mi misi a dire le mie preghiere... Appena mi fui messa in ginocchio, il nemico, che già da qualche ora stava nascosto, si fece vedere nella forma di uomo piccino piccino; ma così brutto che fui presa tutta da spavento. La mia mente era tutta rivolta a Gesù e nulla mi curavo di lui, continuavo a pregare; tutto a un tempo, incominciò a darmi dei colpi sulle spalle e più giù ancora: me ne dette assai. Sarò stata mezz'ora in quella tempesta; mi sono bene avveduta, però, che la cosa che più gli dispiaccia è il raccoglimento che Gesù spesso mi fa provare. Mi raccomandavo a Gesù, ma che! Pregai il mio Angelo Custode, e mi aiutò davvero".[12]

Il giorno dopo il demonio le si ripresenta in una sembianza diversa, quella del cane nero, che afflisse altri mistici, come san Pio, santa Faustina Kowalska o Natuzza Evolo: "Io ero andata proprio con l'intenzione di dormire, tutt'altro invece: ha cominciato con certi colpi, che temevo proprio mi facesse morire. Era in forma di un grosso cane tutto nero, e mi metteva le gambe sulle mie spalle; ma, mi ha fatto assai male, perché mi ha fatto dolere tutti gli ossi. Alle volte perfino credo che me li tronchi; anzi, una volta, tempo

[11] Cfr. L. Regolo, *Il dolore si fa gioia* cit., p. 257.
[12] G. Galgani, *op. cit.*, pp. 168-169.

indietro, nel prender l'acqua santa mi dette una torta tanto forte al braccio che cascai in terra dal gran dolore, e allora mi levò l'osso proprio dal posto; ma, ci tornò ben presto, perché me lo toccò Gesù, e fu fatto tutto".[13]

Ma il demonio non riesce in alcun modo a scalfire l'immensa fede di Gemma, e lo si evince da quanto scrive il 23 luglio dello stesso anno: "[Il Diavolo] mi diceva che se prego ancora, mi fa soffrire di più. Non mi importa, dicevo, soffrirò per Gesù. Insomma, oggi mi ci sono divertita assai: lo vedevo tanto arrabbiato; mi ha promesso, però, di asserbarmele".[14]

Le dure prove di santa Faustina Kowalska

A santa Faustina non furono risparmiati assalti e tentazioni diaboliche. Nel suo *Diario* ne furono registrati parecchi, vinti comunque con la fiducia incrollabile nell'onnipotenza e nella misericordia divine:

> Satana, col permesso di Dio, si spinge ancora più avanti; la speranza e l'amore sono alla prova. Queste tentazioni sono tremende! Dio sostiene l'anima come di nascosto – questo lei non lo sa – poiché diversamente non potrebbe resistere. E Dio sa quello che può inviare a un'anima. L'anima è tentata di incredulità riguardo alle verità rivelate, di sincerità di fronte al confessore. Satana le dice: «Guarda, nessuno ti capirà; a che scopo parlare di tutto questo?». Nelle sue orecchie risuonano parole, da cui essa è terrorizzata e le sembra di pronunciarle contro Dio. Vede cose che non vorrebbe vedere. Sente cose che non vorrebbe sentire. Ed è una cosa tremenda in quei momenti non avere un confessore esperto; sopporta da sola tutto il peso. Ma per quanto è in suo potere dovrebbe procurarsi un confessore illuminato, poiché può spezzarsi sotto tale peso e spesso si trova sull'orlo dell'abisso.[15]

[13] Ivi, p. 170.
[14] Ivi, p. 171.
[15] Maria Faustyna Kowalska, *Diario di santa Maria Faustina Kowalska. La misericordia divina nella mia anima*, Libreria editrice vaticana, Roma 2004, p. 97.

In un altro passo significativo, suor Faustina scrisse:

> Finita l'adorazione, a metà strada verso la cella, fui circondata da un gran branco di cani neri, alti, che saltavano e urlavano, mostrando chiaramente l'intenzione di sbranarmi. M'accorsi però che non erano cani, ma demoni. Uno di loro disse con rabbiosa malvagità: «Dato che questa notte ci hai portato via tante anime, ora noi ti facciamo a pezzi». Risposi: «Se questa è la volontà di Dio misericordiosissimo, fatemi pure a pezzi, poiché l'ho giustamente meritato, essendo la più misera delle peccatrici, ma Dio è sempre santo, giusto e infinitamente misericordioso». A queste parole risposero tutti insieme i demoni: «Fuggiamo, perché non è sola, ma c'è con lei l'Onnipotente». E scomparvero come la polvere, come un rumore che giunge dalla strada, mentre io tranquillamente, continuando il *Te Deum*, andai in cella riflettendo sull'infinita e insondabile Misericordia divina.[16]

In un'altra notte tormentata, mentre la mistica polacca recita il Rosario e ha una visione delle anime del Purgatorio, le si presentano diversi demòni. Uno di loro assume le sembianze di un grosso gatto, pesantissimo, che le si getta addosso, sul letto. Suor Faustina continua a pregare, ma solo all'alba le temibili entità scompaiono e lei può prendere sonno. Quando si alza e si reca in cappella per la preghiera mattutina, sente nell'anima una voce nitida: "Sei unita a Me e non aver paura di nulla. Ma sappi questo, figlia Mia, che Satana ti odia. Benché odi ogni anima, egli arde di un odio particolare contro di te, perché hai sottratto molte anime al suo dominio".[17]

Il demonio s'inferocisce ancor più contro suor Faustina quando scrive le proprie riflessioni sull'effetto salvifico della divina misericordia, come la notte in cui le fa a pezzi un paravento, prima che lei lo metta in fuga mostrandogli un piccolo crocifisso.[18]

[16] Ivi, p. 320.
[17] Ivi, p. 412.
[18] Ivi, p. 713.

Ma a scatenare la collera del Diavolo è anche il sacrificio compiuto per amore di Dio e del prossimo:

> Pregando per i peccatori e offrendo tutte le sofferenze sono andata incontro agli attacchi del demonio. Lo spirito maligno non poteva sopportare questo. Mi si è presentato sotto forma di fantasma e questo fantasma mi ha detto: «Non pregare per i peccatori ma per te stessa, poiché sarai dannata». Senza badare affatto a Satana, pregai con raddoppiato fervore per i peccatori. Lo spirito maligno urlò di rabbia: «Oh, se avessi potere su di te!» e scomparve. Ho conosciuto che la mia sofferenza e la mia preghiera avevano tenuto legato Satana e avevo strappato molte anime dai suoi artigli.[19]

Madre Speranza e Anna Katharina, beate e perseguitate

Madre Speranza di Gesù, al secolo María Josefa Alhama Valera (1893-1983), beatificata il 31 maggio 2014, dovette addirittura esser trasportata in ospedale più volte per le violentissime percosse che Satana le infliggeva di notte. Diverse consorelle raccontarono d'aver udito orribili suoni (ringhi di animali, urla disumane, colpi alle pareti) provenire dalla stanza della suora fondatrice delle congregazioni delle Ancelle dell'amore misericordioso, un po' come accadde a padre Pio. In una recente intervista televisiva, suor Mediatrice Salvatelli ha riferito di quando madre Speranza diceva: "Il diavolo lo puoi anche vedere mille volte, ma ti fa sempre un grande spavento". Alla consorella la beata spiegò che il Diavolo le si manifestava spesso in sembianze animalesche, più di rado in quelle umane, tuttavia sempre con le corna. Secondo i ricordi di suor Mediatrice, una notte il demonio bruciò il quaderno su cui madre Speranza annotava i suoi appunti e glielo scaraventò addosso mentre era a letto, tanto che andò a fuoco pure il materasso. Il taccuino arso ancora si conserva a Collevalenza, come pure i capelli che Satana strappò alla mistica nei violenti attacchi

[19] Ivi, p. 1465.

notturni. Ma suor Mediatrice rammenta anche della mattina in cui madre Speranza si svegliò con i segni di una strana bruciatura sulla mandibola, le tracce di cinque dita[20].

Non meno aspri, sebbene "silenziosi", furono gli ostacoli che il demonio frappose nella realizzazione a Collevalenza del santuario e delle strutture assistenziali connesse. In modo particolare la sua ira si scatenò quando, dopo una visione di madre Speranza, si cominciò a scavare per il pozzo delle acque prodigiose. Si legge sul diario della beata: "Al nemico del bene urta che si progettino delle piscine per il bagno degli ammalati e contrasta in ogni modo nostra madre a causa del pozzo e la minaccia. Le dice che se farà uso della trivella la romperà e romperà tutte quelle che verranno portate e non ce ne saranno a sufficienza in tutta l'Umbria".[21]

Anche la beata Anna Katharina Emmerick (1774-1824) fu vessata di continuo dalle forze maligne, fin da piccola:

> Quando ero una bambina, la mia vita è stata spesso in pericolo, ma con l'aiuto di Dio mi sono sempre salvata. Sapevo molto bene che quei pericoli non erano accidentali; sapevo che venivano dallo spirito maligno. Di solito avvenivano quando non stavo pensando alla presenza di Dio, o quando avevo negligentemente commesso qualche colpa. Non potevo mai attribuirli al caso. Dio ci protegge sempre se noi non ci allontaniamo da lui. Il suo angelo è sempre al nostro fianco ma noi dobbiamo renderci degni della sua attenzione. Come bambini grati, non dovremmo mai lasciarlo. Dovremmo costantemente chiedere la sua assistenza poiché il nostro amico aspetta di distruggerci. Quando avevo soltanto pochi anni, i miei genitori uscirono un giorno e mi lasciarono a casa da sola, mia madre mi disse di badare alla casa.
>
> Di lì a poco entrò una vecchia signora che, per una ragione o per un'altra, voleva liberarsi di me per un po'. «Corri» mi

[20] Cfr. la testimonianza raccontata nella puntata del programma TV *Mistero* (Italia1) dal titolo *Madre Speranza, la suora che lottava contro il demonio*, il 16 gennaio 2013.

[21] Aldo Maria Valli, *Gesù mi ha detto. Madre Speranza testimone dell'Amore misericordioso*, Àncora, Milano 2011, p. 75.

disse; «vai a prendere delle pere dal mio albero! Corri presto, prima che torni tua madre!». Io cedetti alla tentazione, dimenticai gli ordini di mia madre e corsi nel giardino della vecchia signora con una tale fretta che inciampai sopra un aratro mezzo nascosto nel fieno e, battendo violentemente il petto contro di esso, caddi a terra svenuta. Mia madre mi trovò in questo stato e mi fece riprendere repentinamente. Sentii per lungo tempo gli effetti di questo incidente. In seguito mi è stato mostrato che il diavolo si era servito della vecchia donna per tentarmi alla disobbedienza mediante una golosità e che, cadendo in tentazione, avevo messo in pericolo la mia vita. Ciò mi fece inorridire per questo vizio e compresi quanto è necessario che l'uomo neghi se stesso.[22]

Più avanti negli anni, avendo cominciato le veglie di preghiera, Anna Katharina subì attacchi sempre più frequenti e violenti: percosse, tonfi, dispetti plateali, secondo un cliché ricorrente nella vita di molti mistici. Spesso sentiva mani gelide come il ghiaccio afferrarla dai piedi, scuoterla con veemenza o scagliarla in aria. Eppure, nonostante fosse una ragazzina, non si abbandonava al terrore, ma intensificava le sue orazioni fin quando il Diavolo non si dileguava. Anzi, per acquisire sempre più coraggio, era solita tornare sul posto in cui era stata malmenata, e scandire ad alta voce: "Miserabile disgraziato! Tu non mi manderai via. Non hai potere su di me! Non ostacolerai la mia preghiera!".[23]

Molestie simili si verificavano quando pregava per le anime del Purgatorio o quando faceva penitenza per chi era nel peccato. Talvolta, nottetempo, andava a raccogliersi in preghiera davanti a un misero crocifisso che svettava nel centro del suo villaggio, e più d'una volta si frappose sul suo cammino un orribile cane ringhiante nero con la testa gigantesca. Vincendo i brividi di paura, proseguiva dritta sino al crocifisso, inseguita dalla creatura mostruosa. Un assalto che si ripeté fin quando Anna Katharina non provò più alcuna paura e il cane diabolico scomparve per sempre.

[22] Anna Katharina Emmerick, *Le rivelazioni*, Cantagalli, Siena 1998, p. 38.
[23] Ivi, p. 40.

Una volta lo spirito maligno la spinse giù da una scala a pioli, un'altra ancora la buttò in un profondo fossato colmo d'acqua, tentando di farla annegare, ma fu salvata dal suo angelo custode. Il bersaglio di tutte queste violenze, come negli altri casi descritti, non era solo Katharina in quanto anima vicina al Signore, ma anche la missione da lei esercitata, che era quella di avvicinare quante più persone possibile alla fede, contribuire alla salvezza degli altri.

Ma Anna Katharina mantenne sempre un'incrollabile resistenza, anche quando il Diavolo cercò di disturbarla in modo più subdolo. Provò, per esempio, a tentarla con un po' di autoindulgenza, ma lei se ne accorse e divenne ancora più rigorosa, intransigente verso se stessa. Allo stesso modo quando, istigata dal Maligno, tendeva a rendere eccessive le proprie penitenze, guidata dal direttore spirituale, le moderò. E quando il demonio la molestò con visioni impure e oscene, la beata insorse ad alta voce: "Il mio Signore e il mio Dio non mi abbandona! Lui è più forte del nemico!".[24]

Don Bosco e i lacci dei "gattoni"

La sera del 4 aprile 1869 don Bosco raccontò ai suoi ragazzi un sogno impressionante:

> Mi trovavo in chiesa in mezzo a una moltitudine di giovani che si preparavano alla confessione. Un numero stragrande assiepava il mio confessionale sotto il pulpito. Cominciai a confessare, ma presto, vedendo tanti giovani, mi alzai e mi avviai verso la sacrestia in cerca di qualche prete che mi aiutasse. Passando vidi, con enorme sorpresa, giovani che avevano una corda al collo, che stringeva loro la gola. «Perché tenete quella corda al collo?» domandai. «Levatevela!» E non mi rispondevano, ma mi guardavano fissamente. «Orsù» dissi a uno che mi era vicino, «togli quella corda!» «Non posso levarla, c'è uno dietro che la tiene!» Guardai allora con maggior attenzione e mi parve di veder spuntare dietro le spalle

[24] *Ibid.*

di molti ragazzi due lunghissime corna. Mi avvicinai per vedere meglio e, dietro le spalle del ragazzo più vicino, scorsi una brutta bestia con un ceffo orribile, somigliante a un gattone, con lunghe corna, che stringeva quel laccio. Volli chiedere a quel mostro chi fosse e cosa facesse, ma esso abbassò il muso cercando di nasconderlo tra le zampe, rannicchiandosi per non lasciarsi vedere. Prego allora un giovane di correre in sacrestia a prendere il secchiello dell'acqua santa. Intanto mi accorgo che ogni giovane ha dietro le spalle un così poco grazioso animale. Prendo l'aspersorio e domando a uno di quei gattoni: «Chi sei?». L'animale mi guarda minaccioso, allarga la bocca, digrigna i denti e fa l'atto di avventarmisi contro. «Dimmi subito che cosa fai qui, brutta bestia. Non mi fai paura. Vedi? Con quest'acqua ti lavo per bene, se non rispondi.» Il mostro mi guardò rabbrividendo. Si contorse in modo spaventoso e io scoprii che teneva in mano tre lacci.

"Minacciando" la brutta bestia con l'acqua santa don Bosco la costrinse a spiegare il significato di quei tre lacci. Il primo consisteva nel far tacere i ragazzi su alcuni loro peccati durante la confessione, il secondo nell'istigare in loro la mancanza di sofferenza o di pentimento durante il medesimo sacramento. Arrivato al terzo laccio, però, il Diavolo oppose una strenua resistenza, con urla, occhi che sprigionavano fiamme e reazioni inconsulte: non voleva che il santo ne rivelasse il significato ai giovani. Alla fine dovette dirlo: ricordava loro di non seguire i consigli del padre confessore. Il Diavolo spiegò anche perché se ne stesse alle spalle dei ragazzi: "Perché non mi vedano e per poterli più facilmente trascinare nel mio regno". A quel punto tutti i "gattoni" si sollevarono rabbiosi e don Bosco, certo che ormai aveva appreso quanto era necessario per vigilare sui suoi figli spirituali, cominciò a usare l'aspersorio a destra e a manca, fin quando la brutta comitiva non scomparve. Con la grazia di Dio riuscì quindi a trasformare quell'orrenda visione in qualcosa di positivo per la crescita morale dei suoi ragazzi.[25]

[25] Cfr. Pio X, *Catechismo di Pio X illustrato con fatti, detti e sogni di San Giovanni Bosco*, Istituto teologico salesiano, Chieri (To) 1940, p. 52.

Anche don Bosco subì una serie di attacchi notturni: temibili orsi che si accasciavano sul suo corpo fin quasi a soffocarlo, carte e documenti messi a soqquadro e tavolini sballottati da una forza misteriosa, fenomeni di autocombustione, voci agghiaccianti, mani invisibili che gli levavano le coperte o gli passavano fastidiosamente un pennello sul naso.[26]

Ma don Bosco lasciò anche una preziosa testimonianza su come vincere la lotta con il Maligno anche nei momenti in cui ci si sente particolarmente provati. Nella "Buona notte" del 2 dicembre 1859 scrisse infatti: "Ciò che sovratutto vi raccomando si è che quando il demonio venisse a tentarvi, non vi lasciate scoraggiare. Volete assicurarvi la vittoria? Il miglior mezzo è di manifestare subito le tentazione al vostro Direttore spirituale. Il demonio è l'amico delle tenebre, lavora sempre allo scuro. Se viene scoperto, egli è vinto. Un giovane era fortemente tentato, faceva tutto il possibile per resistere, ma era a un punto che gli sembrava di non poter più andare avanti in quella lotta. Per caso s'incontra col suo Superiore, il quale dalla sua faccia rannuvolata indovinò qual fosse la cagione di quel suo travaglio. Chiamatolo a parte gli disse: 'Perché sei così melanconico? Certamente hai il demonio che ti fa guerra'. Il giovane guardò stupito il Superiore, gli aprì il suo cuore, e disse: 'Sì!'. Detto quel 'sì' cessò ogni molestia".[27]

Gli esorcismi di don Orione

Anche il beato don Orione fu protagonista di varie battaglie contro il demonio, che egli chiamava "il nemico d'ogni bene". Questa la testimonianza di don Vittorio Gatti, nel 1915:

> Eravamo in cucina, a prendere un po' di tepore presso la stufa economica, don Orione, don Martino Bohm e io. Don Orione diceva l'ufficio. Verso mezzanotte sentimmo dei pas-

[26] Cfr. Giovanni Bosco, *Memorie dell'Oratorio di S. Francesco di Sales*, Las, Roma 2011, pp. 68-73.
[27] Ivi, pp. 322-323.

> si di uno che camminava nella stanza a destra del corridoio. Don Orione volle vedere. Uscimmo di cucina... e niente. Appena rientrammo, i passi ripresero. Nuova perlustrazione, ma senza risultato. Rientrati una seconda volta, abbiamo udito un formidabile colpo battuto sul tavolo. Siamo accorsi. Era tutto calmo, almeno in apparenza. Don Orione disse: «È bene che ce ne andiamo di qui per questa sera». [...] Don Orione dormiva, al Paterno, nella camera attigua alla mia. Alle due di notte io, che vegliavo come al solito per i miei disturbi di stomaco, sentii battere alla parete. Accorsi e don Orione mi pregò di rimanere a vegliare con lui, perché vedeva un'ombra nera come di morte ai piedi del letto. Restai finché non si fu addormentato e allora tornai in camera mia.[28]

Lui stesso inoltre raccontò, nella "Buona notte" del 4 maggio 1931, il singolare episodio capitatogli nel convento di Santa Chiara a Tortona:

> Una sera io mi trovavo in una stanzetta pavimentata con mosaico alla veneziana, quando d'un tratto si spense la luce e incominciò una musica infernale. Si sentiva un fracasso come di tante palle di piombo che battessero sul pavimento con un ritmo spaventoso. Non si sentiva suono, ma quel rumore faceva male, come un non so che di pungente che entrasse nelle ossa; qualche cosa insomma di terribile. Capite? Il demonio era lì, a due passi. I vicini di letto che erano con me, fuggirono e restai solo. Io sudavo freddo, ma mi sono fermato, fino a quando la marcia finì. Allora ho avuto il coraggio di dirgli: «Ripeti!». E di nuovo si udì la musica. Incominciò di nuovo il diavolo, suonando la stessa marcia, con lo stesso ritmo e le stesse battute di prima, con quel rumore sordo come di palle di piombo: tac-tac-tac... Quando finì, si riaccese la luce, e io poi ho dormito, in quella stessa stanza, per tutta la notte. Sono passati tanti anni da quel fatto, ma, tutte le volte che ci ripenso, mi sento raccapricciare, e provo la stessa impressione di spavento, come se risentissi quella musica terribile.[29]

[28] Alessandro Belano, *Nemico d'ogni bene – La lotta contro il demonio in Don Orione*, in "La Madonna della Guardia", aprile 2003; agosto 2003.
[29] Ivi, aprile 2003.

Non meno inquietante il racconto del 4 dicembre 1937 dell'esorcismo compiuto a Buenos Aires, in Argentina, sulla figlia di un grande luminare della medicina.

> Quella figliuola era veramente indemoniata: parlava lingue diverse, che non aveva mai studiate; aveva una voce robusta, voce d'uomo, e degli occhi! Venne il permesso. Mi preparai, mi feci il segno della croce e andai. Trovai molte persone riunite in cappella. Cominciai l'esorcismo: quella persona correva tra i banchi come un serpe, a zig-zag, come gli uccelli notturni, come i pipistrelli a sera; passava tra un banco e l'altro senza urtarli, senza farli cadere. Non poteva uscire, perché erano chiuse le porte, e la tenevano forte, la legarono; ma tutto era inutile. Non mi fu mai possibile far dire alla ossessa: "O Maria concepita senza peccato". Le dicevo: «Di', su: O Maria concepita senza peccato». E lei rispondeva: «O Maria non concepita...». Di': «... senza peccato...», e lei rispondeva: «... Cato, catto, gatto... col peccato». Rispondeva insomma tutto al rovescio, ma non ripeteva interamente mai la giaculatoria. Il Signore poi la liberò, ma dopo alcuni mesi morì.[30]

In Argentina don Orione sottopose a esorcismo anche una novizia suora, ventenne, convertitasi dal protestantesimo. È venerdì 17 maggio del 1937. Lo conducono dalla giovane in calle Carlos Pellegrini. Fa preparare una cotta, la stola bianca e la teca, dove si è soliti mettere l'ostia consacrata per la comunione ai malati. Riferì uno dei testimoni:

> Stando la povera probanda e la suora nel banco davanti, in ginocchio, come in atto di fare la Comunione, vedo Don Orione avvicinarsi a loro con il rituale in mano e osservo bene quando fa il segno di croce con il dito pollice sulla fronte dell'ossessa.
>
> La giovane s'impazientisce e parla a voce alta, per dire delle bestemmie. Don Orione prosegue l'esorcismo: pronuncia le parole con accento di fede impressionante [...] Benedice la giovane con l'acqua benedetta: essa lo deride, guar-

[30] Ivi, agosto 2003.

dandolo con atteggiamento di sfida. Don Orione insiste: prega, recita giaculatorie, leva in alto la mano facendo gran segni di croce, intima al demonio di uscire in nome di Dio.[31]

La poveretta, stanca di fuggire da un banco all'altro, raggiunge l'ultimo, in fondo alla cappella, e non riesce più a muoversi. Don Orione la segue, ripetendo preghiere e gesti. È a questo punto che la ragazza lo insulta in dialetto piemontese: «Va là, u to pais, guciòn ad Poncron...» cioè "Va' là al tuo paese, gozzuto di Pontecurone...". Non avendo poi nulla da rimproverare a lui personalmente, gli rivela le colpe dei parenti, prendendosela specialmente con il padre e ripetendo che don Orione è figlio di un ubriacone. Le preghiere continuano, pronunciate da don Orione con forza e autorità: «Abbi coraggio» dice alla ragazza, «tu guarirai...».

Molti anni dopo lo stesso don Orione riferì questo episodio nel corso di una "Buona notte" ai suoi chierici:

> Questa indemoniata tutte le mattine faceva la comunione e il demonio la costringeva a gettare in luogo indecente le sacre particole e faceva altre cose terribili, che non vi dico, perché non si possono dire.
>
> Quando le si faceva cadere sulla mano qualche piccola goccia d'acqua santa, essa strillava, mandava acute grida, come se fosse stato piombo liquefatto...
>
> Quell'ossessa si volgeva a me in dialetto mio, rimproverando i difetti fisici dei miei paesani... e si volgeva al Tabernacolo e diceva: «Sono più forte di te...». «Ma, ribattevo io, non sei più forte di Gesù Cristo: è qui, è Lui che ti scaccerà...». Mi diceva: «Non mi guardare!», e io fissavo allora lo sguardo in quegli occhi infuocati e ripetevo le formule degli esorcismi: «Sì, ti voglio guardare: *vade, Satana, inventor ac magister omnis fallaciae...*». Quando, seguendo il libro rituale, giunsi là dove si nomina la "omnis legio diabolica", gli chiesi: «Quanti siete?». Essa rispose: «Siamo in tre». I demoni, sapete, raccontano per filo e per segno la vita del sacerdote; bisogna essere pronti a sentirsi dire di tutto... Gli fanno un esame di coscienza accuratissimo ed hanno una

[31] *Ibid.*

memoria tenacissima... non scappa nulla. Ero dunque quasi disperato di riuscirvi e andavo pensando tra me: "Non avrò fatto penitenza come avrei dovuto...". Quando, dunque, ero quasi disperato di riuscirvi, mi misi a invocare, con i presenti, la Madonna... Ed ecco improvvisamente, con una vociaccia d'uomo, quella poveretta mandò un grido e cadde. Pensavo: sarebbe bella che poi sui giornalacci di qui, dove c'è tanto culto dello spiritismo, pubblicassero che io ho ammazzato una donna con le mie stregonerie... Lo dice anche il Vangelo che, quando il demonio esce, lascia come morti, come tramortiti... Poi però, per fortuna, quella rinvenne, e non si ricordava né di quello che aveva detto, né di quello che aveva fatto. Le feci ripetere: «O Maria, concepita senza peccato...», e allora essa ripeteva con esattezza: «O Maria, concepita senza peccato...». L'indomani la poveretta si sveglia ancora con una espressione cupa nel viso. È il giorno di Pentecoste. Abbassa il capo e si mette a piangere. Poi chiede: «Dove sono? Dove è la mia Vergine Santissima? Dov'è il mio rosario? Voglio pregare...». Era finalmente libera.[32]

Un altro caso di esorcismo avvenne a Milano l'anno successivo. Ricorda un confratello del beato: "Stavo a Milano; si era, credo, nel 1938 e la suora dell'infermeria mi chiamò per constatare il caso di una bambina che si metteva a urlare ogni qualvolta le ricoverate intonavano il Rosario e specialmente quando recitavano l'*Ave Maria*... Vi andai e feci la prova di recitare l'*Ave*, adagio e a voce bassa, per vedere se fosse stata la cantilena delle vecchie che disturbava la sensibilità della piccina, ma appena sentì il nome di Maria, si mise a stralunare gli occhi e a gridare con grugni... Ripetei l'*Ave* in greco e in francese, ma la bimba ripeteva gli stessi grugniti: bisognava cessare di pregare per non vederla soffrire in modo così lacerante: difatti, appena cessata la preghiera alla Madonna, la bimba diventava normale e anzi la sua bocca si atteggiava al sorriso. Qualche giorno dopo, venne don Orione; lo conduco su dalla piccola e rinnoviamo l'esperimento... Appena s'inizia la pre-

32 *Ibid.*

ghiera, urli e grugniti... Chiedo a don Orione: sarà indemoniata? Don Orione risponde con un gesto di comprensione; la benedisse. Pare che, dopo la benedizione di don Orione, non si verificasse il fenomeno: certo è che, dopo pochi giorni, morì".[33]

Il filo conduttore

Come si è visto nella casistica esaminata le azioni di disturbo nelle vite di santi e beati sono le più disparate. Tutte puntano a incutere terrore, a insinuare dubbi, a scoraggiare il cammino di chi testimonia la fede. È ovvio che, di primo acchito, racconti del genere possono impressionare o addirittura favorire gli incubi notturni. Ma a ben vedere gli assalti subiti dalle anime più vicine a Dio ci insegnano che il Diavolo e le sue legioni possono poco contro chi abbraccia il credo più autentico, sono come cani incatenati che abbaiano minacciosamente senza poter mordere. Alla lunga sono destinati a fallire, anche quando in un primo momento sembrano avere la meglio.

Emblematico a riguardo un episodio della vita di padre Pio rivelato da fra Modestino da Pietrelcina. Una posseduta che si recava a San Giovanni Rotondo, in chiesa aveva urlato epiteti orribili al futuro santo con una voce inquietante, concludendo minacciosamente: "Bruciatelo vivo questo vecchiaccio, bruciatelo, ci dà tanto fastidio. Stanotte faremo i conti con lui". Ebbene, racconta fra Modestino, alle ventitré in punto "il diavolo mantenne la promessa", scaraventando a terra con un pugno sulla schiena il frate che dormiva col corpo tutto rivolto a destra perché aveva male al fianco sinistro, quello della piaga sul costato. Il forte tonfo richiamò padre Pellegrino, che lo trovò per terra col sopracciglio insanguinato e una ferita di due centimetri poi suturata dal medico. Quando l'indomani fu dato l'annuncio che padre Pio non poteva dire la messa perché ammala-

[33] A. Belano, *Nemico d'ogni bene* cit., dicembre 2003.

to, l'indemoniata sbottò esulante: «L'abbiamo conciato noi, questa notte!». Poco dopo, però, padre Pio riuscì a liberarla.[34]

C'è un aspetto particolarmente significativo da sottolineare: i demòni, nel loro intento d'arrecare il male, vengono usati da Dio per ricavarne il bene. Da questo punto di vista, quindi, per quanto astuti, agiscono in modo controproducente rispetto al loro obiettivo. E anche questa consapevolezza, alimentata dalla fede sincera, ha reso più forti e coraggiosi i santi che si sono trovati a tu per tu col Maligno. San Pio, nonostante le botte ricevute e le orribili presenze che gli apparivano, era solito affibbiare a Satana nomignoli denigratori o caricaturali: "Barbablù", "cosaccio", "fetente". Il messaggio che si trae dalla vita dei santi, rispetto alla lotta contro il male, è quindi che non bisogna averne paura, poiché affidarsi a Dio significa anche non temere mai che il bene, il Suo bene d'infinita misericordia, possa non prevalere.

C'è da notare, infine, che i santi, i beati, i mistici più perseguitati dal demonio sono anche quelli che nella pratica quotidiana offrono ogni sofferenza fisica e morale per liberare altre anime dal dolore e dalla schiavitù del peccato. Per questo il Signore permette queste tentazioni che da un lato fortificano ed esaltano le virtù dei santi, dall'altro espandono il suo eterno disegno di redenzione.

[34] L. Regolo, *Il dolore si fa gioia* cit., p. 272.

Parte terza

I NERI FRUTTI

5
Il mostro quadricefalo

"Bisogna stare attenti che qualcuno giudichi che Noi ammettiamo che in questi nostri tempi la Chiesa possa essere accusata di avere violato [...] l'intenzione del suo Fondatore",[1] affermava Paolo VI davanti ai padri conciliari. L'idea che la Chiesa d'oggi non sia quella vera voluta dal Cristo, e che quindi esista un'altra "vera Chiesa", fa parte del bagaglio rituale del Maligno, ed è il gorgo in cui cerca di risucchiare i cristiani. Lo schema rituale, in genere, comprende tre precise tappe: analisi dei mali della Chiesa, comparsa di un profeta restauratore, costituzione di una setta (appunto, la "vera Chiesa") che prepari l'avvento trionfale del Messia. Giovanni profeticamente ci avverte che "quando il drago si vide precipitato sulla terra, si avventò contro la donna che aveva partorito il figlio maschio" (*Ap* 12,13) e, infuriato, cercò sempre di travolgere e distruggere la mistica donna dell'Apocalisse e di "fare guerra contro il resto della sua discendenza, contro quelli che osservano i comandamenti di Dio e sono in possesso della testimonianza di Gesù" (*Ap* 12,17). Satana dunque si avventa contro la Chiesa, contro la Chiesa reale, contro quella "marea un po' caotica" di peccatori in cammino – gerarchia inclusa[2] – "che può trasformarsi in una vera esperienza di fraternità, in una caro-

[1] Paolo VI, Allocuzione, 29 settembre 1963.
[2] Cfr. Francesco, Udienza generale, 2 ottobre 2013.

vana solidale, in un santo pellegrinaggio"[3] e che, alla fine, gli schiaccerà la testa.

Per farci uscire dalla barca di Pietro, Satana ci seduce facendo brillare il miraggio della sua "vera Chiesa". Peccato che, a guardarla bene, anziché assumere il dolce volto della Sposa di Cristo, la "vera Chiesa" si riveli molto più simile alla bestia che il profeta Daniele (7,6-7) vide salire dal Mar Mediterraneo, una bestia che ha quattro teste, con "denti di ferro, [...] che divorava, stritolava e il rimanente se lo metteva sotto i piedi e lo calpestava". E ogni testa una maschera: la gerarchia impeccabile, la Chiesa dei puri, la Chiesa mummificata, la Chiesa dei "messaggi".

La gerarchia impeccabile

Gesù fondò la sua Chiesa su un pover'uomo, Simone figlio di Giona, al quale cambiò il nome in Pietro, "Roccia"; gli diede addirittura le chiavi del Regno dei cieli, con l'autorità di legare e sciogliere in terra e in cielo (cfr. *Mt* 16,19). Come è possibile? Le chiavi del Regno dei cieli! Con quella frase, Gesù gettava il fondamento di ciò che, nei secoli futuri, assieme alla rassicurante certezza della Roccia, sarebbe stato un punto di grande vulnerabilità. E ribellione. La sola idea che possa esistere un essere umano dotato di infallibilità crea infinite rivolte. Se è vero che l'apostasia del Diavolo cominciò quando egli arse di gelosia per la creazione dell'uomo,[4] possiamo ben capire che un simile dono, concessogli, sia una sorta di nervo scoperto. Dunque, massima battaglia. Non è difficile percepire in tutti i tempi, ogni volta che il papa pronuncia qualche verità controcorrente, l'urlo del Maligno che grida nelle piazze: «Basta! Che c'entri con noi, Gesù Nazareno? Basta! Che abbiamo a che fare con te, Gesù Nazareno? Sei venuto a rovinarci?» (cfr. *Mc* 1,24; *Lc* 4,34). Forse, si può accettare che la Chiesa e il suo papa siano una delle tante

[3] Francesco, Esortazione apostolica *Evangelii gaudium*, n. 87.
[4] Cfr. Ireneo, *Adversus haereses*, VI, XI, 3.

autorità presenti sulla terra, ma non si può tollerare che dalla bocca di semplici esseri umani escano autorevoli richiami a valori non negoziabili, a principi assoluti, a diritti inscritti nella natura. Per la superba mente del Maligno questo è davvero troppo. E allora ecco la rivolta intellettuale contro "una società che si arroga il diritto di credersi infallibile".

Il potere delle chiavi

Non è il caso di approfondire qui il cammino teologico che ha portato al dogma dell'infallibilità papale. Per meglio istigare la ribellione della ragione umana, il Maligno, come sempre, utilizza l'equivoco: è sufficiente svellere la parola "infallibilità" dal suo contesto, per recepirne subito il significato in modo *diabolico*. Quando nel 1870 i padri conciliari definirono il dogma, specificarono bene che l'infallibilità papale aveva un solo ambito: l'insegnamento di verità riguardanti la fede e la morale; e tale insegnamento era certamente immune da errori se promulgato al popolo cristiano dal Sommo Pontefice nella sua veste ufficiale di Pastore. La costituzione dogmatica *Pastor Aeternus* del Concilio Vaticano I affermava:

> Perciò Noi, mantenendoci fedeli alla Tradizione ricevuta dai primordi della fede cristiana, per la gloria di Dio nostro Salvatore, per l'esaltazione della religione Cattolica e per la salvezza dei popoli cristiani, con l'approvazione del sacro Concilio proclamiamo e definiamo dogma rivelato da Dio che il Romano Pontefice, quando parla *ex cathedra*, cioè quando esercita il suo supremo ufficio di Pastore e di Dottore di tutti i cristiani, e in forza del suo supremo potere Apostolico definisce una dottrina circa la fede e i costumi, vincola tutta la Chiesa, per la divina assistenza a lui promessa nella persona del beato Pietro, gode di quell'infallibilità con cui il divino Redentore volle fosse corredata la sua Chiesa nel definire la dottrina intorno alla fede e ai costumi: pertanto tali definizioni del Romano Pontefice sono immutabili per se stesse, e non per il consenso della Chiesa.[5]

[5] Pio IX, *Pastor Aeternus*, IV.

La definizione esprimeva in sintesi la "Tradizione ricevuta dai primordi della fede cristiana"; non era un'invenzione di Pio IX. A pochi decenni dalla morte dell'apostolo Pietro, nel secondo secolo, il santo vescovo Ireneo di Lione scriveva: "Con la Chiesa di Roma, per la sua alta preminenza, deve essere in accordo ogni altra Chiesa: in essa, per i fedeli che provengono da ogni parte [del mondo], è stata conservata la Tradizione trasmessa dagli Apostoli".[6] Il pronunciamento di un dogma non è un fulmine a ciel sereno, è la codificazione di una verità profondamente radicata nella tradizione cristiana.

L'equivoco *diabolico* è far credere che l'infallibilità, anziché essere riferita ai pronunciamenti dottrinali *ex cathedra*, sia estesa a qualunque atto o pronunciamento del pontefice e quindi una specie di "sacralizzazione del suo capriccio". Se invece riponiamo il concetto di infallibilità nel suo naturale contesto ecclesiale, vediamo che la garanzia dell'immunità dall'errore compare in una condizione ben precisa, ovvero quando il papa, nel suo ruolo di supremo Pastore, sancisce o conferma con atto definitivo una dottrina di fede e di morale che sia patrimonio della fede cristiana. In altre parole, il papa non può inventare verità di fede e di morale o imporre una sua idea personale.

> Questa infallibilità, della quale il divino Redentore volle provveduta la sua Chiesa nel definire la dottrina della fede e della morale, si estende tanto, quanto il deposito della divina Rivelazione, che deve essere gelosamente custodito e fedelmente esposto. Di questa infallibilità il Romano Pontefice, capo del collegio dei vescovi, fruisce in virtù del suo ufficio, quando, quale supremo pastore e dottore di tutti i fedeli che conferma nella fede i suoi fratelli (cfr. *Lc* 22,32), sancisce con atto definitivo una dottrina riguardante la fede e la morale. Perciò le sue definizioni giustamente sono dette irriformabili per se stesse e non in virtù del consenso della Chiesa, essendo esse pronunziate con l'assistenza dello Spirito Santo a lui promessa nella persona di san Pietro, per cui non hanno

[6] Ireneo, *Adversus haereses*, III, III, 2.

> bisogno di una approvazione di altri, né ammettono appello alcuno ad altro giudizio. In effetti allora il Romano Pontefice pronunzia sentenza non come persona privata, ma espone o difende la dottrina della fede cattolica quale supremo maestro della Chiesa universale, singolarmente insignito del carisma dell'infallibilità della Chiesa stessa. L'infallibilità promessa alla Chiesa risiede pure nel corpo episcopale quando esercita il supremo magistero col successore di Pietro. A queste definizioni non può mai mancare l'assenso della Chiesa, data l'azione dello stesso Spirito Santo che conserva e fa progredire nell'unità della fede tutto il gregge di Cristo.[7]

Il Concilio Vaticano II spiega inoltre che tale immunità dall'errore non è una prerogativa solamente del papa, ma anche dei vescovi che si esprimono in piena comunione col Sommo Pontefice.

> Quantunque i vescovi, presi a uno a uno, non godano della prerogativa dell'infallibilità, quando tuttavia, anche dispersi per il mondo, ma conservando il vincolo della comunione tra di loro e col successore di Pietro, si accordano per insegnare autenticamente che una dottrina concernente la fede e i costumi si impone in maniera assoluta, allora esprimono infallibilmente la dottrina di Cristo. La cosa è ancora più manifesta quando, radunati in Concilio ecumenico, sono per tutta la Chiesa dottori e giudici della fede e della morale; allora bisogna aderire alle loro definizioni con l'ossequio della fede.[8]

Il Diavolo, prima ci fa credere che l'infallibilità sia irragionevolmente estesa a tutto, poi ci sbatte davanti agli occhi i peccati commessi dalle alte gerarchie vaticane. È il metodo più semplice per squalificare l'autorità. Non possiamo inoltre sorvolare sul fatto che il Maligno usi la lente d'ingrandimento: mentre le malefatte di alcuni prelati rinascimentali, e contemporanei, sono conosciute anche dalle persone più lontane dalla Chiesa, non altrettanto si può dire delle virtù di migliaia di vescovi e papi che hanno dato la

[7] Concilio Vaticano II, Costituzione dogmatica sulla Chiesa *Lumen Gentium*, n. 25.

[8] *Ibid.*

vita per amore dei fratelli e il bene della Chiesa. Non c'è bisogno della lente del Maligno, o di qualche rivelazione particolare, per capire che i papi non sono esenti da imperfezioni o debolezze in campo morale: anche i papi hanno sempre sentito il bisogno di confessarsi, di chiedere perdono a Dio delle loro colpe, dei loro peccati. Papa Francesco si è definito "un peccatore al quale il Signore ha guardato".[9]

Il povero Pietro

Liberati dall'interpretazione *diabolica*, possiamo quindi arguire che infallibilità non significa affatto impeccabilità. Basta leggere le righe successive al primato di Pietro sancito nel Vangelo di Matteo, per constatare che Gesù, dopo aver consegnato al povero Pietro le chiavi del Regno, lo apostrofa severamente: "Va' dietro a me, satana! Tu mi sei di scandalo, perché non pensi secondo Dio, ma secondo gli uomini!" (*Mt* 16,23). È evidente che il Signore non rese Pietro immune dal *commettere* errori, ma lo rese immune dal pericolo di *insegnare* errori. Nostro Signore rese la sua Roccia infallibile, non impeccabile.[10] E questo affinché fosse sempre evidente che la Chiesa è guidata dallo Spirito e non dai poveri uomini che la compongono.

Nel 1378 venne eletto Urbano VI. Per una serie di complessi motivi, non ultimi gli eccessi caratteriali del nuovo pontefice, gli stessi cardinali elettori, un anno dopo, decisero di eleggere un nuovo papa: Clemente VII, dando inizio così al "grande scisma d'Occidente" che si concluderà solo trentanove anni più tardi. Vale la pena rileggere le motivazioni con cui santa Caterina da Siena afferma la necessità di restare fedeli al papa Urbano:

> Adducendo una falsa ragione, certuni dicono: "Sono tanti i suoi difetti, che noi non riceviamo altro che male: non è quindi degno di ricevere la nostra riverenza, né il nostro

[9] Antonio Spadaro, *Intervista a papa Francesco*, "Civiltà cattolica", a. 164, n. 3918, 19 settembre 2013.
[10] Cfr. Fulton Sheen, *Scandals*, Conferenze radiofoniche, 1950.

aiuto. Che sia quello che egli deve essere, e attendesse alle cose spirituali, e non alle temporali, [e allora gli obbediremo]!". [...] Non vediamo che la ragione nostra è falsa? Infatti in ogni modo, o buono o cattivo che egli sia, non viene meno il nostro debito; il rispetto obbediente non si fa a lui in quanto uomo, ma al sangue di Cristo, e alla autorità e dignità che Dio gli ha data per noi. Questa autorità e dignità non diminuiscono per nessun difetto che si trovasse in lui. [...] E poiché per i suoi difetti non ci è affatto tolta la nostra necessità che abbiamo di lui, dobbiamo esser grati e riconoscenti facendo ciò che si può per utilità della santa Chiesa, e per amore delle Chiavi che Dio gli ha date.[11]

Giovanni Boccaccio (1313-1375), con il suo stile mordace, narra una famosa novella. Un cristiano, con lunghi ragionamenti, cercava invano di convertire un ebreo; l'ebreo, visto lo zelo del cristiano, volle recarsi a Roma per osservare la corte pontificia e quindi decidere se convertirsi al cristianesimo. E al ritorno da Roma l'ebreo chiese il battesimo, con una motivazione alquanto provocatoria:

E per quello che io estimi, con ogni sollecitudine e con ogni ingegno, e con ogni arte, mi pare che il vostro Pastore, e per conseguenza tutti gli altri, si procaccino di riducere a nulla, e di cacciare dal mondo la cristiana religione, là dove essi fondamento e sostegno esser dovrebbero di quella. E perciò ch'io veggio, non quello avvenire che essi procacciano, ma continuamente la vostra religione aumentarsi, e più lucida e più chiara divenire, meritatamente mi par discernere lo Spirito Santo essere d'essa, sì come di santa e di vera più che alcun altra, fondamento e sostegno. Per la qualcosa, dove io rigido e duro stava ai tuoi conforti, e non mi volea far cristiano, ora tutto aperto ti dico, che io per niuna cosa lascerei di cristiano farmi. Andiamo dunque alla Chiesa; e quivi secondo il debito costume di vostra fede, mi fa' battezzare.[12]

[11] Caterina da Siena, *Le lettere*, CCCXI; per rendere più comprensibile il testo, alcune frasi di questo brano sono state adattate all'italiano corrente.
[12] Giovanni Boccaccio, *Decameron*, Prima giornata, novella II.

I grandi imperi, le nazioni, le grandi aziende, le grandi società per la loro classe dirigente selezionano sempre, e a ragione, gli elementi ritenuti migliori. Le strutture del mondo, per poter funzionare, devono essere fondate in tal modo. Il Diavolo ci fa balenare l'ideale di una Chiesa imperiale o aziendale, capace, grazie a un "grande dittatore", di funzionare perfettamente da sola. Se dovesse esistere una tale Chiesa, non sarebbe certo quella di Cristo.

> Quando Cristo in un momento simbolico fondò la Sua grande società, scelse come pietra angolare non il brillante Paolo né il mistico Giovanni, ma un arruffone, uno snob, un codardo, in una parola: un uomo. E su questa pietra Egli ha costruito la Sua Chiesa, su cui le porte dell'inferno non hanno avuto la meglio. Tutti gli imperi e tutti i regni hanno fallito a causa di questa perenne debolezza innata, ossia che furono fondati da uomini forti e su uomini forti. Ma quest'unica cosa, la storica Chiesa cristiana, fu fondata su un uomo debole e per tale ragione è indistruttibile. Perché nessuna catena è più forte del suo anello più debole.[13]

La Chiesa dei puri

Come non bastasse la tentazione di un capo impeccabile anziché infallibile, il Diavolo gioca sull'equivoco tra *coerenza* e *fedeltà*. Vale la pena ricordare che, nella logica matematica, si dice coerente una teoria nella quale è impossibile dimostrare una contraddizione. Ma il popolo di Dio non è una teoria. È un popolo di fedeli. È un popolo che resta fedele ai suoi princìpi, anche se non li incarna sempre alla perfezione e, soprattutto, sa riprendere il cammino quando finisce fuori strada. Dio fa udire il suo dolore per il popolo che, oltre a essere incoerente, si rivela infedele e quindi non sa ritornare sui suoi passi: "Il bue conosce il proprietario e l'asino la greppia del padrone, ma Israele non conosce, il mio popolo non comprende" (*Is* 1,3).

[13] Gilbert K. Chesterton, *Eretici*, Lindau, Torino 2010, p. 50.

La carovana di peccatori

Se è vero che l'apostasia degli angeli ebbe inizio per la gelosia nei confronti dell'uomo, come può Satana sopportare che il Corpo Mistico del Figlio di Dio sia un immenso gregge di peccatori? L'idea di una Chiesa formata da persone coerentemente impeccabili è sempre stata una grave tentazione, una deviazione utopistica profondamente distruttiva. Ed è una tentazione che calpesta e stritola anche la Chiesa dei nostri giorni. Sappiamo che il Diavolo ci seduce attraverso i sensi, ma non meno, e più gravemente, attraverso una logica errata. Il cuore che non vigila diventa terreno fertile per la zizzania, che il Nemico semina con abbondanza (cfr. *Mt* 13,27-28).

> Il perfido e astuto incantatore sa insinuarsi in noi – per via dei sensi, della fantasia, della concupiscenza, della logica utopistica, o di disordinati contatti sociali nel gioco del nostro operare – per introdurvi deviazioni, altrettanto nocive quanto all'apparenza conformi alle nostre strutture fisiche o psichiche, o alle nostre istintive, profonde aspirazioni.[14]

Sì, logica utopistica e profonde aspirazioni. Non dobbiamo dimenticare che l'azione diabolica avviene su due fronti: con l'enfasi sul male e con l'idealizzazione del bene.

> Siamo una Chiesa di peccatori; e noi peccatori siamo chiamati a lasciarci trasformare, rinnovare, santificare da Dio. C'è stata nella storia la tentazione di alcuni che affermavano: la Chiesa è solo la Chiesa dei puri, di quelli che sono totalmente coerenti, e gli altri vanno allontanati. Questo non è vero! Questa è un'eresia! La Chiesa, che è santa, non rifiuta i peccatori; non rifiuta tutti noi; non rifiuta perché chiama tutti, li accoglie, è aperta anche ai più lontani, chiama tutti a lasciarsi avvolgere dalla misericordia, dalla tenerezza e dal perdono del Padre, che offre a tutti la possibilità di incontrarlo, di camminare verso la santità.[15]

[14] Paolo VI, Udienza generale, 15 novembre 1972.
[15] Francesco, Udienza generale, 2 ottobre 2013.

Fin dal secondo secolo la Chiesa fu agitata da correnti interne secondo le quali a certi peccatori non poteva essere concesso il perdono. Tertulliano (155-230) abbandonò la Chiesa, che pure tanto aveva difeso, proprio perché non vide condivisa la sua intransigenza. In polemica con papa Callisto, scrisse: "Ho udito della pubblicazione di un editto perentorio; il vescovo dei vescovi, ovvero il Pontifex Maximus, proclama: 'Io rimetto i peccati di adulterio e di fornicazione a coloro che avranno fatto la dovuta penitenza'. E dove si affiggerà questo editto così liberale? Sulle porte dei postriboli dove vivono le prostitute? Ma no! Lo si esporrà in chiesa, la vergine Sposa di Cristo!".[16] Negli stessi anni, contro l'accoglienza dei penitenti dimostrata da Callisto, insorse anche un gruppo di scismatici che, nel 217, arrivò a eleggere come antipapa l'austero prete Ippolito (170-235); fu seguito poi da Novaziano (220-258), lui pure antipapa, i cui seguaci presero il nome di *katharoí*, "catari", i puri, denominazione "eretica" che sarebbe poi divenuta celebre in epoca medievale. A dire il vero, Ippolito ebbe modo di sperimentare sulla sua persona quella clemenza che aveva negato agli altri: arrestato con altri cristiani, fu condannato ai lavori forzati in una miniera della Sardegna insieme a Ponziano (vescovo di Roma dal 230 al 235), il papa legittimo; con lui si riconciliò e insieme a lui subì il martirio. E così, nonostante i suoi trascorsi di antipapa, venne canonizzato.

Il club dei virtuosi

Una delle più perniciose eresie con la quale il demonio ha cercato di frantumare (*diabállein*) la Chiesa fu il giansenismo, un martello diabolico che, travestito da giusto e luminoso rigore, da secoli percuote la Chiesa. Il teologo e vescovo olandese Cornelius Otto Jansen (1585-1638), latinizzato in Giansenio, trovandosi a combattere sia il calvinismo che il lassismo, sviluppò una dottrina che, alla fine, si rivelò assai più perniciosa delle eresie che voleva contrastare. In ap-

[16] Tertulliano, *De pudicitia*, I, 6.

parenza il giansenismo sembrava voler restituire lustro e dignità alla Chiesa; nella pratica rischiò di renderla un deserto. Nel 1642, papa Urbano VIII, con la bolla *In eminenti*, aveva condannato l'*Augustinus*, il libro di Giansenio pubblicato postumo. Le idee gianseniste tuttavia dilagarono. Con la bolla *Cum occasione* del 1653, papa Innocenzo X cercò di porre un rimedio, ma senza grande effetto: i giansenisti sostenevano che le tesi scomunicate erano frutto di un errore interpretativo da parte della Santa Sede, e quindi non corrispondevano al loro reale pensiero, e così il giansenismo continuò a infestare la Chiesa. Negli anni successivi vari papi intervennero sull'argomento.[17]

Secondo l'eresia giansenista, nella "vera Chiesa" non c'era spazio per i peccatori: di essa facevano parte "tutti gli eletti e i giusti di tutti i secoli"; inoltre, "chi non conduce una vita degna di figlio di Dio e di membro di Cristo, cessa interiormente di avere Dio per Padre e Cristo per capo".[18] Se da un lato l'eresia sembrava restituire alla Sposa di Cristo la bellezza deturpata dall'incoerenza dei suoi figli, dall'altro poneva l'inevitabile domanda: "Chi è degno di appartenervi?". L'eucaristia, da sempre rimedio alla debolezza della natura umana,[19] anziché essere "dei deboli il vigor",[20] divenne una sorta di premio destinato ai virtuosi: "Simil-

[17] Alessandro VII (bolle *Ad sanctam beati Petri Sedem* del 16 ottobre 1656 e *Regiminis Apostolici* del 15 febbraio 1665); Clemente XI (costituzione *Unigenitus Dei Filius* dell'8 settembre 1713; *Universi dominici gregis* del 13 luglio 1708; bolla di scomunica *Pastoralis officii* del 28 agosto 1718); Innocenzo XIII (decreto dell'8 gennaio 1722); Benedetto XIII (Sinodo di Roma del 1725); Benedetto XIV (Lettera enciclica *Ex omnibus christiani orbis* del 16 ottobre 1756).

[18] Heinrich Denzinger e Adolf Schönmetzer, *Enchiridion symbolorum* [1854], nn. 2476-2477.

[19] "Quelli che ricevono il dono dell'Eucaristia calcano ancora la terra quali viandanti, si coprono di polvere, inciampano e hanno da temere la mano dei ladri; perciò il pane di vita, com'è giusto, provvede alle loro necessità presenti; sostiene le forze, guida e purifica, finché non pervengano in quel luogo dove, secondo il detto di Pietro, è bene per l'uomo di stare (cfr. *Lc* 9,33); è quello il luogo dove non c'è più posto per niente altro, ma per i santi che ormai dimorano in quella regione pura dalle cure mondane, e Cristo solo puramente unito a essi è la loro corona"; Nicola Cabasilas, *La vita in Cristo*, IV, 6.

[20] Giuseppe Caruana e Dun Karm Psaila, *T'adoriam, Ostia divina*, 1913.

mente debbono essere allontanati dalla Santa Comunione quelli in cui non c'è ancora l'amore di Dio purissimo e libero da ogni commistione".[21] Possiamo ben capire come, in pochi decenni, la vita cristiana fosse diventata una sorta di miraggio irraggiungibile; senza considerare l'arrogante presunzione di coloro che, nonostante recitassero l'apologia "Signore, io non sono degno", si giudicavano degni di ricevere il sacramento.

Dietro la maschera rigorista si cela la mentalità estremamente mondana e aziendale che vuole scegliere gli elementi migliori e più produttivi. "Una ditta per fabbricare impedimenti che allontanano la gente dai sacramenti".[22] Non è di certo la Chiesa di Gesù, il quale non scelse la *crème* della società, bensì ciò che "nel mondo è stolto per confondere i sapienti, [...] ciò che nel mondo è debole per confondere i forti, [...] ciò che nel mondo è ignobile e disprezzato e ciò che è nulla per ridurre a nulla le cose che sono, perché nessun uomo possa gloriarsi davanti a Dio" (1*Cor* 1,27-29). Addirittura scelse "Giuda l'Iscariota, che poi lo tradì" (*Mt* 10,4).

Si racconta che Napoleone si rivolgesse al cardinal Consalvi con queste parole: "Eminenza, voi sapete che io non conosco ostacoli. Posso distruggere chi voglio, uomini, cose, istituzioni. E se domani mi proponessi di distruggere la Chiesa? Ditemi quel che avverrebbe. Dite...". E che il cardinale, probabilmente riecheggiando la novella di Boccaccio, avesse risposto: "Maestà, fareste una fatica inutile. Sareste vinto. Non siamo riusciti noi, noi preti, noi cristiani, con le nostre debolezze, con le nostre infedeltà, a distruggere la Chiesa! E vorreste riuscirci voi?".

Papa Francesco più volte ha insistito sulla santità della Chiesa composta dal gregge di peccatori in cammino:

> Ma come può essere santa se tutti noi siamo dentro? Siamo peccatori tutti, qui. È santa la Chiesa! Noi siamo peccatori, ma lei è santa. È la Sposa di Gesù Cristo e Lui la ama, Lui

[21] H. Denzinger - A. Schönmetzer, *op. cit.*, n. 2323.
[22] Francesco, Meditazione da Santa Marta, 8 maggio 2014.

> la santifica, la santifica ogni giorno col suo sacrificio eucaristico, perché la ama tanto. E noi siamo peccatori, ma in una Chiesa santa. E anche noi ci santifichiamo con questa appartenenza alla Chiesa: siamo figli della Chiesa e la Madre Chiesa ci santifica, col suo amore, con i Sacramenti del suo Sposo. [...] In questa Chiesa santa il Signore sceglie alcune persone per far vedere meglio la santità, per far vedere che è Lui che santifica, che nessuno santifica se stesso, che non c'è un corso per diventare santo, che essere santo non è fare il fachiro o qualcosa di questo stile... No! Non è! La santità è un dono di Gesù alla sua Chiesa, e per far vedere questo Lui sceglie persone in cui si vede chiaro il suo lavoro per santificare.[23]

Lo spirito maligno del giansenismo serpeggia sempre tra le file dei cristiani in modo da scoraggiare o impedire il cammino di conversione. E mentre punta il dito sull'ipocrisia di tanti fratelli e sull'indegnità dei consacrati, subisce conseguentemente quanto Gesù aveva predetto: "Con la misura con la quale misurate, sarà misurato a voi in cambio" (*Lc* 6,38). Certamente, coloro che vagheggiano una Chiesa fatta da membri totalmente coerenti "si scordano che, se la Chiesa fosse perfetta nel senso da loro reclamato, in essa non ci sarebbe posto per loro".[24]

La Chiesa mummificata

Abbiamo visto come la tentazione della moglie di Lot (la tentazione di "guardare indietro verso Sodoma", un passato assai poco virtuoso) sia una tentazione paralizzante. Ma esiste anche un altro modo di voltarsi indietro e atrofizzare la Chiesa: fermarsi a sognare il bel tempo che fu. È quello che fanno certe signore più o meno attempate e benestanti, ma ormai anche tanti signori, che, contemplando le foto della loro bellezza giovanile o della loro sfiorita prestanza,

[23] Francesco, Meditazione da Santa Marta, 8 maggio 2014, 9 maggio 2014.
[24] Fulton Sheen, *Scandals* cit.

si sottopongono a reiterati lifting. I risultati si commentano da soli. Rifugiarsi nel bel tempo che fu è la spia di una sorta di sindrome di Peter Pan in cui la patologica incapacità di crescere si traduce nell'osservanza di regole e di rassicuranti comportamenti appartenenti al passato. Così "si sviluppa la psicologia della tomba, che poco a poco trasforma i cristiani in mummie da museo".[25]

> Quand'ero bambino, parlavo da bambino, pensavo da bambino, ragionavo da bambino. Ma, divenuto uomo, ciò che era da bambino l'ho abbandonato (1*Cor* 13,11).

Il paradiso terrestre

Nel nostro caso, la tentazione – che non si perita di sfiorare il ridicolo – è di proiettarsi nel futuro senza fantasia, senza creatività, semplicemente riproponendo usi e costumi del passato. Ma di un passato idealizzato e reso aureo dalla fantasia diabolica, che lo ripulisce di tutte le contraddizioni e sofferenze di cui era inevitabilmente intriso. Nella tentazione, il concetto di futuro, trasformato in miraggio, non è più il culmine della speranza; né il passato, idealizzato in un modello, è più la solida e dinamica radice della crescita, la viva Tradizione della Chiesa.

Il miraggio di un'era nuova, un'era finalmente caratterizzata dal trionfo del bene e dalla coerenza dei cristiani, è una tematica che si presenta in tutte le epoche ed è certamente uno dei *leitmotiv* con cui Satana cerca di spaccare (*diabállein*) la Chiesa. Come sempre, il Padre della menzogna per mentire usa, a modo suo, una verità: nella nostra fede aspettiamo la "Gerusalemme nuova" (cfr. *Ap* 3,12), dove "non vi sarà più la morte, né lutto né lamento né affanno, perché le cose di prima sono passate" (*Ap* 21,4); anziché attendere nella fede l'"avvento glorioso del Nostro Signore Gesù Cristo",[26] il Maligno – che toglie la prospettiva dell'eternità dal cuore dell'uomo – ci fa pensare che il

[25] Francesco, *Evangelii gaudium*, n. 83.
[26] "Colletta" del mercoledì della prima settimana del tempo di Avvento.

Regno dei Cieli sarà un nuovo paradiso terrestre. Tutte le strutture umane invecchiano, ma la divinità della Chiesa si vede anche in questo: anziché incartapecorirsi, essa è un giardino che ringiovanisce sempre, perché è animata dallo Spirito che "fa nuove tutte le cose". Non sarà un caso che nella lingua greca giardino si dica *parádeisos*.

Animati dalla fede nella vittoria del Cristo, i fedeli sanno che gli eventi umani portano a compimento "i misteriosi piani della Divina Provvidenza, che si realizzano in tempi successivi attraverso l'opera degli uomini, e spesso al di là delle loro aspettative, e con sapienza dispongono tutto, anche le avverse vicende umane, per il bene della Chiesa".[27] Per la stessa fede, sanno prontamente accogliere e coltivare i germogli che lo Spirito fa crescere nel giardino della Chiesa, certi che la vittoria pasquale – nel mese di Abìb[28] – sia segno dell'eterna primavera "che risveglia in seno alla Chiesa energie e possibilità immense quasi latenti degli animi".[29]

Se da un lato bisogna coltivare il giardino, dall'altro bisogna anche potare la vigna (cfr. *Gv* 15,2). Tali potature comportano una rinnovata fedeltà a Cristo quanto alle cose essenziali, alacrità nel cancellare le macchie dell'umana debolezza, ma anche abbandono di ciò che non esprime più la carità.

> Dobbiamo quindi aspirare alla "Chiesa della carità", se vogliamo che essa abbia la capacità di rinnovarsi seriamente e – ciò che è più arduo e difficile – trasformare il mondo intero. Inoltre la carità, com'è noto a tutti, è la regina e come la radice delle altre virtù cristiane, cioè dell'umiltà, della povertà, della pietà, dello spirito di sacrificio, del coraggio nel professare la verità, dell'amore nel ricercare la giustizia e delle altre virtù che l'uomo nuovo esplica nell'agire.[30]

[27] Giovanni XXIII, Discorso di apertura del Concilio Vaticano II, 11 ottobre 1962, IV, 4.

[28] Nel calendario ebraico prima dell'esilio babilonese il mese di Abìb era il primo dall'uscita dall'Egitto; in seguito assunse il nome di Nisan e, rispetto al calendario corrente, ricade nei mesi di marzo-aprile.

[29] Paolo VI, Allocuzione per l'inizio della seconda sessione del Concilio Vaticano II, 29 settembre 1963, V, 5.

[30] Ivi, 7.

> San Tommaso d'Aquino sottolineava che i precetti dati da Cristo e dagli Apostoli al popolo di Dio "sono pochissimi" (*Summa Theologiae*, I-II, q. 107, art. 4). Citando sant'Agostino, notava che i precetti aggiunti dalla Chiesa posteriormente si devono esigere con moderazione "per non appesantire la vita ai fedeli" e trasformare la nostra religione in una schiavitù, quando "la misericordia di Dio ha voluto che fosse libera" (*Ibid.*). Questo avvertimento, fatto diversi secoli fa, ha una tremenda attualità. Dovrebbe essere uno dei criteri da considerare al momento di pensare una riforma della Chiesa e della sua predicazione che permetta realmente di giungere a tutti.[31]

Predicare il Vangelo cercando di adottare categorie proprie della cultura e del tempo in cui è annunciato non significa affatto "sovvertire la vita attuale della Chiesa, né rompere con le sue tradizioni in ciò che è essenziale e venerando, ma piuttosto rispettare queste tradizioni, liberandole dalle forme caduche e distorte, e volerle rendere autentiche e feconde".[32]

> Non si deve pensare che l'annuncio evangelico sia da trasmettere sempre con determinate formule stabilite, o con parole precise che esprimano un contenuto assolutamente invariabile. Si trasmette in forme così diverse che sarebbe impossibile descriverle o catalogarle, e nelle quali il Popolo di Dio, con i suoi innumerevoli gesti e segni, è soggetto collettivo. [...] Ciò a cui si deve tendere, in definitiva, è che la predicazione del Vangelo, espressa con categorie proprie della cultura in cui è annunciato, provochi una nuova sintesi con tale cultura. Benché questi processi siano sempre lenti, a volte la paura ci paralizza troppo.[33]

Il museo da custodire

La terza testa del mostro che cerca di lacerare la Chiesa è dunque rivolta al passato. Questa testa si nutre particolarmente delle difficoltà che la Chiesa incontra nel tempo pre-

[31] Francesco, *Evangelii gaudium*, n. 43.
[32] Paolo VI, Allocuzione, 29 settembre 1963, V, 6.
[33] Francesco, *Evangelii gaudium*, n. 129.

sente; diciamo che approfitta delle "tempeste"[34] caratteristiche di ogni autentica primavera, per voltarsi indietro. È la tentazione che seduce gli "ideologi dell'Età dell'oro", di quelli cioè che "nelle attuali condizioni della società umana non sono capaci di vedere altro che rovine e guai, e vanno dicendo che i nostri tempi, se si confrontano con i secoli passati, risultano del tutto peggiori; e arrivano fino al punto di comportarsi come se non avessero nulla da imparare dalla storia, che è maestra di vita, e come se ai tempi dei precedenti Concili tutto procedesse felicemente quanto alla dottrina cristiana, alla morale, alla giusta libertà della Chiesa",[35] e credono che la Chiesa sia "un museo da custodire e non un giardino da coltivare".[36] O, per dirla con le parole di papa Francesco, di quelli che sono "ipocriti della casistica, intellettuali senza talento, [...] che portano il popolo di Dio su una strada senza uscita; eticisti [...] che riempiono di precetti ma senza bontà. [...] Si adornano con drappi, tante cose per fare finta di essere maestosi, perfetti, e tuttavia non hanno senso della bellezza. Arrivano soltanto a una bellezza da museo".[37]

> Se consentiamo ai dubbi e ai timori di soffocare qualsiasi audacia, può accadere che, al posto di essere creativi, semplicemente noi restiamo comodi senza provocare alcun avanzamento e, in tal caso, non saremo partecipi di processi storici con la nostra cooperazione, ma semplicemente spettatori di una sterile stagnazione della Chiesa.[38]

[34] "Aspettavamo la primavera, ed è venuta la tempesta." È la celebre frase attribuita a Paolo VI, il quale, appena concluso il Concilio, si trovò ad affrontare il lacerante antagonismo tra i difensori di un cattolicesimo tradizionalista (che accusavano gli innovatori di diffondere ideologie marxiste, laiciste e persino anticlericali) e i fautori della rivoluzione sessantottina.

[35] Giovanni XXIII, Discorso di apertura del Concilio Vaticano II, 11 ottobre 1962, IV, 2.

[36] "Noi siamo qui sulla terra non a custodire un museo ma a coltivare un giardino fiorente di vita e riservato ad avvenire glorioso": Angelo G. Roncalli, *Bollettino diocesano del patriarcato di Venezia*, 49, 1958, p. 700.

[37] Francesco, Meditazione da Santa Marta, 19 giugno 2013.

[38] Francesco, *Evangelii gaudium*, n. 129.

Abbagliati dal luccichio dell'aureo passato, molti fedeli hanno ceduto alla tentazione del Maligno e si sono messi al servizio di una Chiesa immaginaria, sempre più lontana da quella reale. Sfruttando la sempre presente tentazione di essere i salvatori del mondo, e anche un fraintendimento linguistico, Satana ha indotto a credere che la viva Tradizione della Chiesa fosse la sacralizzazione di una cultura. La "nuova Chiesa"? Una mascherata di folclorismo sacro. Se non fosse per lo spirito pacifico che li contraddistingue, si potrebbe affermare che la tentazione del passato risenta dell'ispirazione degli Amish.[39] Qualcuno si è fermato alla Chiesa degli anni Cinquanta, altri si sono addirittura spinti fino al Rinascimento. In ogni caso, e generalmente con una certa ferocia, cercano di sbranare la Chiesa incarnata nel nostro oggi.

> Sebbene sia vero che alcune culture sono state strettamente legate alla predicazione del Vangelo e allo sviluppo di un pensiero cristiano, il messaggio rivelato non si identifica con nessuna di esse e possiede un contenuto transculturale. Perciò, nell'evangelizzazione di nuove culture o di culture che non hanno accolto la predicazione cristiana, non è indispensabile imporre una determinata forma culturale, per quanto bella e antica, insieme con la proposta evangelica. Il messaggio che annunciamo presenta sempre un qualche rivestimento culturale, però a volte nella Chiesa cadiamo nella vanitosa sacralizzazione della propria cultura, e con ciò possiamo mostrare più fanatismo che autentico fervore evangelizzatore.[40]

Pietre fossili

Le modalità di trasmissione del Vangelo variano ovviamente a seconda dei tempi e delle circostanze, non sono immutabili! Oltretutto, la fedeltà formale non significa af-

[39] Gli Amish sono un gruppo religioso protestante fondato nel Seicento dal vescovo svizzero Jacob Amman. Agricoltori tranquilli e pacifici, basano la propria fede su una rigida osservanza di norme bibliche e sul rifiuto della società moderna in quasi tutti i suoi aspetti. Si vestono, vivono e lavorano secondo consuetudini e regole seicentesche.

[40] Francesco, *Evangelii gaudium*, n. 117.

fatto fedeltà al contenuto: l'esperienza umana dimostra fin troppo chiaramente che la fedeltà a una certa forma, semplicemente a distanza di tempo, può significare o addirittura promuovere il contenuto opposto. Vietare alle donne di calcare le scene dei teatri fu un modo per non esporre il "sesso debole" alla "voracità" di certo pubblico maschile; oggi sarebbe un'incomprensibile discriminazione. Altro è predicare la fraternità in una società proletaria, altro è predicarla in un contesto di figli unici.

> Nel suo costante discernimento, la Chiesa può anche giungere a riconoscere consuetudini proprie non direttamente legate al nucleo del Vangelo, alcune molto radicate nel corso della storia, che oggi ormai non sono più interpretate allo stesso modo e il cui messaggio non è di solito percepito adeguatamente. Possono essere belle, però ora non rendono lo stesso servizio in ordine alla trasmissione del Vangelo. Non abbiamo paura di rivederle. Allo stesso modo, ci sono norme o precetti ecclesiali che possono essere stati molto efficaci in altre epoche, ma che non hanno più la stessa forza educativa come canali di vita.[41]

La stessa dinamica avviene, per esempio, nell'evoluzione linguistica: pur rimanendo immutato il significante, molte parole hanno assunto accezioni molto diverse. Pensiamo a quanti sacerdoti, nelle orazioni della messa, sentono il bisogno di aggiungere subito dopo il "Pregate fratelli" un "e sorelle"; la parola "fratelli" – che pure indica ancora una fratellanza umana e comunitaria – rischia di suscitare ire femministe dal momento che, nella nostra cultura, è riferita perlopiù al genere maschile. La comprensione dell'autentico significato richiede sempre una contestualizzazione ampia e multifattoriale, e talora anche una vera revisione linguistica. "La lettera uccide" ammoniva san Paolo (2*Cor* 3,6). Pensiamo alle indignazioni scatenate dall'affermazione "il marito è capo della moglie" (*Ef* 5,23); basterebbe leggere qualche riga di Vangelo per comprendere cosa significhi, nel conte-

[41] Ivi, n. 43.

sto cristiano, essere *capo*: "I capi delle nazioni, voi lo sapete, dominano su di esse e i grandi esercitano su di esse il potere. Non così dovrà essere tra voi; ma colui che vorrà diventare grande tra voi, si farà vostro servo, e colui che vorrà essere il primo tra voi, si farà vostro schiavo" (*Mt* 20,25-27).

> Esiste anche una tensione bipolare tra l'idea e la realtà. La realtà semplicemente è, l'idea si elabora. Tra le due si deve instaurare un dialogo costante, evitando che l'idea finisca per separarsi dalla realtà. È pericoloso vivere nel regno della sola parola, dell'immagine, del sofisma. Da qui si desume che occorre postulare un terzo principio: la realtà è superiore all'idea. Questo implica di evitare diverse forme di occultamento della realtà: i purismi angelicati, i totalitarismi del relativo, i nominalismi dichiarazionisti, i progetti più formali che reali, i fondamentalismi antistorici, gli eticismi senza bontà, gli intellettualismi senza saggezza.[42]

Nel caso della "nuova Chiesa" tutta al passato remoto, l'inganno è particolarmente subdolo: "il travestimento da angelo di luce" (2*Cor* 11,14) è ben riuscito, almeno nei costumi esteriori, dove "non conta la verità; anche se apparentemente si vuol fare apparire tutta la verità, conta solo la sensazione e lo spirito di calunnia e di distruzione".[43] Anziché una Chiesa di pietre vive (cfr. 1*Pt* 2,4-8), ne avremmo una di pietre fossili. Quello che sorprende, e che dovrebbe destare un certo sospetto, è il dover tristemente constatare che la riproposizione di antichi usi e costumi ecclesiastici – di per sé buonissimi – non abbia nessun contenuto caritativo, nessun interesse per i poveri, nessun tentativo di amare i nemici. Anzi! Un guscio dorato e pieno di violenza: "forme di culto, che non possono essere che illusorie giacché, nella loro ampollosa millanteria, cercano inutilmente di nascondere la loro nullità".[44]

[42] Francesco, *Evangelii gaudium*, n. 231.
[43] Benedetto XVI, *Lectio divina*, Convegno ecclesiale diocesi di Roma, 11 giugno 2012.
[44] Joseph Ratzinger, *Teologia della liturgia*, in *Opera omnia*, Libreria editrice vaticana, Città del Vaticano 2010, p. 34.

Se il Diavolo, stando all'espressione di Tertulliano, è "la scimmia di Dio", la "nuova Chiesa" al passato remoto assomiglia molto – tornando all'immagine additata da papa Francesco – alla mummia della Sposa di Cristo. Il leggendario film horror *La Mummia*[45] dà una buona idea di cosa potrebbe succedere se quel tipo di clero prendesse il potere...

Il fondamentalismo religioso, per definizione, perde di vista la prospettiva "simbolica" (cioè globale), il fine della religione, e si concentra su alcuni mezzi, su qualche particolare a scapito del tutto: una prospettiva, appunto, *diabolica*. Il papa ci ricorda che "il tutto è più della parte, ed è anche più della loro semplice somma. Dunque, non si deve essere troppo ossessionati da questioni limitate e particolari. Bisogna sempre allargare lo sguardo per riconoscere un bene più grande che porterà benefici a tutti noi".[46]

Lo spirito dell'Anticristo

Il pericolo maggiore, tuttavia, non è rappresentato da coloro che, sbattendo la porta, se ne sono andati provocando qualche scisma; strappi dolorosi, ma chiari. Il vero incubo sono quelli che si travestono di ecclesialità ufficiale e, in nome della tradizione, cercano di dirottare i fedeli nel museo dell'archeologia religiosa. Come ebbe a sottolineare il santo papa Giovanni XXIII, se è vero che il cristianesimo ha una solida struttura di valori certi e immutabili, è altrettanto vero che tali valori devono essere calati nel tempo, incarnati nell'*hic et nunc*, nel qui e adesso della nostra storia.

> Occorre che questa dottrina certa e immutabile, alla quale si deve prestare un assenso fedele, sia approfondita ed esposta secondo quanto è richiesto dai nostri tempi. Altro è infatti il deposito della Fede, cioè le verità che sono contenute nella nostra veneranda dottrina, altro è il modo con il quale esse sono annunziate, sempre però nello stesso senso e nella stessa accezione.[47]

[45] *The Mummy* è un film del 1932, diretto da Karl Freund.
[46] Francesco, *Evangelii gaudium*, n. 235.
[47] Giovanni XXIII, Discorso di apertura del Concilio Vaticano II, VI, 5.

Il rifiuto dell'"oggi" si traduce inevitabilmente nell'idolatria delle modalità. Forse è più difficile riconoscere l'idolatria, quando al posto di un vitello d'oro (cfr. *Es* 32,4) abbiamo un turibolo d'oro; ma idolatria rimane. La tentazione è particolarmente distruttiva, perché significa non riconoscere il mistero dell'Incarnazione.

> La realtà è superiore all'idea. Questo criterio è legato all'incarnazione della Parola e alla sua messa in pratica: "In questo potete riconoscere lo Spirito di Dio: ogni spirito che riconosce Gesù Cristo venuto nella carne, è da Dio" (1*Gv* 4,2). Il criterio di realtà, di una Parola già incarnata e che sempre cerca di incarnarsi, è essenziale all'evangelizzazione. Ci porta, da un lato, a valorizzare la storia della Chiesa come storia di salvezza, a fare memoria dei nostri santi che hanno inculturato il Vangelo nella vita dei nostri popoli, a raccogliere la ricca tradizione bimillenaria della Chiesa, senza pretendere di elaborare un pensiero disgiunto da questo tesoro, come se volessimo inventare il Vangelo. Dall'altro lato, questo criterio ci spinge a mettere in pratica la Parola, a realizzare opere di giustizia e carità nelle quali tale Parola sia feconda. Non mettere in pratica, non condurre la Parola alla realtà, significa costruire sulla sabbia, rimanere nella pura idea e degenerare in intimismi e gnosticismi che non danno frutto, che rendono sterile il suo dinamismo.[48]

Giovanni indicò con estrema chiarezza i gregari del Maligno: "Molti sono i seduttori che sono apparsi nel mondo, che non riconoscono Gesù venuto nella carne. Ecco il seduttore e l'anticristo!" (2*Gv* 7).

La Chiesa dei "messaggi"

Una specie di prurito per la rivelazione privata ha sempre accompagnato gli uomini, e il nostro tempo, grazie alla facilità di comunicazione e all'amplificazione dei media, ne è tempestato. Sebbene la sete di "messaggi" soprannaturali possa sembrare una rinnovata scoperta dei valori del-

[48] Francesco, *Evangelii gaudium*, n. 233.

lo spirito, è invece un segno certo di scarsa fede. Così san Giovanni della Croce ammoniva:

> Dal momento in cui ha donato il Figlio suo, che è la sua unica e definitiva Parola, ci ha detto tutto in una sola volta in questa sola Parola. Infatti quello che un giorno diceva parzialmente ai profeti, l'ha detto tutto nel suo Figlio. Perciò chi volesse ancora interrogare il Signore e chiedergli visioni o rivelazioni, non solo commetterebbe una stoltezza, ma offenderebbe Dio, perché non fissa il suo sguardo unicamente in Cristo e va cercando cose diverse e novità.[49]

Il demonio da sempre cerca di contrastare la "Rivelazione pubblica", lo straordinario e unico evento in cui Dio ha parlato per il bene di tutta l'umanità, che si è espresso letterariamente nelle Sacre Scritture e si è concluso con la morte dell'ultimo apostolo. Da allora "lungo i secoli ci sono state delle rivelazioni chiamate 'private', alcune delle quali sono state riconosciute dall'autorità della Chiesa [...] Il loro ruolo non è quello [...] di 'completare' la Rivelazione definitiva di Cristo, ma di aiutare a viverla più pienamente in una determinata epoca storica".[50] Come spiegava con chiarezza Tanquercy ai primi del Novecento, "tali rivelazioni non entrano nell'oggetto della fede cattolica, che abbraccia unicamente il deposito contenuto nella Scrittura e nella Tradizione, affidato all'interpretazione della Chiesa e non vincolano quindi la fede di tutti i fedeli".[51] Quando la Chiesa le approva, spiega papa Benedetto XIV, "non ci obbliga a crederle, ma solo *permette* che siano pubblicate a istruzione e edificazione dei fedeli; onde l'assenso che vi si deve prestare non è atto di fede cattolica, ma atto di fede umana fondato sull'essere queste rivelazioni *probabili* e *piamente credibili*".[52]

49 Giovanni della Croce, *Salita del monte Carmelo,* 2, c. XXII, n. 5.

50 CCC, n. 67.

51 A. Tanquerey, *Compendio di Teologia ascetica e mistica*, Società di S. Giovanni Evangelista, Desclée & Co., Paris 1928^5, III, c. III, n. 1490.

52 Benedetto XIV, *De servorum Dei beatificatione et beatorum canonizatione,* II, c. XXXII, n. 11.

Dunque, le rivelazioni private riconosciute dalla Chiesa ci aiutano a comprendere i segni del tempo e a trovare per essi la giusta risposta nella fede.[53]

La gatta e la volpe

Filomena[54] aveva settantacinque anni. Era Mercoledì delle Ceneri. Da più di trent'anni aveva abbandonato la pratica religiosa. Eppure, quel giorno, aveva deciso in cuor suo di andarsi a confessare. Era quasi giunta davanti alla cattedrale, quando vide passare un anziano monsignore. Molti anni prima, proprio quel sacerdote, con il suo spregiudicato comportamento, aveva inferto un colpo micidiale alla fragile fede di Filomena. La donna si sentì ribollire ed ebbe in testa un pensiero chiarissimo: "Vuoi confessarti? Ma non vedi che i preti sono più marci di te?!".

Dopo una gioventù trascorsa partecipando attivamente all'Azione cattolica, Filomena si era allontanata dalla Chiesa; per non destare troppi interrogativi nei famigliari, aveva mantenuto una saltuaria frequentazione domenicale, ma senza mai più comunicarsi. Forse avendo sopito i bollori di mezz'età, forse considerando l'età stessa che avanzava inesorabile, aveva comunque deciso di confessarsi. Aver rivisto quel monsignore l'aveva però così violentemente turbata da farla tornare rapidamente sui suoi passi. Passò tutta la Quaresima tormentata dai dubbi. Finalmente arrivò la notte di Pasqua e Filomena, ripensando a tutta la sua faccenda, aveva comunque deciso di confessarsi: che i preti fossero peccatori non doveva essere un suo problema. Entrata in duomo, si avvicinò a un confessionale; a quel punto, un nuovo chiarissimo pensiero, quasi una vera voce, le disse: "La Chiesa è marcia; ne sta per nascere una nuova. Butta in me tutti i tuoi peccati, io brucio tutto! Non

[53] Cfr. CDF, *Il messaggio di Fatima*, Libreria editrice vaticana, Città del Vaticano 2000, p. 36.

[54] Con l'intento di non nuocere alle famiglie coinvolte nel triste episodio narrato, abbiamo attribuito pseudonimi alle veggenti.

confessarti; al momento giusto ti indicherò io stesso il sacerdote a cui rivolgerti. Ho eletto te. Ora va' e ricevi l'eucaristia, ti darà una forza straordinaria". E la sventurata rispose. O meglio: "Preso quel boccone, Satana entrò in lei" (cfr. *Gv* 13,27). Filomena, pur sapendo di non essere nella condizione morale giusta per ricevere l'eucaristia, pensò che Gesù in persona stesse facendo un'eccezione proprio per lei. E iniziò davvero un periodo straordinario. Le energie ritornarono in pieno, al punto da non aver più bisogno della collaboratrice domestica! Il sonno si ridusse a qualche ora, e tante divine ispirazioni affollarono la sua mente; sentì il bisogno irresistibile di scrivere, come fosse sotto dettatura, le parole che Gesù stesso le suggeriva. In pochi giorni, famigliari, amici e conoscenti si accorsero del grande cambiamento. Ritenendo che avesse ricevuto una grazia straordinaria, cominciarono ad ascoltare con particolare attenzione le parole di Filomena. Dopo un mese, decine di persone si rivolgevano a lei per essere illuminati sui problemi della loro vita. Anche sacerdoti e suore rimasero coinvolti nella rete dei suoi "messaggi" che fluivano copiosi.

Poiché *pares cum paribus facillime congregantur,*[55] presto si associò a lei Marina, un'altra "veggente", la quale invece era stata reclutata, a suo dire, direttamente dalla Madonna. Marina, come la Beata Vergine, aveva il compito di formare il cuore degli eletti; dotata di una vera chiaroveggenza,[56] con i suoi messaggi, brevi e precisi, indicava passo passo tutto ciò che i singoli fedeli avrebbero dovuto fare. La guida celeste indicava loro le persone da frequentare, gli investimenti economici più redditizi, persino dove fare la spesa, e guai a chi avesse osato sollevare qualche perplessità: "Gesù vuole amore, preghiera e sacrificio, non ragionamenti!" era il ritornello. Filomena invece continuò a produrre la sua "let-

[55] "I simili si accompagnano molto più facilmente con i loro simili": Cicerone, *Cato Maior de Senectute*, III, 7.

[56] Come abbiamo visto nel terzo capitolo, fra gli indizi che svelano la presenza del Maligno, il *Rito*, secondo la Tradizione della Chiesa, oltre a "manifestare forze superiori all'età o alla condizione fisica", annota anche il "rivelare cose occulte e lontane" (n. 16), cioè la chiaroveggenza.

teratura profetica" la cui conoscenza poteva essere condivisa solo da un ristretto numero di fedelissimi tra gli eletti. In quattordici anni, scrisse oltre diecimila pagine, senza mai commettere un errore sintattico o ortografico. Migliaia di "messaggi" piovvero su tanti fedeli che soffrivano per le deficienze della Chiesa cattolica e moltissimi abboccarono. Lentamente cedettero le redini della propria coscienza alle "veggenti" e furono persuasi che Gesù aveva scelto proprio loro per "il grande restauro": la rifondazione della sua "nuova Chiesa"; la Chiesa attuale, con il suo clero corrotto, aveva ormai i giorni contati. Si strutturò in questo modo una sorta di setta, caratterizzata dalla fedeltà assoluta ai messaggi "senza discernimento alcuno";[57] il tutto infarcito da tante buone pratiche di pietà: Rosario, adorazione eucaristica, digiuni, velatura delle donne. Oltre al giudizio feroce contro il clero, ben s'intende. I "messaggi" divennero il criterio fondante, oltre che per tutte le scelte della vita, anche per discernere la legittimità dei pronunciamenti dell'autorità ecclesiastica. A poco a poco, senza che i componenti se ne avvedessero, sotto la maschera della rigorosa devozione, la setta finì con l'accogliere "messaggi" sempre più lontani dalla fede cristiana: agli aderenti sposati era richiesta la castità assoluta, ai religiosi di non informare i loro superiori e obbedire ciecamente ai "messaggi", agli imprenditori di investire imprudentemente i loro beni, a tutti di evitare qualsiasi ragionamento relativo all'esercizio della fede.

Dopo quattordici anni, decine di famiglie erano distrutte, un paio di fabbriche chiuse, un monastero soppresso, qualche centinaio di fedeli in grave crisi. Ma come successe all'angelo sterminatore, il Signore aveva finalmente det-

[57] Nella vita di vari santi, spesso insorge la tentazione, talora con connotati straordinari, di abdicare alla propria facoltà raziocinante. Per esempio, a santa Caterina Vigri (1413-1463) il demonio appariva sotto l'apparenza di Gesù o della Vergine, e le infliggeva duri rimproveri suscitandole gravi sensi di colpa, senza farle tuttavia capire né dove aveva sbagliato né come potesse rimediare, al fine di indurla a una obbedienza "senza discernimento alcuno" gettandola nella disperazione (cfr. Caterina Vigri, *Le sette armi spirituali*, a cura di Antonella degli Innocenti, Edizioni del Galluzzo, Firenze 2000, p. 16).

to: "Ora basta! Ritira la mano" (1*Cr* 21,15). La catena del cane infernale aveva raggiunto il suo limite. In pochi giorni andò tutto in fumo.

Messa di fronte alle sue gravissime responsabilità, Filomena ebbe un umile cedimento; uno spiraglio di buona fede le consentì di ammettere il suo errore e quindi di essere liberata. Dopo l'esorcismo, come in una sorta di ritratto di Dorian Gray, riacquistò rapidamente tutte le caratteristiche dei suoi novant'anni; visse nel nascondimento e nella preghiera e morì serenamente alcuni anni dopo. Marina invece, la volpe incallita nella malafede, ha perseverato nel suo errore.

> Quale ignoranza della vera mistica bisogna avere per consentire a questo governo per oracoli, che non tollera nessuna obiezione!!![58]

Una pericolosa scorciatoia

Due uomini in bianche vesti dettero uno scossone agli Apostoli che si erano fermati a fissare il cielo mentre Gesù saliva al Padre: "Uomini di Galilea, perché state a guardare il cielo?" (*At* 1,11). Si può distogliere lo sguardo dal presente voltandosi indietro, ma anche guardando in cielo. Anche in questo il Maligno gioca sull'equivoco. Esiste un modo sano di "alzare gli occhi al cielo", un modo di sollevare lo sguardo dalle miserie della terra e di rivolgersi a Dio: è la virtù della speranza. Ma esiste anche un modo alienante, un modo disincarnato di sfuggire alle responsabilità della vita e rifugiarsi in un mondo ideale: è l'illusione. Tutto sommato, possiamo credere che Freud si riferisse proprio a quel tipo di alienazione misticheggiante, quando scriveva che la vita sarebbe stata migliore per tutti, solo nel momento in cui l'uomo avesse distolto le sue speranze dall'aldilà e si fosse veramente concentrato sulla vita terrena.[59]

[58] Agostino Poulain, *Delle grazie d'orazione. Trattato di teologia mistica*, Marietti, Torino 1926², c. XXIII, p. 412.

[59] Cfr. Sigmund Freud, *L'avvenire di una illusione* [1927], in *Opere di Sigmund Freud*, Bollati Boringhieri, Torino 2000.

La Parola di Dio è stata lasciata a noi come un seme (cfr. *Lc* 8,11), non come un frutto maturo. È la buona coscienza, il "cuore bello e buono" (cfr. *Lc* 8,15) che, ricevuto il seme, dà il suo frutto. Ma è compito della nostra libera volontà scegliere di faticare affinché il seme trovi le migliori condizioni di crescita. Dio, che ci ha voluti liberi, non si sostituisce mai alla nostra coscienza: la illumina ma non la annulla. Uno dei tanti pericoli presentati dai "messaggi" è quello di sostituirsi alla coscienza. "Gesù vuole amore, preghiera e sacrificio, non ragionamento" è, come abbiamo visto, un frequente ritornello. Seguendo una simile strada ci si incammina verso l'annullamento del dono della ragione e si permette a qualsivoglia veggente di prendere le redini della nostra coscienza, cioè di plagiarci, e quindi finire letteralmente in braccio al Diavolo. Dio offre all'uomo la possibilità di avere una ragione illuminata, ma non vuole una coscienza azzerata. Una rivelazione privata non può e non deve in nessun modo sostituirsi al lavoro della coscienza e prendere i connotati dello "spirito guida", caro alla letteratura New Age. La storia di Filomena ci dice qualcosa in proposito.

In ogni caso, i "messaggi" rappresentano una pericolosa scorciatoia che rischia comunque di allontanarci dalla via del Vangelo e della Chiesa, la quale continua a proclamare la Parola di Dio: "Chi ascolta voi ascolta me, chi disprezza voi disprezza me" (*Lc* 10,16). Demandare la fatica del discernimento ai veggenti è sempre una pericolosissima tentazione. I santi dottori carmelitani Teresa d'Avila e Giovanni della Croce mettono in guardia dai pericoli legati all'accoglienza dei fenomeni straordinari e giungono a una drastica conclusione: "Pertanto è necessario che l'anima rigetti a occhi chiusi tutti questi fenomeni, da qualunque parte essi provengano";[60] "da principio è sempre meglio opporvisi: se sono cose di Dio, le prove non serviranno che a farle crescere e ingrandire di più".[61]

[60] Giovanni della Croce, *Salita del monte Carmelo*, 2, c. XI, n. 8.
[61] Teresa d'Avila, *Castello interiore*, Seste mansioni, c. III, n. 3.

D'altronde, non c'è alcun passo delle Scritture che incoraggi a rincorrere i veggenti, anzi!

> Se qualcuno vi dirà: "Ecco, il Cristo è qui", oppure: "È là", non ci credete; perché sorgeranno falsi cristi e falsi profeti e faranno grandi portenti e miracoli, così da indurre in errore, se possibile, anche gli eletti. Ecco, io ve l'ho predetto. Se dunque vi diranno: "Ecco, è nel deserto", non ci andate; "Ecco, è in casa", non ci credete (*Mt* 24,23-26).

Quando i "messaggi" diventano più importanti della voce della Chiesa finiscono con l'essere un autentico depistaggio. Papa Francesco, con la sua abituale franchezza, non ha esitato a definire "Cristiani senza Cristo: quelli che cercano cose un po' rare, un po' speciali, che vanno dietro alle rivelazioni private".[62] E anche: "Ci dicono: Il Signore è qua, è là, è là! Ma io conosco un veggente, una veggente che riceve lettere della Madonna, 'messaggi' della Madonna. Ma, guardi, la Madonna è Madre! E ama tutti noi. Ma non è un capoufficio della posta, per inviare 'messaggi' tutti i giorni. Queste novità allontanano dal Vangelo, allontanano dallo Spirito Santo, allontanano dalla pace e dalla sapienza, dalla gloria di Dio, dalla bellezza di Dio [...] Il Regno di Dio è questo lavoro, quest'azione dello Spirito Santo che ci dà la saggezza, che ci dà la pace".[63]

Nella maggioranza dei casi succede che, sfruttando la non impeccabilità dei pastori della Chiesa, tramite "messaggi" – perlopiù da parte della Beata Vergine – il Maligno insinui che i pastori, per essere ascoltati, debbano essere di volta in volta legittimati dai veggenti. Nasce così una "nuova Chiesa", con una nuova gerarchia e con un nuovo Vangelo. Ovviamente si tratta anche in questo caso della "vera Chiesa". In breve tempo, i fedeli vengono caricati come molle contro i vescovi, diventano gli implacabili censori della gerarchia ecclesiastica e si preparano alla spaccatura scismatica.

[62] Francesco, Meditazione da Santa Marta, 7 settembre 2013.
[63] Francesco, Meditazione da Santa Marta, 14 novembre 2013.

Nel caso dei "messaggi", il Maligno si traveste generalmente con il manto delle preghiere e delle pratiche di pietà. Non bisogna pertanto lasciarsi ingannare dal fatto che il primo effetto di tali "messaggi" sia una folla che recita Rosari: se il prodotto finale è l'ostilità crescente verso la gerarchia fino allo scisma, stiamo certi che l'origine dei "messaggi" è diabolica. Per quanto possa sembrare paradossale, non è la Madonna che deve confermare l'autorità della Chiesa, ma è la Chiesa che riconosce la credibilità di un'apparizione. Sant'Agostino, accorgendosi di una errata mariologia che tendeva a porre la Beata Vergine al di sopra della Chiesa, metteva in guardia i suoi contemporanei: "Santa è Maria, beata è Maria, ma è migliore la Chiesa che la Vergine Maria! Perché? Perché Maria è una parte della Chiesa: un membro santo, un membro eccellente, un membro che sorpassa tutti in dignità, ma tuttavia è sempre un membro rispetto all'intero corpo. Se è membro di tutto il corpo, allora certo vale più il corpo che un suo membro".[64]

Non bisogna inoltre dimenticare che tutte le rivelazioni private avvengono principalmente "per l'utilità particolare di coloro che ne sono favoriti".[65] Tuttavia, con grande frequenza, i messaggi rivelati sono parte integrante di un carisma più grande, cioè del dono della profezia, che invece viene dato "a vantaggio altrui".[66] In tal modo, il fedele da un lato giunge a una comprensione più profonda della volontà di Dio che si traduce in una vita sempre più virtuosa e, dall'altro, illumina e rinforza la Chiesa. Nonostante i mezzi straordinari che Dio può fornire per meglio corrispondere al suo progetto, la libertà del soggetto resta tuttavia integra e il fedele non è obbligato a corrispondere. Può sembrare un paradosso, ma le grazie straordinarie "di per sé non santificano colui che le riceve sia perché le può ri-

[64] Agostino, *Discorsi*, in *Opere*, Città Nuova, Roma 1986, vol. XXX/1, n. 72/A, 7, p. 479.
[65] A. Tanquerey, *op. cit.*, III, c. III, n. 1490.
[66] Ivi, n. 1514.

cevere in peccato mortale, sia perché può rimanere in esso dopo averle ricevute".[67]

Il Diavolo dunque produce "messaggi" che inizialmente sembrano innocui – il solito cavallo di Troia – ma prima o poi, sotto l'apparente e bonario sorriso, emergono i denti di ferro e la bocca che divora (cfr. *Dn* 7,6) della bestia: i condizionamenti sempre più cogenti e minacciosi unitamente alla lacerazione della Chiesa.

Forse vale la pena ricordare due casi emblematici del passato: i "messaggi" di Madame Guyon (1648-1717) e quelli di suor Felicia Kozłowska (1862-1922).

Nel primo caso ci fu il coinvolgimento di un grande personaggio, François de Fénelon, teologo e scrittore, accademico di Francia, precettore del duca di Borgogna e arcivescovo di Cambrai. La Guyon riuscì a irretire il prelato facendogli balenare l'idea di essere stato eletto da Dio per la riforma della Chiesa, e il prelato cadde nell'eresia "quietista"[68] propugnata dalla Guyon. Per Fénelon, come per tutti i neofiti, Madame Guyon era l'iniziatrice, la donna visitata da Dio e, con tutta la forza del termine, la profetessa. Ma "l'eletto di Dio, il predestinato, colui che doveva essere nelle mani di Dio come il Cristo del suo 'nuovo Vangelo', era lui".[69] Rimasto affascinato dal grande progetto, Fénelon a poco a poco divenne completamente succube della Guyon, grazie ad astute "rivelazioni" che pri-

[67] Antonio Royo Marín, *Teologia della perfezione cristiana*, Edizioni Paoline, Roma 1961[4], c. I, n. 547c.

[68] Il quietismo è una dottrina mistica che nasce in Italia alla fine del Seicento, a opera di un teologo spagnolo, Miguel de Molinos, la cui opera principale, *Guida Spirituale*, fu scritta nel 1675. Esso propone come strada verso Dio e la perfezione cristiana il raggiungimento di uno "stato di quiete" che consiste nella completa passività, nell'annullamento della volontà e d'ogni pensiero intellettuale, nel rifiuto delle attività esteriori del cristianesimo, come i sacramenti, la ritualità e persino le preghiere. Secondo il quietismo l'uomo deve percorrere la sua "via interna" abbandonandosi completamente a Dio e annichilandosi, rimanendo *perinde ac cadaver* (come un cadavere). Opposto a ogni forma di spiritualismo, il quietismo appare quasi una reazione al giansenismo, ai suoi rigori e alle sue dure ascesi.

[69] Maurice Masson, *Fénelon et M.me Guyon*, Hachette, Paris 1907, p. XLVIII.

ma gli attribuivano una speciale figliolanza spirituale con la Guyon stessa,[70] poi lo esortavano alla grande missione. Fénelon doveva "essere il generale di un esercito di mistici, soldati di san Michele o 'michelini', figli dell'amore puro e della fede nuda",[71] destinato da Dio "a essere una lampada ardente e lucente per rischiarare la sua Chiesa",[72] e "padre di un grande popolo e capo della *Piccola Chiesa* formata dai primi eletti".[73] Insomma, la "vera Chiesa", ancora una volta. Il prezzo di tanta elezione doveva però essere l'abbandono di ogni ragionamento e resistenza di fronte ai "messaggi" della veggente. Così si esprimeva la Guyon:

> Dio vuol gettare profonde radici del vostro edificio spirituale: vuol darvi un cuore docile per condurre un grande popolo.[74]
>
> Voi sarete un fanciullino che si lascia guidare dal *non vedere* e dal *non sapere* [...] dovrete seguire *senza esitare e senza ragionare* ciò che Lui vuole da voi, perché se voi esitate o ragionate perderete terreno [...] ma quando voi farete come io vi ho indicato, allora sarete condotto per mano senza che nulla più vi possa far cadere. [...] Voi *sarete la mia lingua,* parleremo lo stesso linguaggio, e insieme compiremo ogni giustizia. [...] La vostra piccolezza d'animo deve estender-

[70] Così la Guyon: "Ebbi un desiderio, che non posso propriamente chiamare desiderio in quanto era fuori di me e Uno più potente lo operava, e in un certo languore d'amore dicevo: 'Datemi figli, sennò muoio!'. Non potevo dubitare di averlo generato a Cristo e che mi fosse stato offerto affinché io lo accettassi in piena coscienza; non potevo impedirmi di considerarlo mio figlio e, benché non osassi chiamarlo in tal modo per rispetto, il mio intimo lo chiamava 'Figlio!'. Qualche volta, per attenuare il mio interno disagio causato dall'impossibilità di chiamarlo come sentivo, dovevo esclamare a me stessa: 'Figlio mio, sei il mio figlio prediletto, in cui unicamente mi compiaccio!'. Se io avessi esitato su questo punto, nostro Signore mi respingeva e per avere accesso a Lui io dovevo lasciarmi andare alla mia tenerezza tutta materna e solo così potevo comunicare a lui, benché lontana, una grazia molto grande..." (M. Masson, *op. cit.*, pp. 4 sgg.).

[71] Ivi, p. X.

[72] Ivi, lettera 31, p. 79.

[73] Ivi, lettera 107, p. 274. La Guyon aveva concepito un esercito con varie cariche da lei oculatamente distribuite: il generale, due assistenti, un segretario, un cappellano, un maestro dei novizi, un carceriere, un facchino, una fioraia, una portinaia, una sagrestana, vari ufficiali (cfr. A. Poulain, *op. cit.*, p. 411).

[74] *Ibid.*

> si fino a credere e praticare quello che Dio vi manda a dire *per mezzo mio...*[75]
>
> *Acconsentirete con umiltà di spirito a quel che vi dico,* quand'anche non conosceste ancora che io vi dico la verità...[76]

Ben presto, tuttavia, il linguaggio paradossale ed estremo della Guyon, le sue profezie più volte smentite, e soprattutto le sue idee quietiste provocarono un'inchiesta ecclesiastica che si concluse con una condanna. La donna rimase in carcere più di sette anni e fu liberata nel 1703, a condizione che si ritirasse a vita privata. Fénelon fece pubblica abiura dei suoi errori nel 1699, anche se più volte ritornò sui suoi passi; tuttavia chiuse la sua vita in bellezza: si ritirò a Cambrai dove, cessando ogni attività letteraria e politica, visse in modo esemplare i suoi ultimi anni, occupandosi dei suoi fedeli, e fu molto benvoluto.

> Da questa triste storia della potenza di una donna mezzo santa e mezzo pazza, possiamo trarre una lezione per chiunque creda di potersi abbandonare ciecamente a una veggente, e lasciarsi guidare dalle sue rivelazioni.[77]

Il secondo caso invece non approdò al lieto fine, tanto che gli strascichi scismatici durano ancor oggi. Ai primi del Novecento ci fu il caso clamoroso della suora francescana polacca Felicia Kozłowska. La suora, che aveva molto sofferto a causa dell'azione repressiva del regime zarista, dal 1893 cominciò a ricevere dalla Madonna "messaggi" quotidiani che durarono fino al 1918. In essi la Beata Vergine, così diceva lei, le ordinava di combattere il declino morale del clero cattolico e di fondare un nuovo ordine religioso per il rinnovamento spirituale della Chiesa cattolica, i Mariaviti[78] (dal latino *Mariae vitam imitans*). Gli aderenti si impegnavano alla quotidiana recita del Rosario, al

[75] Maurice Masson, *op. cit.*, lettera 108, p. 279.
[76] Ivi, lettera 75, p. 181.
[77] A. Poulain, *op. cit.*, c. XXIII, p. 412.
[78] Cfr. Niccolò Del Re, voce "Mariaviti" in *Enciclopedia cattolica*, Sansoni, Firenze 1952, vol. VIII, p. 154.

digiuno bisettimanale, all'adorazione eucaristica, alla confessione frequente e a formare comunità religiose miste. La suora riuscì a radunare intorno a sé migliaia di fedeli, brillanti sacerdoti e alcuni vescovi. Nelle rivelazioni, le veniva conferito il ruolo di "piccola Madre". La "piccola Madre" prese molto a cuore le sorti del giovane sacerdote scomunicato Jan Michał Kowalski che divenne il primo ministro generale del nuovo ordine. In pochi anni i fedeli ammontarono a oltre mezzo milione e le suore della nuova congregazione arrivarono a circa cinquecento. Dopo che le rivelazioni promossero le "nozze mistiche" tra preti e suore, la poligamia e il sacerdozio alle donne, gli adepti furono scomunicati da Pio X nel 1906. Nel 1909, tuttavia, Jan Kowalski ricevette la consacrazione episcopale da parte del vescovo veterocattolico di Utrecht, e così diede vita a una vera Chiesa scismatica: la Chiesa veterocattolica mariavita. Dopo la tragica morte di Kowalski nel lager di Dachau, a succedergli fu la moglie, lei pure vescovo.

Pio X, nell'Enciclica *Tribus circiter,* esprime il dolore e la condanna per l'eresia del gruppo di fedeli polacchi. Nelle sue parole troviamo un'analisi che, purtroppo, ha un sapore sempre attuale:

> Alcuni giovani sacerdoti, senza alcuna autorizzazione, hanno fondato un tipo di società pseudo-monastica, chiamata Mariavita. I membri della società, a poco a poco, si sono allontanati dalla retta via e dall'obbedienza ai Pastori della Chiesa.
>
> A una certa donna – che loro proclamano essere santissima, meravigliosamente dotata di doni celesti, divinamente illuminata su molte realtà e provvidenzialmente donata da Dio per salvare un mondo che sta per perire – essi non hanno esitato ad affidarsi senza riserve, e a obbedire a ogni suo desiderio.
>
> Basandosi su un presunto mandato ricevuto direttamente da Dio, essi si misero a promuovere, senza discernimento alcuno e di propria iniziativa, tra la gente frequenti esercizi di pietà (altamente encomiabili se correttamente eseguiti), in particolare l'adorazione Eucaristica e la comunione fre-

quente. Tuttavia, allo stesso tempo, hanno lanciato le più gravi accuse contro tutti i sacerdoti e i vescovi che hanno osato esprimere dubbi circa la santità e la divina elezione della donna, o hanno mostrato una qualche riserva nei confronti della società dei Mariaviti. Tali argomentazioni ci hanno dato motivo di temere che molti fedeli, in un simile delirio, stanno per abbandonare i loro legittimi Pastori.[79]

La grande tentazione, alla fine, è sempre quella di abbandonare l'unico luogo sicuro che ci ha indicato il Signore Gesù: la piccola e povera barca di Pietro.

Carissimi, non prestate fede a ogni ispirazione, ma mettete alla prova le ispirazioni, per saggiare se provengono veramente da Dio, perché molti falsi profeti sono comparsi nel mondo (1*Gv* 4,1).

[79] Pio X, Lettera enciclica *Tribus circiter*, 5 aprile 1906, nn. 1-3.

6
L'enorme drago rosso

Da bugiardo e perverso, il Maligno, nella maggior parte dei casi agisce senza farsi riconoscere, ingannando e manipolando le menti, abbagliandole addirittura facendo leva, talvolta, su intenzioni o valori positivi.

Col tempo, la sua azione devastante, se non si è costantemente vigili nelle proprie coscienze, si riconosce dalle conseguenze, purtroppo. L'intervento del Diavolo nella storia ha sempre conseguenze gravi, che, se non arginate, conducono a olocausti, stragi, esplosioni di crudeltà e violenze bestiali.

Limitando l'osservazione al passato recente dell'Europa, il ventesimo secolo, con i due conflitti mondiali, i totalitarismi, le guerre di pulizia etnica, il terrorismo di varia natura, la manipolazione genetica e la diffusione legalizzata dell'aborto, e in certi Paesi anche dell'eutanasia, ha dato segni concreti del costante porsi dell'uomo quale padrone assoluto di una vita senza Dio, una vita solo su questa terra, dimentica di quella eterna dell'anima, una vita nella quale, non amando Dio, non si può certo amare il prossimo, ma neppure se stessi: gli egoismi conducono sempre alla rovina anche chi ne è schiavo. La tragica esperienza dei totalitarismi del Novecento dovrebbe aver dimostrato, come scriveva Paul Claudel, che "quando l'uomo cerca di immaginare il Paradiso in terra, il risultato immediato è un molto rispettabile Inferno".[1]

[1] Paul Claudel, *Conversations dans le Loir-et-Cher,* in *Œuvres en prose,* Bibliothèque de la Pléiade, Gallimard, Paris 1965, p. 684.

Nel 2000, monsignor Alessandro Maggiolini, allora vescovo di Como e unico teologo italiano chiamato da Giovanni Paolo II a partecipare alla redazione del *Catechismo della Chiesa cattolica*, pubblicato otto anni prima, nel corso di un interessante dibattito sul Diavolo animato dalle pagine del "Corriere della Sera", dichiarava:

> C'è stata una certa teologia razionalista che ha cercato di demitizzare gran parte della Rivelazione. E così il diavolo è diventato una specie di fabulazione che proiettava nel campo religioso le paure del subconscio. Un errore? Certo. Qualcuno dice: ma ha ancora senso, nel Duemila, parlare del diavolo? E io rispondo: come si fanno a spiegare fatti come l'Olocausto o i grandi massacri del comunismo, senza pensare a una forza molto più potente dell'uomo?[2]

Nello stesso confronto, padre Silvano Fausti, teologo gesuita, sottolineava come, nel mettere in guardia dalle insidie diaboliche, si fosse registrata una certa evoluzione nell'autorità ecclesiastica: evitare di concentrarsi su manifestazioni da film horror o ancorate alle credenze del passato, ma dedicarsi al vero e più temibile attacco di Satana:

> La Chiesa parla ancora del diavolo. Solo che lo fa in modo diverso da quello, per esempio, del Seicento, all'epoca della caccia alle streghe. E per fortuna, aggiungo. Nel 1631 Friedrich von Spee, un gesuita, in un bellissimo libro intitolato *Cautio criminalis I processi contro le streghe*, disse che la vera opera del demonio era proprio la caccia alle streghe, con quelle confessioni estorte con la tortura e avallate da illustri teologi. Oggi si parla del diavolo con uno stile perfettamente conforme alle Scritture nelle quali ci si sofferma sulle tentazioni e sui tormenti di chi è tentato, senza indugiare su chi è Satana o, peggio ancora, sul suo aspetto fisico. Così, la Chiesa cerca ora di aiutare tutti gli uomini a discernere su cosa è bene e cosa è male, perché l'astuzia più grande del diavolo è proprio confonderci su questo. [...] Io penso che uno dei pericoli più gravi, nella nostra epoca, sia

[2] Michele Brambilla, *Il diavolo? Lo trovate dappertutto ma non ha più le corna*, "Corriere della Sera", 5 marzo 2000.

"il delitto semantico", cioè l'uccisione del vero significato di una parola. Pensiamo, per esempio, a quanto vengano usate a sproposito parole come "libertà", "amore", "tolleranza", in nome delle quali si commettono crimini non meno gravi di quelli che imputiamo ai secoli passati. E l'inganno diabolico sta proprio nel farci credere di avere agito in nome dell'amore, della libertà e della tolleranza anche quando, invece, agiamo per il loro contrario. Ecco, mi sembra che parlare correttamente del diavolo, oggi, sia parlare di queste cose. Avvertire l'uomo di queste menzogne.[3]

Parole, queste ultime, volte soprattutto al pullulare dei cosiddetti gruppi New Age o esoterici, in grado di obnubilare le coscienze orientandole all'individualismo più sfrenato, dando l'aria invece di voler provocare risvegli spirituali e liberazioni da pregiudizi e vincoli "negativi". Tutte queste riflessioni muovono dalla fondamentale presa di posizione di Paolo VI, quando, ricordando che chi nega l'esistenza e l'opera del Diavolo nega anche quelle di Dio, destò l'attenzione di tutti i fedeli sugli interventi del "nemico occulto che semina errori e sventure nella storia umana".[4]

Le crudeli bugie degli "eletti"

Nel fluire degli eventi storici le più agghiaccianti e tremende violenze presentano un comune denominatore: non riconoscere – in nome di una superiorità fisica o intellettuale, o in nome di presunte ragioni "migliori" o più "giuste", o, ancora, di verità note solo a "eletti" – la dignità umana a intere comunità di individui. Ciò va in netto contrasto con un tratto fondamentale dello spirito cristiano, che riconosce invece, proprio ai soggetti più deboli o in condizioni di inferiorità, ai poveri, ai malati, ai carcerati, la più alta dignità, perché li ritiene destinatari privilegiati dell'amore e della carità, secondo quanto insegnato da Gesù stesso: "Tutto

[3] *Ibid.*
[4] Paolo VI, Udienza generale, 15 novembre 1972.

quello che avete fatto a uno solo di questi miei fratelli più piccoli, l'avete fatto me" (*Mt* 25,40).

Una verità evangelica costantemente richiamata da papa Francesco, con l'esempio e con le parole. Gli ammalati, i portatori di handicap sono sempre in prima fila e godono della massima attenzione nelle udienze e nei viaggi pastorali. E anche chi ha commesso degli sbagli: alla logica della punizione il pontefice contrappone quella umile, amorevole, autenticamente cristiana della speranza nella redenzione che la Misericordia divina apre a chiunque. Significativo, al riguardo, quanto Bergoglio ha detto ai cappellani dei penitenziari italiani:

> Prego il Signore e la Madonna che [i carcerati] possano superare positivamente questo periodo difficile della loro vita. Che non si scoraggino, non si chiudano [...] Recentemente avete parlato di una giustizia di riconciliazione, ma anche una giustizia di speranza, di porte aperte, di orizzonti. Questa non è una utopia, si può fare, non è facile perché le nostre debolezze ci sono dappertutto, il diavolo è dappertutto, le tentazioni, ma si deve tentare, vi auguro che il Signore sia con voi e la Madonna vi custodisca, la madre di tutti voi e di tutti loro in carcere [...].
>
> Quando telefono a detenuti mi chiedo: "Perché non io?". Qua, ogni volta chiamo qualcuno di quelli di Buenos Aires che conosco, che sono in carcere, la domenica, e faccio una chiacchiera. Poi, quando finisco, penso: "Perché lui è lì e non io, che ho tanti e più meriti di lui per stare lì?". E quello mi fa bene, eh? Perché lui è caduto e non sono caduto io? Perché le debolezze che abbiamo sono le stesse, e per me è un mistero che mi fa pregare e mi fa avvicinare a loro.[5]

Ha fatto il giro del mondo l'immagine di Francesco, che il 19 marzo 2013, sei giorni dopo la sua elezione, in una piazza San Pietro gremitissima per la cerimonia di inizio del ministero petrino, scende dalla jeep papale per accarezzare con tenerezza un disabile. E lo stesso messaggio dei "poveri e de-

[5] Francesco, Discorso ai partecipanti al Convegno nazionale dei cappellani delle carceri italiane, 23 ottobre 2013.

gli ammalati al primo posto" ha voluto riaffermare lavando i piedi a dodici portatori di handicap il 17 aprile 2014, Giovedì Santo. Con l'amore per gli indifesi, improntato all'esempio del Cristo, si combatte quella che papa Francesco, nell'incontro con i medici cattolici del settembre del 2013, ha definito "la cultura dello scarto", che nei secoli ha già prodotto una serie di diaboliche efferatezze con l'obiettivo di "eliminare esseri umani soprattutto se fisicamente o socialmente più deboli" e che "oggi schiavizza i cuori e le intelligenze di tanti". In quella circostanza, Bergoglio, citando il predecessore, ha condannato fermamente aborto ed eutanasia:

> Ogni bambino non nato, ma condannato ingiustamente a essere abortito, ha il volto del Signore, che prima ancora di nascere, e poi appena nato ha sperimentato il rifiuto del mondo. E ogni anziano, anche se infermo o alla fine dei suoi giorni, porta in sé il volto di Cristo. Non si possono scartare!
> Va dunque ribadito – come riportato nella Dichiarazione sull'aborto procurato della Congregazione per la Dottrina della Fede – che "il primo diritto di una persona è la sua vita". Nell'essere umano fragile ciascuno di noi è invitato a riconoscere il volto del Signore, che nella sua carne umana ha sperimentato l'indifferenza e la solitudine a cui spesso condanniamo i più poveri, sia nei Paesi in via di sviluppo, sia nelle società benestanti. Le cose hanno un prezzo e sono vendibili, ma le persone hanno una dignità, valgono più delle cose e non hanno prezzo. Tante volte ci troviamo in situazioni in cui quello che costa di meno è la vita. Per questo l'attenzione alla vita umana nella sua totalità è diventata negli ultimi tempi una vera e propria priorità del Magistero della Chiesa, particolarmente a quella maggiormente indifesa, cioè al disabile, all'ammalato, al nascituro, al bambino, all'anziano, che è la vita più indifesa.[6]

Le motivazioni, con cui, nel corso della storia, il Maligno offusca le menti umane fino a convincerle a non considerare dei propri simili come "esseri umani" sono varie

[6] Francesco, Discorso ai partecipanti all'incontro promosso dalla Federazione internazionale delle associazioni dei medici cattolici, 20 settembre 2013.

e sostenute da teorie pseudoscientifiche ad hoc. Di solito si basano sull'esercizio delle facoltà (motorie, intellettive, espressive) o su un certo valore individuato dal gruppo dominante (razza, salute psicofisica, devianza morale), ma anche dal grado di dissidenza ideologica dal potere.[7] L'affermazione "non si tratta di un essere umano" diventa una sorta di formula auto assolutoria, che mettendo a tacere gli ultimi barlumi di coscienza arriva a trasformare il delitto in diritto, come chiarì Giovanni Paolo II nell'enciclica *Evangelium vitae*.[8]

La storia mostra una serie di atrocità commesse in nome di questa formula, dai genocidi alla schiavitù perpetrata negli Stati Uniti su quelli che erano ritenuti, secondo la cultura prevalente fino a due secoli fa, "animali dalle sembianze umane", dalle deportazioni nei lager di ebrei e oppositori del nazismo a quelle, nei gulag, dei dissidenti al regime sovietico, definiti "parassiti, nemici del progresso e della rivoluzione", fino alle teorie che giustificano l'eutanasia per pazienti terminali ("gusci vuoti di esseri umani") o individui entrati in coma (quindi, "mentalmente morti"), e dell'aborto, secondo cui i feti uccisi sono semplici "grumi di cellule". Significativo quanto ha raccontato Vasilij Grossman nel romanzo *Tutto scorre*:

> Per ammazzare i *kulak*, annientarli tutti come classe, bisognava annunciare: "I *kulak* non sono esseri umani". Proprio come dicevano i tedeschi: "Gli ebrei non sono esseri umani". Così anche Lenin e Stalin: "I *kulak* non sono esseri umani".[9]

Nazismo e comunismo, due sistemi totalitari ideologicamente agli antipodi, hanno raggiunto la stessa brutalità con la medesima "giustificazione": la negazione della dignità umana a gruppi di persone, in un'ottica del tutto dimentica di Dio, dominata da egoismi e paradossi tipici de-

[7] Cfr. Raffaele Talmelli, *Ecco io vedo i cieli aperti – Psicopatologia, fenomeni mistici, demonologia*, OCD, Roma 2010, p. 185.
[8] *Ibid.*
[9] Vasilij Grossman, *Tutto scorre*, Mondadori, Milano 1971, pp. 146-148.

gli inganni diabolici. Ma l'abbracciare simili giustificazioni, in qualunque epoca, conduce direttamente all'Inferno. È Gesù a dircelo nel Vangelo:

> Via, lontani da me, maledetti, nel fuoco eterno, preparato per il diavolo e per i suoi angeli. Perché ho avuto fame e non mi avete dato da mangiare, ho avuto sete e non mi avete dato da bere; ero forestiero e non mi avete ospitato, nudo e non mi avete vestito, malato e in carcere e non mi avete visitato (*Mt* 25,41-43).

Le radici sataniche di Hitler

> Lo Stato deve [...] fare in modo che solo chi è sano generi figli, che sia scandaloso il mettere al mondo bambini quando si è malati o difettosi. [...] Deve dichiarare incapace di generare chi è affetto da visibile malattia o portatore di tare ereditarie [...]. Chi non è sano e degno di corpo e di spirito non ha diritto di perpetuare le sue sofferenze nel corpo del bambino.[10]

Così Hitler sosteneva già nel 1925, in *Mein Kampf*, la necessità di una purificazione razziale. Idea che trovava supporto nelle teorie darwiniste di evoluzione e selezione naturale delle specie. Darwin aveva individuato nella costruzione di ospedali per malati di mente e infermi di vario tipo, così come nelle leggi a sostegno degli indigenti, un ostacolo all'evoluzione umana, un intervento che avrebbe indebolito la razza sino a provocarne l'autodistruzione. Sulla base di questa concezione, al principio degli anni Venti, anche in Inghilterra e negli Stati Uniti, furono presentate leggi per la sterilizzazione coatta di soggetti con tare genetiche. Una tendenza che per fortuna poi si spense, per una serie di ragioni complesse, tra le quali fu determinante l'esistenza di un confronto democratico per far riflettere la pubblica opinione sull'iniquità di misure di questo tipo. Ma in Germania, con la nascita del Terzo Reich, non vi fu alcun argine. E ciò fu strettamente legato alla perso-

[10] Adolf Hitler, *La mia battaglia*, Bompiani, Milano 1940, p. 44.

nalità e alle convinzioni intime di Adolf Hitler. Ha scritto di lui Basilea Schlink:

> Egli era al corrente degli insegnamenti segreti che costituiscono le basi della Nuova Era. [...] Dedito all'occulto e medium [...] era affascinato dal mondo degli spiriti [...]. Come il movimento della Nuova Era, egli parlava di una nuova epoca, il "Regno dei Mille anni", che doveva fondarsi sull'occulto. Hitler odiava gli ebrei e i veri cristiani: anche se all'inizio, per sedurre, aveva parlato di un "cristianesimo positivo", il suo vero obiettivo era quello di sostituirsi a Dio.[11]

Da ventenne, il futuro Hitler aveva aderito con entusiasmo alla Thule-Gesellschaft, una società esoterica fondata nel 1910 da Felix Niedner e così chiamata dal nome dell'isola greca narrata dall'esploratore greco Pitea e considerata la leggendaria terra d'origine del popolo tedesco. Nei tratti essenziali di questa società si ravvisava una sorta di miscuglio di teosofia, paganesimo nordico, antisemitismo e mistificazione dell'alfabeto runico, elementi leggendari legati al Sacro Graal. La Thule inoltre abbracciava con convinzione le teorie di Karl Haushofer, docente universitario, considerato tra i fondatori della geopolitica, appassionato sostenitore della "grande Germania" e dell'espansionismo a est, per acquisire uno "spazio vitale" che avrebbe poi garantito il dominio sul mondo intero. Queste idee si legavano alle teorie di un singolare monaco cistercense, espulso dalla Chiesa cattolica, Adolf Lanz von Liebenfels, fondatore dell'Ordine dei nuovi templari, una setta che predicava l'esistenza di una razza superiore, erede degli ariani, ritenuti semidei ai quali era affidato il compito di liberare la terra dagli ebrei.

La Thule aveva attinto, alterandone gli insegnamenti, anche al buddismo tibetano e alle dottrine occultistiche di Helena Petrovna Blavatsky, la celebre medium fondatrice della Società teosofica internazionale, che affermava di comunicare telepaticamente con gli antichi "maestri scono-

[11] Basilea Schlink, *La Nuova Era*, New Age, Pescara 1980, p. 21.

sciuti", sopravvissuti di una razza eletta che sarebbe vissuta tra Tibet e Nepal, rifugiatisi in seguito a una spaventosa catastrofe nelle viscere della terra, dove avrebbero fondato una straordinaria civiltà sotterranea, la mitica Agarthi. Anche gli appartenenti alla Thule cercavano il dialogo con questi "maestri", attraverso la telepatia e una serie di riti occulti e pratiche di magia che si tenevano di solito in boschi vicino a corsi d'acqua, per poter ricostituire la razza superiore. Nella Thule il Sole aveva un ruolo primario come simbolo sacro degli ariani, in contrasto con la Luna riverita dal popolo ebreo. Si praticavano sia l'adorazione a Satana sia la magia nera, cardini della "fraternità". La società era aperta solo a uomini di un certo ceto sociale, in grado, col proprio ruolo, di favorire l'avvento al potere della razza superiore: giudici, capi di polizia, avvocati, industriali, professori universitari, aristocratici, medici, chirurghi, scienziati.

Scrisse Peter Levenda dei suoi adepti, nel 1918: "La Thule, società mistica [...] si riunisce ogni sabato nelle ampie sale dell'elegante hotel Vier Jahreszeiten di Monaco. In città i membri sono all'incirca duecentocinquanta, ma in Baviera se ne contano più di millecinquecento".[12]

Hitler fu iniziato alla società Thule nel 1919 da Dietrich Eckart, che allora ne era il leader, e al quale sette anni dopo dedicherà il *Mein Kampf*.[13] Eckart stesso, nel 1923, sul letto di morte, avrebbe detto del futuro dittatore: "L'ho iniziato alla Dottrina Segreta e ho aperto i suoi 'centri' alla visione. Gli ho trasmesso i significati per comunicare con i Poteri. Non piangete per me: io avrò influenzato la storia più di ogni altro tedesco".[14]

Eckart, che raccontava agli altri adepti di aver ricevuto personalmente una sorta di annunciazione satanica in cui

[12] Peter Levenda, *Satana e la svastica. Nazismo, società segrete e occultismo*, Mondadori, Milano 2005, p. 30.

[13] Jean Michel Angebert, *The Occult and the Third Reich*, MacMillan, New York 1974, p. 9.

[14] Jim Marrs, *Rule by Secrecy. The Hidden History that Connects the Trilateral Commission, the Freemasons, and the Great Pyramids*, Harper Collins, New York 2001, pp. 160-161.

gli era stato chiesto di "preparare il veicolo dell'Anticristo, un uomo ispirato a Lucifero, destinato a conquistare il mondo e a condurre alla gloria la razza ariana", fiutò subito in Hitler il discepolo "ben diverso" di cui era in cerca.[15]

Sotto la guida di Dietrich, l'oscuro "amico paterno", il giovane Adolf studiò, quasi in *full immersion*, la storia dell'antica Roma, le religioni e filosofie orientali, lo yoga, ma divorò anche testi di occultismo, ipnotismo e astrologia e prese a frequentare i riti di magia nera aperti da Eckart solo a pochissimi "eletti", che avevano sostituito la croce con la svastica. Nel 1920, appena un anno dopo l'iniziazione alla Thule, Hitler assunse la guida di un partito nazionalista, il Partito dei lavoratori tedeschi, che trasformò in Partito nazionalsocialista tedesco dei Lavoratori (NSDAP): Eckart fu tra i primi aderenti. Una volta completata la sua ascesa al potere, nel 1933, il Führer sopprimerà, assieme ad altre società esoteriche, la Thule, inviandone, pare, alcuni adepti nei campi di concentramento. Diversi studiosi, tuttavia, hanno sottolineato come quest'operazione fosse una sorta di messa in scena, per far credere morta la Thule e impedire che altri potessero acquisire conoscenze esoteriche "superiori", mentre i massimi esponenti venivano inseriti nei gangli dello stato nazista e la sua attività continuava sotto l'unità segreta SS E-IV (*Entwicklungsstelle* 4), il nucleo di ricerca tecnica delle SS.

La vicenda del giovane Hitler e del suo sinistro guru, se si considera quale aberrante evoluzione avranno le ideologie antisemitiche ed eugenetiche del nazismo, rende drammaticamente evidente quali possano essere gli effetti dell'inganno diabolico che porta a negare a uno o più gruppi di persone la dignità umana. Ci si chiede ancora oggi come abbia potuto attecchire un disegno politico e sociale tanto assurdo e folle, la cui autentica e tetra radice fu la convinzione della superiorità della "razza" tedesca rispetto agli altri popoli e in particolare gli ebrei, visti come razza infe-

[15] Trevor Ravenscroft, *Hitler e la lancia del destino*, Edizioni mediterranee, Roma 2003, p. 116.

riore da annientare, e il proposito di dar vita a una "razza" pura, in grado di avere potenzialità che andassero al di là del limite umano. Un proposito luciferino, concepito da una creatura che si sente creatore e nega Dio, e abbracciato con convinzione da altri gerarchi, come Heinrich Himmler, l'ideatore dei lager, campi di sfruttamento, in cui erano pratica quotidiana la detenzione iniqua, la tortura e la negazione della vita.

"Le vite indegne di essere vissute"

La luce sapientemente illuminava dal basso i volti cavati. Così i giovani ammalati di mente, o affetti dalla sindrome di Down, apparivano spettrali, emaciati, sgradevoli alla vista, con lo sguardo perso nel vuoto, e i capelli rasi a zero, in modo da evidenziare anche la minima deformità del cranio. Lo sfondo era buio, oppure, quando le riprese erano all'aperto, mostravano movimenti scomposti, sorrisi vacui, bocche che mangiavano voracemente. Ogni sforzo della regia cinematografica era proteso a mostrarli come creature mostruose e a provocare un sentimento di disgusto, misto a pietà, mentre la voce fuori campo spiegava come "lo sbaglio" di mantenere o assistere quei soggetti avesse alterato la legge di selezione naturale della specie e sovraccaricasse "inutilmente" le finanze dello Stato. I film di propaganda come *Opfer der Vergangenheit* ("Vittime del passato") o *Das Erbe* ("L'eredità"), diffusi a partire dal 1935, furono lo strumento propedeutico al folle progetto eugenetico concepito dal nazismo contro le "vite indegne di essere vissute", come recitava lo slogan inventato personalmente da Hitler. In un manuale distribuito alla Hitler-Jugend, la Gioventù hitleriana, si poteva leggere:

> La maggior parte di questi malati genetici ed esseri inferiori sono completamente incapaci di stare al mondo. Non possono mantenersi da soli, devono essere presi in cura dalle istituzioni. Ciò costa allo Stato enormi somme ogni anno. Anche su questo punto è necessario portare delle cifre. I costi per un degente di istituto malato geneticamente sono otto

volte superiori rispetto a quelli di una persona sana. Un bambino idiota costa quanto quattro o cinque bambini sani. Il costo per otto anni di istruzione normale è di circa 1000 marchi. L'istruzione di un sordomuto costa circa 20.000 marchi. In tutto il Reich tedesco si spende circa 1,2 miliardi di marchi ogni anno per la cura e il mantenimento di cittadini con malattie genetiche.[16]

Film e opuscoli di regime sulla inutilità e la dispendiosità di disabili e ammalati servivano a convincere la pubblica opinione che sopprimerli sarebbe stato un "bene" per loro stessi e per la collettività intera. Queste "opere" divulgative furono il supporto propagandistico del progetto *Aktion T4*, un programma segreto studiato nei minimi particolari, che precorrendo la *Shoah* si proponeva l'eliminazione dei disabili gravi in tutto il Reich e nei territori occupati. Le vittime accertate di questo piano furono ben 80.000 fra il 1940 e il 1941.

Già nel 1935 Hitler aveva promesso al capo dei medici del Reich, Gerhard Wagner, che, una volta avviata la guerra, avrebbe attuato un programma eugenetico senza esitare a ricorrere all'eutanasia di massa. E fu di parola: nel 1939 – alla vigilia dell'invasione della Polonia – si iniziò con l'eutanasia infantile, per poi passare alla soppressione programmata di tutti i disabili.

Le prime "politiche di igiene" erano state attuate dal nazismo poco dopo l'avvento al potere: il 14 luglio 1933 fu discussa dal Parlamento "La prevenzione della nascita di persone affette da malattie ereditarie", che prevedeva la sterilizzazione coatta per diverse categorie di persone: minorati mentali, schizofrenici, epilettici, ciechi, sordi, affetti da corea di Huntington. Si calcola che tra il 1933 e il 1939 siano state sterilizzate tra le duecento e le trecentocinquantamila persone.

Il regime, inoltre, utilizzò la sterilizzazione come provvedimento punitivo nei confronti dei nemici politici. Nel

[16] Michael Burleigh e Wolfgang Wippermann, *Lo stato razziale. Germania 1933-1945*, Rizzoli, Milano 1992, p. 141.

1938 cominciò la soppressione dei bambini considerati indegni di vivere e nel 1939 il ministero degli Interni ordinò che i dottori e le ostetriche che lavoravano negli ospedali tedeschi riferissero tutti i casi di bambini (di età inferiore ai tre anni) nei quali fosse sospetta una delle seguenti gravi malattie ereditarie: idiozia e sindrome di Down (specialmente se associata a cecità o sordità); macrocefalia: idrocefalia, malformazioni di ogni genere soprattutto agli arti, la testa e la colonna vertebrale; inoltre le paralisi, incluse le condizioni spastiche.[17]

Le segnalazioni venivano valutate da una speciale commissione composta da tre membri che, in caso di parere unanime, decretava la soppressione del bambino segnalato. I genitori venivano informati che i loro figli sarebbero stati portati in "sezioni speciali" dove avrebbero ricevuto cure all'avanguardia. Invece, in questi centri venivano uccisi con un'iniezione letale dopo alcune settimane di osservazione. I certificati di morte, però, di solito riportavano come causa del decesso una "polmonite".

Dal 1939 in poi l'igiene razziale cominciò a essere attuata anche nei confronti degli adulti e su larga scala. Hitler parlò di "morte pietosa" per i pazienti incurabili, poi mise in opera la macchina propagandistica. All'inizio dell'ottobre di quell'anno tutti i presidi sanitari ebbero l'obbligo di censire su un apposito modulo tutti i pazienti ricoverati da cinque o più anni, i "pazzi criminali", i "non ariani" e coloro ai quali era stata diagnosticata una delle patologie schedate. Come per i bambini, le schede venivano esaminate da una commissione che operava a Berlino negli uffici al numero 4 di Tiergartenstrasse. Di qui la sigla T4. Nel giro di pochi anni, così come alla legislazione sulla sterilizzazione forzata dei portatori di handicap aveva fatto seguito quella contro gli ebrei e gli zingari, l'assassinio di massa dei disabili fu seguito a ruota da quello delle due minoranze etniche.

[17] R. Talmelli, *Ecco io vedo i cieli aperti* cit., p. 192.

Il cugino di Benedetto XVI vittima del T4

Nel 1937 la famiglia Ratzinger si era trasferita definitivamente a Traunstein, cittadina bavarese a 30 chilometri da Salisburgo. Il fratello del futuro pontefice, Georg, manifestava già grande passione per la musica e per primo entrò in seminario; la sorella Maria frequentava la scuola media dalle suore francescane; il piccolo Joseph Aloisius faceva spesso lunghe passeggiate col padre appena pensionato, che sente, in quel periodo, particolarmente vicino. Hitler aveva ormai perfezionato, in modo crudele, la sua dittatura ed era pronto a sferrare l'attacco al mondo. L'opposizione del padre di Joseph al nazismo, fin dagli albori, si stava dimostrando lungimirante. Ha spiegato monsignor Georg Ratzinger: "Capì subito che il nazionalsocialismo sarebbe stato una catastrofe e che non era solo un grande nemico della Chiesa ma più in generale di ogni fede e di ogni vita umana".[18] Sia Georg sia il fratello Joseph furono costretti ad arruolarsi nella Hitler-Jugend, episodio che all'inizio del pontificato di Benedetto XVI certa stampa scandalistica, complice anche una vecchia foto, cercò, invano, di strumentalizzare. Racconterà il fratello del pontefice, monsignor Georg Ratzinger:

> Lo Stato aveva disposto che tutti i ragazzi delle scuole, in base alla loro età, dovessero iscriversi a determinati gruppi giovanili. Quando divenne obbligatorio, venimmo iscritti in blocco. Non c'era libertà di scelta e il non presentarsi avrebbe avuto certamente delle conseguenze negative. Mio fratello però non frequentava questi raduni e non si presentava agli appelli. Questo comportò un danno economico per la mia famiglia in quanto non beneficiò più dello sconto sulle tasse scolastiche.[19]

Ma quanto inique e menzognere siano state le voci su improbabili suggestioni di gioventù per il nazismo da parte di papa Benedetto è confermato anche da un dramma che il folle disegno eugenetico del Terzo Reich provocò nella sua fa-

[18] Andrea Tornielli, *Mio fratello papa Ratzinger (che voleva fare l'imbianchino)*, in "Il Giornale", 28 settembre 2008.
[19] *Ibid.*

miglia, segnandone profondamente la sensibilità. Nel 1941, un cugino di Ratzinger, figlio di una zia materna, affetto da sindrome di Down, fu strappato con la forza ai suoi genitori dalle SS e condotto in un campo di sterminio, dove fu ucciso, insieme con altre vittime di *Aktion T4*. Ad accennarlo fu lo stesso Benedetto XVI, quand'era cardinale, nel novembre del 1996, in occasione di un convegno sulle malattie mentali, spiegando come questa vicenda avesse fatto scaturire in lui, appena quattordicenne, un "nuovo sgomento", ancora più forte del terrore della guerra, nonché la netta percezione di quale intensa crudeltà fosse pervaso il nazismo. L'eliminazione dei "disabili mentali", pianificata dal Terzo Reich con l'*Aktion T4*, infatti era sconosciuta alla gente, che la scoprì solo vedendo sparire, uno per uno, i bambini portatori di handicap. E il cuginetto down di Ratzinger fu tra i primi di cui si persero le tracce. Viveva in un villaggio bavarese dalle parti di Passau, Marktl am Inn, dove nacque il papa:

> "Una delle nostre zie era madre di un robusto figliolo, che era qualche anno più giovane di me [...] suscitava simpatia. Fu ordinato che egli dovesse essere portato in un ricovero". Poco dopo ai genitori "giunse la notizia che il bambino era morto di polmonite e il suo corpo era stato cremato". Forse i parenti vollero crederci. Ma per poco, perché in breve tempo i casi analoghi "si moltiplicarono" a dismisura. Una vedova che era rimasta senza figli, ricordò l'allora cardinale Ratzinger, iniziava a vaneggiare e quasi non mangiava più "perché temeva di restare senza cibo. Non ci poteva essere alcun dubbio circa quanto stava accadendo: si trattava di una sistematica eliminazione di tutti coloro che non erano considerati come produttivi". La "gelida freddezza" di quelle uccisioni "umiliava e minacciava noi stessi. Nel timore che tutti bloccava fu allora come una liberazione quando il cardinale Von Galen [Clemens August, detto il "Leone di Münster", che verrà da lui proclamato beato nel 2005] levò la sua voce e ruppe la paralisi del timore, per difendere nei disabili mentali l'uomo stesso immagine di Dio".[20]

[20] Joseph Ratzinger, *Così il nazismo eliminò mio cugino down*, in "Corriere della Sera", 29 novembre 1996.

In effetti, oggi è storicamente accertato che una sorte simile a quella del cugino del pontefice subirono decine di migliaia di disabili e malati psichici del Terzo Reich, moltissimi dei quali trovarono la morte ad Alkoven, nel castello rinascimentale di Altheim, in Alta Austria, a poca distanza da Braunau, cittadina che diede i natali a Hitler. Qui, dal 1939, venne istituito un centro di sterminio "sanitario", con camere a gas e forni crematori, specializzato nell'eliminazione di "soggetti difettosi", diretto dal dottor Rudolf Lonauer.

La "ferita" inflitta nell'animo sensibile del giovane Joseph con il rapimento e la soppressione fisica del cugino down spiega anche il particolare ardore con cui Ratzinger, da teologo, vescovo, cardinale e poi pontefice, si è sempre opposto all'eutanasia, arrivando all'ormai famosa formulazione del "principio non negoziabile" della difesa della vita umana "dal concepimento alla sua morte naturale". Questo passaggio del discorso di Benedetto XVI, pronunciato alla Hofburg di Vienna, durante il viaggio in Austria del settembre del 2007, svelò tutta la sua sensibilità verso il tema della dignità della persona e l'intangibile valore della vita, anche se segnata dalla disabilità o dalla sofferenza. "Una grande preoccupazione" disse "costituisce per me anche il dibattito sul cosiddetto 'attivo aiuto a morire'. C'è da temere che un giorno possa essere esercitata una pressione non dichiarata o anche esplicita sulle persone gravemente malate o anziane, perché chiedano la morte o se la diano da sé. La risposta giusta alla sofferenza alla fine della vita è un'attenzione amorevole, l'accompagnamento verso la morte – in particolare anche con l'aiuto della medicina palliativa – e non un 'attivo aiuto a morire'".[21]

Gli esorcismi "a distanza" sul Führer

L'oscuro trasporto giovanile del Führer per occultismo, esoterismo e magia nera era proseguito negli anni. Nei dodici anni di Terzo Reich, Hitler e il suo più stretto entoura-

[21] Benedetto XVI, Viaggio apostolico in Austria, incontro con le autorità e il corpo diplomatico, 7 settembre 2007.

ge prima di decisioni politiche importanti celebravano riti pseudoreligiosi o si affidavano alla cartomanzia e altre pratiche divinatorie, a partire dalla simbologia magica dell'alfabeto delle rune. Teatro di queste sedute segrete era il castello di Wewelsburg, circondato dalla foresta a nord del Reno. Senza precisi riscontri documentali, abbondano tuttavia le più disparate e fosche testimonianze su queste attività e sulle modalità con cui si tentava di ricreare l'antica "razza" ariana, facendo unire sessualmente uomini e donne dai tratti teutonici, per dar vita al popolo dei superuomini tedeschi, con bambini da sequestrare alla nascita e allevare secondo un programma di regime.

La folle ricerca della superiorità razziale si spinse sino a esperimenti sugli abitanti del Tibet per comprovare il legame etnico-genetico col popolo tedesco, agli scavi nel sottosuolo tibetano per scoprire le tracce del mistico regno di Shambhala, abitato da ariani semidei portatori di luce, o quelli nel deserto dei Tartari sulle tracce della leggendaria Agarthi. Non tutti i gerarchi avevano lo stesso folle trasporto di Hitler per la "fede di Stato" propagata dal nazismo, ma tutti erano convinti che fosse giusto innalzarne sempre più la figura, facendolo assurgere a una caratura "messianica", salvatore di un intero popolo. Una delle frasi più ricorrenti nella Germania di quell'epoca era: "Un giorno si dirà: 'Cristo fu grande, Adolfo Hitler è stato più grande'".[22]

Parole blasfeme e sinistre, che mostrano in pieno l'effetto luciferino del disegno hitleriano. Hitler si sentiva davvero un dio in terra, investito di una missione sovrannaturale, ed era così ossessionato da questa fanatica convinzione, che tentò di creare coi suoi più fidati collaboratori un legame sempre più forte con il mondo ultraterreno. Ecco perché a Wewelsburg si tenevano periodiche sedute spiritiche durante le quali il dittatore non esitava a evocare entità malefiche. Simili voci arrivarono anche all'orecchio di papa Pio XII, il quale, peraltro, aveva già colto nelle evidenti e oggetti-

[22] Corrado Balducci, *Adoratori del diavolo e rock satanico*, Piemme, Casale Monferrato (Al) 1991, p. 127.

ve conseguenze nefaste del regime nazista l'influenza del Diavolo. Fu per questo che Pacelli tentò, allo scoppio della Seconda guerra mondiale, di esorcizzare Hitler a distanza.

Colpito in modo sinistramente simile a Benedetto XVI da menzogneri sospetti di simpatia per il nazismo e per il suo fondatore, descritto da autori come il britannico John Cornwell come "il papa di Hitler", Pio XII fu così poco "affascinato" dal dittatore di Berlino da riconoscere in lui una possessione diabolica. Così è emerso da diverse testimonianze, ora agli atti del processo di beatificazione. In realtà quale fosse la vera opinione di Eugenio Pacelli sul Führer era chiaro da tempo. Suor Pascalina Lehnert, la religiosa che lo accudiva, ha raccontato, sotto giuramento, e ben prima che tenessero banco le polemiche sul presunto atteggiamento di condiscendenza al nazismo, che già nel 1929, lasciando Berlino per Roma dove sarebbe stato creato cardinale e nominato segretario di Stato, il futuro papa esternava ansia per il futuro dei tedeschi:

> Un pensiero angoscioso turbava il nunzio alla sua partenza dalla Germania: il continuo progredire del nazionalsocialismo. Come era stato perspicace già allora nel giudicare Hitler e quante volte aveva messo in guardia il popolo tedesco dal tremendo pericolo che lo minacciava! Non gli volevano credere. Personalità di ogni ceto e di ogni classe gli fecero capire al momento del suo congedo ciò che essi attendevano da Hitler: l'ascesa e la grandezza della Germania. Una volta io chiesi al nunzio se non pensava che quest'uomo potesse avere in sé qualcosa di buono e... potesse, forse, aiutare il popolo tedesco. Il nunzio scosse il capo e disse: «Dovrei sbagliarmi di grosso pensando che tutto questo possa andare a finire bene. Quest'uomo è completamente invasato; tutto ciò che non gli serve, lo distrugge; tutto ciò che dice e scrive, porta il marchio del suo egocentrismo; quest'uomo è capace di calpestare i cadaveri e di eliminare tutto ciò che gli è d'ostacolo. Non riesco a comprendere come tanti in Germania, anche tra le persone migliori, non lo capiscano e non sappiano trarre insegnamento da ciò che scrive e che dice».[23]

[23] Andrea Tornielli, *Hitler satanista e l'esorcismo del Papa*, "30 giorni", n. 1, 2002.

Dunque, negli anni seguenti, dopo l'elezione a pontefice nel marzo del 1939, Pacelli non fece altro che mettere a fuoco ancor più la sensazione iniziale, arrivando a ritenere Hitler un vero indemoniato, come ha testimoniato anche uno dei nipoti del papa. Durante le fasi più crudeli della Seconda guerra mondiale e dell'Olocausto, Pio XII tentò più volte di "liberare" l'anima del Führer dal Diavolo, con tutte le invocazioni previste nel rito dell'esorcismo. Consapevole del fatto che per l'effetto dello stesso sarebbero state necessarie la presenza e il consenso del diretto interessato, il papa, con slancio d'immensa ed estrema fiducia nel Signore, tentò quest'arma d'amore e misericordia divina contro il male che da quell'anima persa dilagava seminando orrore e violenza. Al di là delle pratiche occultistiche cui era aduso, la possessione del Führer emergeva dalla sua perfidia umanamente incomprensibile: non poteva spiegarsi tanta malvagità, tanto cinismo, tanto bieco egoismo senza una forza superiore oltre la natura dell'uomo.

La notizia dei ripetuti esorcismi "a distanza" è stata confermata ufficialmente da Peter Gumpel, gesuita tedesco, postulatore della causa di beatificazione di Pio XII, durante un dibattito all'Almo collegio Capranica, nel 2002:

> Queste testimonianze agli atti del processo canonico sono coperte dal segreto. Ce ne sono diverse che parlano dell'episodio e riferiscono che il Pontefice tentò più volte questi esorcismi. Non è un fatto da enfatizzare in sé, è soltanto un particolare. Ma è utile per comprendere che cosa davvero Pio XII pensasse di Hitler e quanto false siano quelle ricostruzioni pseudo-storiche che oggi vorrebbero presentarcelo come un Papa filonazista, addirittura amico del Führer.[24]

Ne fu invece così poco amico da appoggiare direttamente il tentativo di rovesciarlo messo in atto da alcuni ufficiali tedeschi nel novembre del 1939. Un vero e proprio golpe, per il quale Pio XII si espose parecchio facendo personalmente da tramite fra i congiurati e il governo britannico.

[24] *Ibid.*

Ha scritto lo storico Owen Chadwick: "Il papa mise a rischio il destino della Chiesa in Germania, Austria e Polonia, e forse rischiò anche di più. Probabilmente rischiò la distruzione dei gesuiti tedeschi [...] Si fece carico di questo grosso rischio unicamente perché la sua esperienza politica vide che, per quanto questo piano andasse incontro a un verosimile fallimento, era probabilmente la sola possibilità superstite per fermare l'imminente invasione dell'Olanda, della Francia e del Belgio, per impedire infiniti spargimenti di sangue, e per riportare la pace in Europa".[25]

L'ultima regina d'Italia, Maria José di Savoia, in stretto contatto con Pacelli tra il 1938 e il 1943, conservava una fitta documentazione di tutte le iniziative congiunte adottate per salvare numerose famiglie ebree.[26]

Non a caso il collerico, invasato capo del Terzo Reich nutriva una profonda avversione verso Pacelli, tanto che in un rapporto datato 30 settembre 1941 il nunzio apostolico in Francia, Valerio Valeri, riferì ai suoi superiori della segreteria di Stato riguardo a un colloquio riservato tra Hitler e Francisco Franco nel quale era emerso che il "cancelliere del Reich aveva asserito che il Santo Padre era un suo nemico personale".

Le preghiere elevate con fiducia da Pio XII di fronte a un insieme inaudito di efferatezze, che avrebbero comunque potuto far dubitare di un imminente prevalere del male e di un futuro disastroso per l'intera umanità, si basavano su una certezza che dovrebbe animare ogni credente. La Schlink l'ha sintetizzata così con rara efficacia: "Tutto ciò che porta impresso il sigillo di Lucifero e quindi viene da Satana è condannato alla rovina", anche "quando sembra incamminarsi verso la vittoria".[27]

Gli aspetti occultistici che furono propri del nazismo continuano a ispirare sette e pratiche esoteriche anche nei nostri

[25] *Ibid.*
[26] Cfr. Luciano Regolo, *La regina incompresa. Tutto il racconto della vita di Maria José di Savoia*, Simonelli, Milano 2001.
[27] B. Schlink, *La Nuova Era* cit., p. 22.

giorni. Se ne è avuta drammatica contezza in una vicenda accaduta a Monza nel luglio del 2013, quando i carabinieri, facendo irruzione nell'appartamento di una coppia in una palazzina alla periferia della città, si sono trovati di fronte un uomo, un bancario cinquantaduenne, e una donna, una casalinga quarantatreenne, che urlavano strane invocazioni in presenza della figlia tredicenne. Gridavano i nomi di divinità germaniche come Odino, ma anche di Hitler, assieme a propositi folli di distruzione e sterminio generali. Sul pavimento c'erano attrezzature per sedute spiritiche, altri oggetti magici e flaconi semivuoti di solvente, forse usato per propiziare lo stato "alterato".

Le tenebre del totalitarismo comunista travestite di luce

È giusto richiamare costantemente l'attenzione sulle malvagità hitleriane perché, sviscerandone le cause, non si ripetano mai più. Ma altrettanta attenzione dovrebbe dedicarsi ai crimini perpetrati dai regimi comunisti nel ventesimo secolo in diversi Paesi del mondo. A rendere meno "risonante" tale violenza è stata certamente l'accesa tensione ideologica verso una società migliore e più equa, propria del "socialismo reale". Il fatto che le teorie marxiste potessero paragonarsi a una "sorta di vangelo senza Dio" ha contribuito a occultare i crimini perpetrati dalle dittature comuniste. Il travestimento "da angelo di luce" ha avuto più effetto proprio per l'adozione di valori e tematiche tipicamente cristiani: la denuncia dello sfruttamento dei poveri e del lavoro degli operai, peccati che da sempre, come scrisse san Pio X, "gridano vendetta al cospetto di Dio".[28]

> Le ragioni di questo occultamento – hanno osservato Courtois e Werth – sono molteplici e complesse. Innanzitutto, la classica e costante volontà dei carnefici di far scomparire le tracce dei loro crimini e di giustificare ciò che non poteva-

[28] Cfr. Pio X, *Catechismo della dottrina cristiana*, d. 146, Tipografia Poliglotta Vaticana, Roma 1912; CCC, n. 1867.

> no nascondere. Il rapporto segreto di Chruščev del 1956, che ha costituito la prima ammissione dei crimini da parte dei dirigenti comunisti stessi, rimane comunque la confessione di un carnefice che tenta allo stesso tempo di smascherare e di coprire i propri crimini – come capo del Partito comunista ucraino al culmine del terrore – attribuendoli unicamente a Stalin e giustificandosi con la scusa dell'obbedienza agli ordini; di occultarne la maggior parte [...]; di minimizzarli [...] e infine di giustificare la continuità del sistema con gli stessi principi, le stesse strutture, gli stessi uomini.[29]

L'arte della propaganda, negli Stati comunisti, raggiunse livelli sempre più sofisticati, anche attraverso le tecniche linguistiche: i campi di concentramento si trasformarono in "campi di rieducazione", i prigionieri in "studenti" e i carnefici in "educatori" protesi a far emergere dagli individui della vecchia società "uomini nuovi". Con lo stravolgimento del linguaggio si arrivò persino a utilizzare la forza delle critiche rivolte ai loro metodi terroristi per rovesciarle a proprio vantaggio, "rinsaldando ogni volta le file dei loro militanti e simpatizzanti con il rinnovo della fede comunista".[30]

Il numero complessivo e approssimativo delle vittime mietute nei Paesi del cosiddetto "blocco comunista" mette i brividi: quasi 100 milioni di persone, di cui 65 in Cina e 20 nell'URSS, gli altri 15 milioni tra Europa, Asia, Africa e America. Un bilancio quattro volte superiore a quello provocato dal nazismo che, secondo le stime più accreditate, causò la morte di circa 25 milioni di persone. Eppure se n'è sempre parlato di meno, per via di uno strisciante imbarazzo, della paura di essere tacciati di reazionarismo o di oscurantismo. Ma non si tratta di demonizzare un partito né i principi di equità sociale, al contrario bisogna cogliere in certe astuzie propagandistiche e negli effetti nefasti di certi inganni ideologici l'azione prodigiosa del demonio nella storia, come già nel 1931 Pio XI aveva ammonito:

[29] Stéphane Courtois *et al.*, *Il libro nero del comunismo*, Mondadori, Milano 1998, p. 18.
[30] Ivi, p. 20.

> È insito nell'insegnamento del comunismo un doppio obiettivo, che esso persegue [...] con tutti i mezzi anche i più violenti: una lotta di classe implacabile e la totale scomparsa della proprietà privata. Nel perseguire questo scopo, non c'è nulla che non osi, nulla che rispetti; laddove ha preso il potere, si dimostra selvaggio e disumano a un livello che si stenta a credere e che ha del prodigioso, come testimoniano i terribili massacri e le rovine che ha accumulato in immensi Paesi dell'Europa Orientale e dell'Asia.[31]

Diversi studiosi hanno colto segnali di "sindromi messianiche" e trasporti giovanili tenebrosi nel teorizzatore dell'ateismo di Stato, Karl Marx. Slanci non dissimili a quelli che possono riscontrarsi nella biografia di Hitler. Inquietanti certi suoi versi da aspirante poeta: "Desidero vendicarmi contro quell'Uno che regna lassù" o, ancora, "Il mio petto è uguale a quello del Creatore".[32] C'è poi il poco conosciuto dramma composto da Marx studente, dal titolo *Oulanem*, titolo ispirato a "Emmanuele" ("Dio con noi"), il nome profetico (Isaia), applicato dall'evangelista Marco (1,23) a Gesù, e che pare richiamare la logica del rovesciamento di simboli e termini sacri tipico del satanismo; ma turbano anche parole come queste:

> Sorgono i vapori infernali e mi riempiono il cervello. Sin che impazzisco e mi si cambia il cuore. Vedi tu questa spada? Me l'ha venduta il principe delle tenebre. Per me batte l'ore e dà i segni. Sempre più audacemente suono la danza della morte.[33]

Anche Adolf Hitler, che covava ambizioni artistiche nella pittura e nell'architettura, aveva evocato esplicitamente pratiche sataniste:

> Nelle notti tempestose vado talvolta Alla quercia di Wotan nel silente giardino Per stringere un patto con le forze oscure [...]. Il chiaro di luna fa apparire caratteri runici Tutti co-

[31] Pio XI, Lettera enciclica *Quadragesimo anno*, 1931.
[32] Karl Marx, *Des Werzweiflenden Gebet* ["Invocazione di un disperato"], in *Das Kapital*, New York, Cerf & Klopfer, The Modern Library 1906, pp. 30-31.
[33] Id., *Spielmann* ["Il giocatore"], ivi, pp. 57-58.

loro che erano straordinari durante il giorno Diventano piccoli di fronte alla formula magica.[34]

Quanto all'anarchico russo Michail Bakunin, fondatore della Lega internazionale dei lavoratori, scrisse un vero e proprio elogio del Diavolo:

> Il maligno rappresenta la ribellione satanica contro l'autorità divina, ribellione nella quale vediamo il germe fecondo di tutte le emancipazioni umane, la Rivoluzione. I socialisti si riconoscono l'un l'altro con le parole: "Nel nome di Colui al quale è stata commessa una grande ingiustizia". Satana è l'eterno ribelle, il primo libero pensatore ed emancipatore dei mondi. Egli fa sì che l'uomo si vergogni della sua bestiale ignoranza e obbedienza; lo emancipa, imprime sulla sua fronte il suggello della libertà e dell'umanità, spronandolo a disobbedire e a mangiare il frutto della conoscenza. In questa rivoluzione dovremo risvegliare il diavolo nelle persone, dovremo attizzare in loro le più basse passioni. La nostra missione è distruggere, non edificare. La passione per la distruzione è una passione creativa".[35]

Foga distruttiva, cinismo ed egoismo "prodigiosi" vennero riconosciuti in Stalin dai suoi più stretti collaboratori, come Lazar' Moiseevič Kaganovič, cognato del dittatore:

> Ho incominciato a capire come Stalin sia riuscito a fare di sé un dio. Egli non aveva neppure una sola caratteristica umana [...]. Anche quando esibiva qualche emozione, nessuna di queste appariva appartenergli. Erano false, come la bilancia sulla cima di un'armatura. E dietro questa bilancia era lo stesso Stalin: un pezzo d'acciaio. Per una ragione o per l'altra, ero convinto che sarebbe vissuto eternamente [...]. Non era affatto umano. Rosa [sua moglie] dice che le ordina di arrampicarsi su un albero, con niente addosso tranne le calze. Ho la sensazione che non sia affatto umano. È troppo insolito per essere un essere uma-

[34] Muller-Schoenhausen, *La soluzione dell'enigma Adolf Hitler*, in Barnaba Maj, *Heimat, la cultura tedesca contemporanea*, Carocci, Roma 2003, p. 37.
[35] Michail Bakunin, *God and the State*, Dover Publications, New York 1970, p. 112.

no regolare, sebbene abbia l'aspetto di un uomo comune. Quale enigma. Ma che cosa sto mai scrivendo? Sono pazzo da legare anch'io?

Stalin descriveva così a Kaganovič i suoi "esercizi spirituali":

> Quando debbo salutare qualcuno, mi rappresento tale persona a quattro zampe, e mi diventa disgustoso. Qualche volta mi sento affezionato a una persona che dovrebbe essere rimossa per il bene della causa. Che cosa pensi che io faccia? Immagino questa persona mentre sta defecando, emanando fetore, flatulenze, vomitando [...]. Più presto cesserà di puzzare su questa Terra, tanto meglio. E cancello questa persona dal mio cuore.[36]

E Milovan Gilas, dirigente comunista iugoslavo di spicco, che conosceva personalmente Stalin, aggiunse:

> Forse non è che il potere demoniaco e l'energia di Stalin consistono in questo, che egli fece che il movimento [comunista] e ogni suo componente arrivassero a uno stato di confusione e di stordimento, creando e assicurandosi così il suo regno della paura?[37]

Nel messaggio affidato ai pastorelli di Fatima, il 13 luglio 1917, la Madonna aveva avvertito che se la Russia non si fosse convertita, avrebbe diffuso "i suoi errori nel mondo promuovendo guerre e persecuzioni alla Chiesa". E vennero le une e le altre.

Come Hitler aveva deciso la condanna a morte di Von Galen, il vescovo che aveva alzato la voce contro l'eutanasia di Stato, poi rinviata a dopo la guerra e "sostituita" con l'internamento di una cinquantina di religiosi, così fu veemente l'attacco alla Chiesa sferrato dal comunismo. Non soltanto nell'URSS, ma anche nei Paesi "satelliti". Il cardinale József Mindszenty fu recluso nel carcere di Budapest, dove fu sottoposto a orrende torture. In Iugoslavia il cardinale Alojzije

[36] Cit. in Richard Wurmbrand, *L'altra faccia di Carlo Marx*, Editrice Uomini Nuovi, Marchirolo (Va) 2008.
[37] Milovan Gilas, *Strani tempi*, "Kontinent", n. 33, p. 25.

Viktor Stepinac, beatificato nel 1998 da Giovanni Paolo II, nel 1946 subì un processo sommario per una presunta "collaborazione con gli ustascia fascisti", uscendone condannato a sedici anni di lavori forzati. In Polonia, sacerdoti e fedeli devoti del cardinale Stefan Wyszyński, del quale è in corso la causa di canonizzazione, furono travolti da arresti e altre vessazioni, tra il 1956 e il 1957. In Cecoslovacchia persino suore e frati furono costretti a vivere in clandestinità.

E lo stesso accadde in Bulgaria dopo che, nel 1952, monsignor Eugenio Bossilkov fu giustiziato *in odium ecclesiae*. Anche in Romania l'attacco alla Chiesa fu particolarmente duro. Il dittatore Nicolae Ceaușescu, stalinista di ferro, incoraggiava il culto della sua personalità, amava essere paragonato ad Alessandro il Grande o a Napoleone e Pericle, o farsi chiamare, significativamente, "il nostro dio laico".

Scrisse san Massimiliano Maria Kolbe: "Questo nostro tempo è l'era dell'Immacolata; il serpente solleva la sua testa in tutto il mondo ma l'Immacolata gliela schiaccerà, nel corso di vittorie strepitose".[38] Proprio dagli oscuri frutti della tirannia rumena nacque un fiore di speranza e redenzione. Infatti, una delle prime vittime delle inique detenzioni disposte dal tiranno, madre Ionela (al secolo Maria Cotoi),[39] fondò durante la prigionia una nuova congregazione religiosa dedicata al Cuore immacolato di Maria. Madre Ionela, poco conosciuta per via della sua ferma volontà di restare nel nascondimento, è una mistica tuttora vivente. Tra il 10 maggio e il 28 luglio 1949 la Cotoi era stata sotto costante osservazione presso la nunziatura apostolica di Bucarest, poi nel monastero di Sant'Agnese, dalla consorella suor Maria Clara, incaricata dal nunzio, monsignor Gerald O'Hara, e in seguito esaminata anche da diversi medici. Nata il 18 aprile 1930 a Bait, nel distretto rumeno di Mures, la suora aveva impresse le stigmate e viveva nel più totale riserbo una serie di fenomeni: visioni sacre, dialoghi con Gesù e la Madonna, le stesse sofferenze della Passione di Gesù sulla

38 Massimiliano Maria Kolbe, *Scritti*, 664.
39 Cfr. Luciano Regolo, *Le lacrime della Vergine*, Mondadori, Milano 2014.

propria pelle, ogni venerdì, e che continueranno ininterrotte nel tempo. Uno degli specialisti che esaminarono madre Ionela, lo psichiatra Sebastian Costantinescu, che fu anche l'unico testimone lasciato in libertà nel processo farsa intentato nel 1951 per spionaggio e tradimento, dal regime di Ceauşescu, contro un folto gruppo di vescovi, sacerdoti, suore e laici cattolici, affermò che i diversi fenomeni da lei vissuti (anche stati d'estasi, astenia totale e capacità di alimentarsi solo con l'eucaristia, insonnia continua, stigmate, sudorazioni ematiche, segni della coronazione di spine ecc.) erano frutto di "alienazione mentale sotto forma di psicosi mistica" e di "automutilazioni".[40]

Quindi, a suo dire, gli ecclesiastici l'avrebbero usata per diffondere idee anticomuniste. Arrestata nel 1950 e poi condannata a morte, la religiosa fu rilasciata solo nel 1964, con la convinzione, da parte dei suoi carcerieri, "che tanto si sarebbe uccisa da sola" rifiutando il cibo. Secondo quanto trapelato solo molti anni dopo, sarebbe stata la Madonna a chiederle nei dialoghi mistici intercorsi durante la prigionia di fondare una congregazione religiosa dedicata al suo Cuore Immacolato, in continuità con le indicazioni celesti di Fatima per arrestare l'attacco del male. In un colloquio intimo col Cristo, la religiosa si sentì dire: "Io sono colui che ha portato il Vangelo nel mondo. Io sono la Buona Novella dal cielo alla terra. La Santissima Trinità ha scelto come Mediatrice della Buona Novella la divina mia Madre. La prima creatura a cui mi donò il padre è proprio lei [...]. O figlia amatissima! Tutto quello che dico in queste meditazioni, a te e a tutte le anime, è anche ciò che la Madre Divina mi ha pregato e mi prega continuamente di comunicarti, e ogni parola mia è anche parola sua, perché il suo Cuore Immacolato è eternamente inseparabile dal mio Cuore Sacratissimo e da tutte le mie azioni di redenzione e di santificazione delle anime".[41]

[40] Eraldo Pintori, *Carcerato in Romania*, La Salette, Assisi 1992, pp. VII e sgg.
[41] Girolamo Grillo (a cura di), *Rinnegare se stesso per vivere in Cristo*, Shalom, Camerata Picena (An) 2009, p. 381.

Per umiltà, madre Ionela, dopo la caduta del comunismo, lasciò il suo ruolo di superiora. Ma nel silenzio continua la lotta contro il Maligno con la preghiera costante e l'adorazione eucaristica insieme alle consorelle. Il convento dove si ritira più spesso è in Transilvania, non distante dai ruderi del castello del crudele "impalatore", il principe Vlad III di Valacchia, meglio noto col patronimico Dracula, meta di ciclici raduni a sfondo satanico che coinvolgono migliaia di ragazzi in arrivo da ogni parte del mondo. Per queste adunate, con una settimana d'anticipo, la mistica incrementa le sue orazioni, come se sapesse già del sinistro appuntamento.

7
Le tenebre dell'intelletto

Come si spiega che in un'epoca caratterizzata da uno sviluppo così ricco del pensiero scientifico e razionale si verifichi una diffusione tanto vasta di attività di genere magico-occultistico? La crescita del fenomeno, almeno in termini generali, può essere collegata a istanze esistenziali come il bisogno di concezioni totalizzanti della vita, in grado di render ragione del mistero che l'avvolge, la richiesta di liberazione dal dolore, dal male e dalla paura della morte, la ricerca di rassicurazioni che consentano di superare situazioni di ansia e di paura, le incertezze del domani e il bisogno di punti di riferimento, specie dopo la caduta del mito illuminista del progresso e il crollo delle ideologie populiste e borghesi. Istanze reali e drammatiche che conducono alcuni a scegliere la scorciatoia di rivolgersi a forme o persone che si presentano sotto l'apparenza del "soprannaturale", attendendo da esse la soluzione agli interrogativi e alle difficoltà del presente.

Va in questa direzione la confusa ricerca di "fatti straordinari e miracolistici" reperibile nello stesso ambiente cristiano; una ricerca che a volte si appella a un falso misticismo o a fenomeni di "rivelazioni private", altre volte arriva addirittura a volgersi a riferimenti demonologici, senza alcuna ragionevole verifica e al di fuori di un'autentica maturità di fede. Tra le cause del diffondersi della magia è infatti da annoverare soprattutto una grave carenza di evangelizzazione, che non consente ai fedeli di assumere un atteggiamento critico nei confronti di proposte che rappresenta-

> no solo un surrogato del genuino senso religioso e una triste mistificazione dei contenuti autentici della fede.
>
> Il fenomeno della magia si presenta, peraltro, come notevolmente diversificato e complesso: si va da forme generiche di superstizione a pratiche magiche di diverso livello, dalla divinazione allo spiritismo fino a gruppi e sette sataniche che organizzano riunioni e messe nere. La sua attuale espansione costituisce un segnale allarmante per il nostro stesso tempo. Come ha giustamente osservato il card. J. Ratzinger: "La cultura atea dell'Occidente moderno vive ancora grazie alla libertà dalla paura dei demoni portata dal cristianesimo. Ma se questa luce redentrice del Cristo dovesse spegnersi, pur con tutta la sua sapienza e con tutta la sua tecnologia, il mondo ricadrebbe nel terrore e nella disperazione. Ci sono già segni di questo ritorno di forze oscure, mentre crescono nel mondo secolarizzato i culti satanici".[1]

Così, in una nota del 1994, la Conferenza episcopale toscana spiegava il dilagare di gruppi esoterici, di pratiche magiche e occultistiche, del ricorso a medium e parapsicologi vari. Un fenomeno che nell'ultimo ventennio è cresciuto ancor più. Di solito si è portati a pensare unicamente al pericolo delle sette sataniche che, per quanto "segrete", presentano ritualità facilmente riconoscibili e quindi possono essere individuate e fermate dalle forze dell'ordine con interventi più rapidi e supporti giuridici più severi. Ma non sempre i gruppi "spersonalizzanti" che spingono gli individui, con tecniche suadenti e falsamente spirituali, al materialismo e all'egoismo, presentano chiari legami col satanismo. Possono presentarsi nelle forme più disparate, promettendo il benessere o il rilassamento totale, l'acquisizione di una maggiore consapevolezza del sé e via dicendo. Da questo punto di vista, autori come la Schlink già nel 1986 individuavano nel movimento mondiale della New Age un nuovo intervento del Diavolo nella storia. A insospettire la studiosa fu un volantino che ricevette per una

[1] CET, Nota pastorale *A proposito di magia e di demonologia*, 1° giugno 1994, nn. 3-4.

meditazione collettiva da tenersi contemporaneamente in tutti i gruppi e centri della Nuova Era a mezzogiorno del 31 dicembre di quello stesso anno. Il testo la inquietò subito:

> Io sono co-creatore con Dio e verranno nuovi Cieli, poiché Dio esprime la sua Buona Volontà sulla terra attraverso di me [...] In verità io sono il Cristo di Dio [...], Dio è tutto e tutto è Dio [...] Io sono la luce del mondo.[2]

I tentacoli della Nuova Era

La Nuova Era è una sintesi di religioni orientali, gnosticismo e spiritismo, basata su insegnamenti esoterici, trasmessi perlopiù per via medianica. Accetta il panteismo, crede nella reincarnazione (idea mutuata da induismo e buddismo) e nella rinascita della magia, "un pilastro della New Age"[3].

Non c'è alcuno spazio, in tale sistema, per il Dio dei cristiani, infatti la vera forza di questo movimento – al quale si ricollegano una serie infinita di gruppi e "associazioni religiose alternative" diffuse in tutta Italia – può ritenersi "soltanto il desiderio di essere adorato come Dio".[4]

Nel grande calderone della Nuova Era dominano l'inganno e la confusione. I confini del bene e del male si sfocano. Quando alla metà degli anni Settanta venne allo scoperto negli Stati Uniti, il movimento, per guadagnare simpatizzanti, abbracciò la causa pacifista e quella ecologica, i progetti contro la carestia e le campagne per la salute e il benessere. Ma i principi "dottrinali" erano spaventosamente simili a quelli della Società teosofica fondata da Helena Petrovna Blavatsky, la medium russa che tanto aveva affascinato il giovane Hitler. La sua erede, Alice Bailey, verrà ritenuta progenitrice della New Age, latrice del "Progetto" di un nuovo ordine del mondo e dell'avvento di un nuovo Messia. Nella filosofia della Nuova Era ogni opposto si riconcilia:

[2] B. Schlink, *La Nuova Era*, New Age, Pescara 1980, p. 6.
[3] Ivi, p. 16.
[4] Ivi, p. 7.

> La scienza e l'occultismo sono messi allo stesso livello. Crolla ogni valore etico: il bene e il male non esistono più. Tutto è uno. Questo spiega la tendenza verso una sintesi di tutte le religioni, [...] la New Age in se stessa è una religione [...] con le sue "sacre scritture", formule di preghiere e mantra, da ripetere durante la meditazione [...]. La New Age professa le azioni di purificazione, cioè l'eliminazione di tutti coloro che non sono d'accordo con gli obiettivi del movimento, l'aborto e l'inseminazione artificiale; la limitazione forzata del nucleo familiare; la manipolazione genetica; il controllo della morte, facendone un culto, un'esperienza euforica, gioiosa, bella e un passaggio a nuovi cicli di vita ininterrotta. [...] Anche la droga, considerata strumento di trasformazione, è ammessa, e ciò rappresenta ovviamente un mezzo che aiuta a fare adepti.[5]

Va rammentato che nel famoso discorso sul Diavolo Paolo VI pose tutte le sostanze stupefacenti tra le fessure "attraverso le quali il Maligno può facilmente penetrare e alterare l'umana mentalità".[6] Tra i simboli più usati dalla New Age ricorre la svastica, simbolo solare indo-germanico dai significati occulti già prediletto da Hitler, ma anche il numero 666, che propizierebbe il processo di civilizzazione, nonché l'arcobaleno, ponte tra l'uomo e il grande spirito universale, segno quindi dell'uomo che vuole essere dio. Le variegate istanze spiritualistiche scaturite dalla New Age hanno creato l'illusione di stati di beatitudine sulla terra o in dimensioni parallele da cui i "neofiti" possono andare e venire senza freni, senza sforzo, tra musiche suadenti o rulli di tamburi, immersioni nella natura, rapporti sessuali senza limiti, pratiche magiche o psicomagiche. Un pot-pourri che, come sottolineato da Roberta Grillo, "nasconde al suo interno un nocciolo duro costituito da panteismo, gnosticismo e occultismo. Nelle fasi più alte, all'aspirante che si affidasse con fede crescente al flusso degli insegnamenti, vengono fatti intravedere, in fondo al buio tunnel dell'ini-

[5] Ivi, pp. 13-16.
[6] Paolo VI, Udienza Generale, 15 novembre 1972.

ziazione, barlumi di luce abbagliante, come il fenomeno della 'totalità cosmica', in cui gli sarà possibile annullarsi o deificarsi".[7]

Ma i fallaci "stati di grazia" promessi dai gruppi esoterici di nuova formazione, solo in apparenza paragonabili alle estasi vissute dai mistici cristiani, sono piuttosto vicini agli stati alterati di coscienza, a certe illuminazioni panteistiche provocate da allucinogeni come il *peyote*, il fungo magico usato dagli sciamani dell'America Centrale.

Il dilagare di esoterismo e religiosità alternative

"Ogni giorno nascono nel mondo nuove sette." È l'allarme lanciato dal cardinale Ratzinger nell'omelia dell'ultimo solenne pontificale celebrato prima del conclave che lo avrebbe eletto papa nel 2005. Il futuro pontefice metteva in guardia dai pericoli di un'epoca confusa e gravida di contraddizioni, un'epoca dominata dall'agnosticismo diffuso e dalla negazione di Dio, dalla morte della fede, "in un crescendo anarchico di culti autonomi e autoreferenziali".[8]

Il vuoto di fede fu indicato tra i fattori scatenanti del proliferare di sette sataniche, gruppi esoterici e pratiche religiose alternative anche dal demonologo Corrado Balducci, assieme alla "cultura atea dell'Occidente", al "neopaganesimo imperante", al "crollo della ragione, che porta all'evasione nell'irrazionale", alla "sfiducia e delusione nella società di oggi con relativi sentimenti di disagio e malumore, istinti di ribellione" e bisogni di fuga, "all'insoddisfazione della propria religione", all'"infatuazione per le religioni orientali e per l'esoterismo in genere".[9]

Ma sono da considerare anche la solitudine, provocata dallo sfaldamento delle famiglie e da ritmi e messaggi do-

[7] Roberta Grillo, *Attenti al lupo. La ricerca della felicità & i Movimenti religiosi alternativi & sette sataniche, con un'appendice sul satanismo*, Ares, Milano 2006, p. 12.
[8] Ivi, p. 5; prefazione di monsignor Diego Coletti, vescovo di Livorno.
[9] Corrado Balducci, *Adoratori del diavolo e rock satanico*, Piemme, Milano 1991, p. 110.

minanti del nostro tempo, l'incremento di psicopatologie come i disturbi depressivi, l'enorme diffusione dell'alcolismo e delle tossicodipendenze che rendono i soggetti sempre più fragili di fronte alla promessa della felicità o del potere.

Inoltre, la perdita di dialogo tra genitori e figli, la possibilità che i minori navighino senza controllo su Internet – spesso con il rischio di imbattersi in siti occultistici o di chattare con scaltri reclutatori – hanno fatto sì che sempre più ragazzi restino irretiti e coinvolti da sette o gruppi esoterici. I giovani "sull'orlo del precipizio", esposti a questi e ad altri rischi, come gli ingannevoli messaggi sul successo facile da raggiungere attraverso scorciatoie e compromessi di ogni tipo, diffusi dalla TV, o l'istigazione all'aggressività propagata da certi videogiochi, furono al centro di numerosi moniti celesti raccolti sia da san Pio da Pietrelcina, sia da Natuzza Evolo.[10]

Tra gli adolescenti negli ultimi decenni è cresciuto a dismisura l'uso di alcol e droghe (in modo particolare degli "acidi" da discoteca), elemento che ricorre nei casi di violenze, delitti e vandalismi a sfondo satanico venuti alla ribalta mediatica. Lo sottolinea don Aldo Bonaiuto, coordinatore del Servizio anti-sette della comunità Giovanni XXIII, fondata da don Oreste Benzi:

> I gruppi estremi, che adorano Satana esplicitamente, sono in forte aumento, soprattutto nel mondo dei giovani e in modo preoccupante in quello preadolescenziale e adolescenziale. Internet è la prima causa di tale involuzione, permettendo a chiunque, e quindi anche al minore, di accedere ai siti e ai circuiti che iniziano alla conoscenza dell'occultismo. Ragazzine di 14 anni aprono blog di stregoneria autoeleggendosi streghe e assumendone i linguaggi e i comportamenti caratteristici; gruppi giovanili sotto i 18 anni si dedicano alla preoccupante sottocultura del vampirismo; altri si riuniscono in gruppi ingerendo sostanze stupefacenti, compiendo atti autolesionistici, simulando il suicidio e l'omicidio, istigando alla violenza in ogni sua forma, imponendosi

[10] Luciano Regolo, *Il dolore si fa gioia – Padre Pio e Natuzza, due vite un messaggio*, Mondadori, Milano 2013, pp. 519 e sgg.

ferree diete alimentari, privandosi del sonno, contrattando segreti che non dovranno mai essere rivelati, impostando simbologie e codici che permettano soltanto al proprio circolo ristretto l'interazione e il riconoscimento.[11]

Lo presenta così, Roberta Grillo, il "campionario delle più rappresentative tra le mille e mille comunità o 'nuove religioni'":

> Sappiamo quanti siano i ragazzi che si perdono nell'illusione – suicida – di raggiungere quel "qualcosa" in fretta, senza fatica, comprandolo sotto forma di pasticche e di droghe sempre meno "leggere". E sappiamo anche come molti di quelli che, grazie a Dio, sono sfuggiti ai richiami della droga, restino inquieti e insoddisfatti, con un vuoto interiore che né gli ideali civili, né la religione tradizionale bastano per loro a colmare. Ora, per ognuno di quelli che non si accontentano di "viver come bruti" – come dice l'Ulisse dantesco – la spinta a cambiare, a scoprire cose nuove, è sempre la stessa, quella che viene da dentro, da una sete indefinita. È qui il punto di partenza [...]. Ed è qui che scattano tutta una serie di rischi [...]. Ogni movimento, infatti, tende a far sempre nuovi adepti, diffondendo libri, opuscoli, annunci su giornali, riviste, su Internet, mandando in giro attivisti che attaccano discorsi per strada o al citofono di casa, incuriosendo chiunque ci stia con domande stimolanti, o lusingandone la vanità con la prospettiva di sviluppare le forze nascoste in lui – o in lei – potenziandone la personalità.[12]

Tra i fattori che hanno reso più fertile la cultura e la società contemporanee all'attecchimento del satanismo e dell'occultismo, monsignor Balducci ha indicato, oltre alla New Age e al rock satanico, la massoneria. Guido Horst, nella sua inchiesta sull'occultismo tedesco, rilevava:

> I massoni negano ogni collegamento con il satanismo. Ma è noto l'Inno di Satana del famoso Gran Maestro italiano, Giosue Carducci. Quando nel 1917 si celebrarono i duecen-

[11] Aldo Bonaiuto, *Divisione e schiavitù, gli effetti nefasti delle sette*, in www.romasette.it, 6 giugno 2012.
[12] R. Grillo, *Attenti al lupo* cit., pp. 10-11.

to anni dalla nascita della massoneria, una processione di adepti si diresse a Roma in piazza San Pietro, innalzando bandiere sataniche e vessilli su cui era scritto: "Satana deve regnare in Vaticano, il Papa sarà suo schiavo". La testimonianza è di Massimiliano Kolbe.[13]

Al di là delle difese massoniche, delle distinzioni tra diversi tipi di massoneria, per gran maestri e fratelli vari vale quanto può osservarsi per ciascun gruppo esoterico: la pratica rituale segreta, l'anticlericalismo aggressivo, il diffondere l'idea di un "nuovo ordine" e di una fratellanza di origine iniziatica che debbano prevalere su tutto, contribuiscono senza dubbio a favorire il Diavolo, a rendere più propizio "l'ambiente in cui si sono potute diffondere anche le varie forme del satanismo".[14]

Non va inoltre dimenticato che nel 1888 una corrente dei massoni inglesi, interessati al filone "caldo" (ossia occultistico) e insoddisfatti per il prevalere dell'orientamento "freddo" (più razionalista), fondarono la Golden Dawn (Ordine ermetico dell'Alba dorata), il cui esponente più famoso diventerà Aleister Crowley, considerato il padre del moderno satanismo. Nelle forme più elitarie di gruppi e movimenti di religiosità alternativa, secondo le informazioni acquisite dalla Squadra anti-sette della polizia di Stato, è piuttosto ricorrente l'appartenenza a logge massoniche o a club esclusivi, caratterizzati dalla fratellanza fra soggetti con ruoli di elevato prestigio sociale, da parte dei guru o degli elementi di spicco di questi "gruppi religiosi alternativi-segreti". Ma, al di là di queste considerazioni, resta tuttora valido quanto chiarì, in modo fermo e lucido, papa Clemente XII, quasi tre secoli fa, nella bolla *In eminenti apostolatus specula*:

> Già per la stessa pubblica fama Ci è noto che si estendono in ogni direzione, e di giorno in giorno si avvalorano, alcune società, unioni, riunioni, adunanze, conventicole o aggregazioni comunemente chiamate dei "Liberi Murato-

[13] Cit. in C. Balducci, *Adoratori del diavolo e rock satanico* cit., p. 100.
[14] Massimo Introvigne, *L'occulto, le logge e Satana*, in "30 giorni", gennaio 1989, a. VII, n. 1, pp. 60-61.

ri" o "des Francs Maçons", o con altre denominazioni [...], nelle quali con stretta e segreta alleanza, secondo loro Leggi e Statuti, si uniscono tra di loro uomini di qualunque religione e sètta, contenti di una certa affettata apparenza di naturale onestà. Tali società, con stretto giuramento preso sulle Sacre Scritture, e con esagerazione di gravi pene, sono obbligate a mantenere un inviolabile silenzio intorno alle cose che esse compiono segretamente. Ma essendo natura del delitto il manifestarsi da sé stesso e generare il rumore che lo denuncia, ne deriva che le predette società o conventicole hanno prodotto tale sospetto nelle menti dei fedeli, secondo il quale per gli uomini onesti e prudenti l'iscriversi a quelle aggregazioni è lo stesso che macchiarsi dell'infamia di malvagità e di perversione: se non operassero iniquamente, non odierebbero tanto decisamente la luce.[15]

Il plagio delle menti

Il termine "setta" deriva dal sostantivo e dal verbo latini *secta* (parte, frazione) e *sequor* (seguire). Già dall'etimologia, dunque, si evince l'effetto della divisione, ossia del separare l'uomo dalle relazioni interpersonali più strette, o, sul piano generale, dalla società, procurando uno stato di schiavitù o di soggezione, annientando la libertà di scelta della persona, talvolta ridotta a un oggetto. Le più diffuse e temibili sono forme associative che celano, dietro subdole e ingannevoli profferte di pace e amore, l'unico obiettivo di esercitare un potere totale sugli adepti e trarre da essi vantaggi di ogni genere, a partire da quelli economici.

Riguardo a questi ultimi gruppi settari, si parla di "psicosette", poiché mirano ad assoggettare le menti più fragili, o segnate dalla depressione, da traumi di varia natura o difficoltà contingenti, tramite vere e proprie tecniche di manipolazione mentale, che vanno dall'uso distorto della neuroprogrammazione linguistica, a! bombardamento psicologico attraverso i suoni o all'ipnosi. La personali-

[15] Clemente XII, Bolla *In eminenti apostolatus specula*, 28 aprile 1738.

tà del soggetto viene via via destrutturata e annullata, e dalle violenze morali si può passare facilmente a quelle fisiche o alle torture.

Il fascino del guru

Rispetto alle psico-sette, sono da ritenersi realtà più estreme e riconoscibili i gruppi che praticano culti come il satanismo, la stregoneria, lo spiritismo, la negromanzia, il vampirismo, la magia nera e l'esoterismo. Questi adescano giovani e adulti e interessano, di solito, un ceto sociale medio-alto. Le prime, in quanto associazioni pseudoreligiose, si presentano invece come movimenti di rinnovamento spirituale approfittando di persone prostrate da uno stato di disagio, di disperazione o afflitte da disturbi psicofisici non sempre curabili. Spesso anche la promessa di un'immediata guarigione o dell'uscita repentina da una situazione di grave sofferenza spinge il soggetto ad affidarsi totalmente al guru fino a compromettere persino il proprio stato di salute.

Il guru, di solito, è un uomo – ma vi sono anche dei "maestri" donne – dalla personalità carismatica che, dichiarandosi ispirato dall'alto, conquista i primi seguaci, scegliendo poi col tempo quelli sui quali puntare per costituire la task force settaria. Nella maggior parte dei casi il guru sviluppa per ciascuno dei discepoli scelti, uomini e donne, un'opera di seduzione, non soltanto sul piano psicologico e dottrinale, ma anche su quello sentimentale-amoroso. Il capo indiscusso, quindi, lega intimamente a sé ciascuno dei prediletti, attraverso una rete contraddittoria di "lusinghe, passioni, ricatti per formare con loro la corte privilegiata degli 'interni', dei fedelissimi, i suoi portavoce presso gli 'esterni', ossia il grosso del gruppo".[16] Nel caso in cui un "interno" dovesse cominciare a esternare dubbi o manifestare pulsioni separatiste, scatta subito una reazione repressiva, a base di minacce e violenze in modo da impedire

[16] Roberta Grillo, *Attenti al lupo* cit., p. 12.

la fuga e quindi le rivelazioni al mondo esterno dei segreti del gruppo. Ha sottolineato don Aldo Bonaiuto:

> Le vittime delle sette più facilmente adescabili sono coloro che, in particolari momenti della vita, si trovano ad avere una qualche difficoltà: un problema affettivo, la perdita di un proprio caro, traversie economiche o il bisogno di potenziare il proprio "status" personale o sociale. Le sette spesso utilizzano la terminologia del mondo sacrale, ma nulla hanno a che fare con esso. Per tale ragione è necessario distinguere nettamente le religioni che hanno un proprio culto riconosciuto, civilmente legittimato e pubblicamente accolto, dai gruppi settari. Questa differenziazione non può essere sottaciuta né banalizzata; molti sedicenti esperti, infatti, vorrebbero includere nella definizione di "religione", incredibilmente, anche queste realtà vergognose e scellerate. Nuove streghe e stregoni ritornano spudoratamente alla ribalta costituendo appositi gruppi e realizzando una promozione mediatica senza precedenti. Dalla cinematografia alla letteratura, dai giochi a Internet, i guru delle sette adescano sempre più "adepti accessori" (vittime che servono soltanto per il raggiungimento dei propri scopi) e "adepti affiliati" (reclute plagiate che si votano agli stessi comportamenti dei "maestri"). Le sette sono un fenomeno odioso e distruttivo che mina la società alla base disgregando la famiglia, allontanando i padri e le madri dai figli, compromettendo l'equilibrio psicofisico del singolo. Nonostante spesso si mascherino dietro una parvenza di rispettabilità e solidarietà, è fondamentale non cadere nelle loro trappole dalle quali è sempre molto difficile uscire. I ricatti psicologici e l'investimento emotivo non permettono infatti alla vittima di poter esprimere un giudizio oggettivo. È per questo che si rende necessario un aiuto esterno, da parte di istituzioni e associazioni, al fine di recidere quei legami nefasti e riportare alla libertà coloro che si erano persi.[17]

La complessità del problema delle psico-sette si lega a quella che segna un po' tutto il mondo dell'occultismo e dell'esoterismo. Si va da chi pensa automaticamente a Sa-

[17] Aldo Bonaiuto, *Divisione e schiavitù* cit.

tana e agli spiriti del male al solo sentire questi termini, a chi invece banalizza tutto, riducendolo a follia, fanatismi o fissazioni dei singoli. Se si riflette bene, sono gli stessi estremi di tutto il dibattito sul male: da un lato quelli che vedono il Diavolo ovunque, sempre pronto a minacciare la salute o la serenità dell'uomo, dall'altro quelli che ne negano l'esistenza e lo ritengono un semplice simbolo mitologico.

Ma il punto è valutare gli effetti che certi gruppi spersonalizzanti hanno sulle vittime, quindi tenere desta l'attenzione su quei sistemi e organizzazioni che non lasciano alcuna libertà di scegliere, anzi si impossessano della persona riducendola a un profitto, in una logica comunque malvagia e diabolica. Per questo, in Italia, si è rivelata preziosa nell'ultimo decennio la collaborazione tra la SAS della polizia, la comunità Giovanni XXIII, il GRIS (Gruppo di ricerca e informazione socio-religiosa) presente nelle varie diocesi e l'ufficio Nuovi culti del vicariato di Roma, diretto da don Alessandro Oliviero Pennesi: un fronte comune per il controllo e la sensibilizzazione, anche nel mondo cattolico che molto spesso non ha gli strumenti adeguati per rispondere alle tante e nuove insidie pseudoreligiose dei nostri tempi e neutralizzare le "trappole dell'occulto".[18]

Esoterismo e occultismo

A confondere le acque, e quindi a tenere più bassa la soglia di guardia, ha contribuito la fallace distinzione tra esoterismo e occultismo ripresa dal pensiero di Eliphas Lévi, secondo il quale il primo si diversificherebbe dal secondo, essendo semplicemente una visione filosofica della vita e dell'uomo. L'occultismo, invece, costituirebbe una scienza, ossia un insieme di tecniche e pratiche miranti a elevare l'essere. Sempre secondo Levi, inoltre, avrebbe un ruolo socialmente utile in reazione al progressivo materialismo e

[18] Cfr. Aldo Bonaiuto, *Il mondo dell'occulto, un labirinto tenebroso*, in www.romasette.it, 11 maggio 2011; cfr. anche Id., *La trappola delle sette*, Sempre comunicazione, Rimini 2001.

razionalismo contemporanei. La stessa distinzione abbracciò un altro celebre esoterista, René Guénon.

Di solito, i fautori di questa sostanziale contrapposizione tendono a definire l'esoterismo, in termini più positivi, "ciò che eleva spiritualmente le capacità interiori dell'individuo",[19] mentre per occultismo intendono le tecniche che ricercano, attraverso l'aiuto di forze estranee e negative (demòni, magia nera, evocazioni ecc.), il proprio guadagno personale. Ma è davvero lecito parlare di due fenomeni distinti?

> È importante specificare quanto sia erroneo l'atteggiamento mentale che pone l'esoterismo e l'occultismo come due tipologie distinte. Infatti l'occultismo fa parte dell'esoterismo in quanto ne sottintende gli stessi messaggi e valori ed entrambi provengono dalla stessa malefica matrice. Un esempio di quanto sia diffusa, anche a livello popolare, questa erronea mentalità è la distinzione che comunemente viene fatta tra magia bianca e nera. Come esiste l'idea di una magia buona di contro a una cattiva, così si pensa che possa esistere un esoterismo buono, magari anche cristiano, e un suo lato oscuro, dedito alla ricerca del potere, detto occultismo. Il mondo dell'occulto è per sua natura un mondo diabolico, tenebroso, ingannatore. Parlare di occultismo significa entrare in quei sotterranei dove vivono, o meglio sopravvivono, personaggi insensati e anomali, povere persone squilibrate e fanatiche di ideologie nulle, uomini e donne che si autoeleggono guru, maghi, streghe, veggenti, profeti, santoni, medium… fino a inventarsi appellativi di cui chiunque in possesso di un minimo di ragionevolezza può cogliere l'assurdità. Eppure, all'interno di questo sotterraneo, transitano tante vittime; molti quelli che vi restano per sempre perché resi schiavi, ingannati, plagiati, alienati. L'opera e i progetti del maligno, principe e principio dell'occultismo, simbolo del male di cui l'occulto si nutre e si alimenta, propagano culture e sistemi di morte che prolificano incredibilmente nella quasi più totale indifferenza. E così, grazie

[19] Id., *Occultismo ed esoterismo, stessa matrice*, in www.romasette.it, 22 maggio 2012.

all'incredulità di tanti e alla consapevole, ambigua indifferenza di troppi, l'occultismo sembra prevalere, o per lo meno espandersi, salendo dai piani dell'Inferno per attirare anime inconsapevoli negli arcani templi dell'esoterismo.[20]

Dalle diagnosi col pendolo alle danze estatiche

La spersonalizzazione dovuta all'aderenza a gruppi pseudoreligiosi in Italia sta diventando un allarme sempre più esteso. Ogni anno, nella sola provincia di Milano, si registrano circa un centinaio di nuovi SOS, con una crescita costante del 12 per cento. Non è un caso se il ministero degli Interni ha dedicato una divisione al monitoraggio del fenomeno e se la polizia, nel 2006, ha dato vita alla SAS, la Squadra anti-sette, una sorta di task force di quindici elementi specializzati tra agenti, psicologi, investigatori e analisti, per coordinare la lotta contro maghi e santoni truffaldini in tutto il territorio nazionale.

Solo in Lombardia si registrano circa trentadue psico-sette (sarebbero seicento in tutta Italia), sotto la copertura di centri di benessere, musicoterapia, magia o motivazionali che mirano in realtà a trasformare i soggetti più fragili in fantocci, per spremere loro soldi, ma anche per il gusto perverso di certi guru di dominare le vite altrui. Nel 2008, il "tele-inviato" del programma TV *Striscia la notizia,* Max Laudadio, allertato da decine di mail di pazienti, fu addirittura aggredito per aver colto in flagrante un dottore, tuttora iscritto all'albo, che a Milano diagnosticava malesseri servendosi di un pendolino, spingeva a bruciare biglietti, a sotterrare oggetti – in una sorta di rivisitazione della psicomagia di Alejandro Jodorowski – e a ripetere una serie di rituali quotidiani. Poi induceva i pazienti, perlopiù donne di mezza età colpite da sindromi depressive, a vedere nei familiari che potevano contrastarne l'influenza la vera causa dei loro mali psicofisici. Il medico strego-

[20] *Ibid.*

ne inoltre, se ne fiutava la vulnerabilità – complice un sedicente osteopata col pallino dell'ipnosi e dell'esoterismo, fautore della disinibizione sessuale come fonte di energia creativa – le reclutava in un circolo più ristretto, del tutto in balia sua e del "collaboratore". Lo stesso dottore – che si faceva chiamare "Santità" – teneva inquietanti "corsi", che spacciava per musico-terapia, durante i quali i partecipanti, dopo aver consumato una "bevanda", si lasciavano andare a balli deliranti, ossessivamente ritmati da tamburi sciamanici e ispirati ai culti dionisiaci, e prendevano parte a fuochi purificatori in una chiesa sconsacrata milanese. Il dottore inoltre, assieme all'osteopata, incoraggiava i contatti con l'aldilà e, richiamandosi alla mitologia babilonese, andava istruendo gli adepti più intimi sul fatto che il Diavolo non fosse un'entità negativa, come lo presentava la dottrina cattolica, ma un essere "perfetto", poiché fondeva in sé il massimo della materialità e della spiritualità, obiettivo cui dovrebbe tendere ogni individuo per la piena felicità su questa terra.

A volte i manipolatori della psiche possono nascondersi dietro aziende di formazione, gruppi motivazionali, associazioni culturali o centri yoga. Al CESAP, il Centro studi abusi psicologici, arrivano quattrocento richieste d'aiuto l'anno, mille quelle che gestisce il telefono anti-sette della comunità Giovanni XXIII. Il GRIS stima (per difetto) in oltre duecento vittime al giorno le conseguenze di questo dramma silenzioso. Ad attirare la pubblica attenzione su questa realtà fu l'inchiesta aperta dalla procura di Bari, dopo le denunce del CODACONS e del CESAP, sull'associazione Arkeon: quindicimila adepti in tutta Italia, cinquanta maestri, decine di "plagiati", migliaia di euro raccolti con seminari e convegni. Dalle testimonianze emersero inquietanti pratiche *no limits* con l'aria intrisa di *salvia divinorum*, potente allucinogeno.

Da nord a sud, le caratteristiche dei gruppi si assomigliano: leader carismatici senza titoli accademici validi; organizzazione a piramide, un *multilevel* che porta sempre più soldi e aderenti; la promessa di capacità magiche di guarigione; il *love bombing*, il "bombardamento affettivo" per creare legami immediati; e soprattutto meccanismi di condizionamento della psiche portati a compimento nel corso di seminari in luoghi isolati. Così succede a Padova, in un gruppo che opera nel campo della formazione di professionisti, manager, imprenditori, semplici stagisti, e che organizza *full immersion* di cinque giorni. Chi partecipa ai seminari – in hotel, tremila euro a corso – deve lasciare fuori tutto ciò che lega alla realtà (chiavi, documenti, medicine, telefoni, orologi, sigarette) prima di entrare "nel percorso di consapevolezza per liberarsi dai propri peccati". In evidente somiglianza con i riti di Arkeon, si confessano tradimenti, rapporti omosessuali, traumi infantili, dolori, parentele che "hanno inquinato l'anima e da cui bisogna purificarsi". Le giornate sono scandite da lunghi intervalli tra i pasti e poco tempo dedicato al sonno: fame, sete e stanchezza alterano i ritmi cardiaci e favoriscono l'incoscienza, rendendo l'organismo più permeabile alle suggestioni. E mentre pesanti tende alle finestre fanno perdere il senso del tempo, i leader offendono i partecipanti, spesso li colpiscono a calci e pugni, li legano e li bendano. Chi decide di abbandonare il corso subisce la ritorsione in azienda, dal mobbing fino al licenziamento.[21]

Non a caso proprio in Veneto, una recente relazione dell'Ordine degli psicologi – che si è dichiarato "in prima linea contro gli sciacalli del dolore" – segnala: "A volte non si tratta di persone incapaci di intendere e volere ma di soggetti pienamente integrati e ai vertici nella società: imprenditori, dirigenti, professionisti".

Le "scuole" o i "corsi" occulti di vario genere sono presenti in tutta la penisola: a Milano, Bari, Padova, Catanzaro, Ancona, Roma, Salerno, Napoli, Palermo. Gli adepti strapagano le "lezioni", ma sono ammessi gratuitamente se portano neofiti, compilano questionari di autocoscienza, rispondono a domande spesso ridicole, tra fumi d'incensi, tappeti, esercizi di respirazione, preghiere.

[21] Cfr. Sandro De Riccardis, *L'Italia delle psicosette, i manipolatori della mente*, in "la Repubblica", 16 maggio 2008.

Nel 2008, una ventina di studenti universitari di Bologna sono finiti nella rete di una scuola "gnostica". Ogni mese ognuno versava cinquanta euro per l'affitto della sede e altri cinquanta per pagare i cinquanta corsi obbligatori per la "soppressione dell'ego". Il gruppo praticava "tecniche di manipolazione dei genitali senza emissione dello sperma per aumentare le capacità mentali" e arrivare alla "conoscenza attraverso viaggi astrali". Un volantino sui viaggi astrali, distribuito davanti all'ateneo, finì nelle mani di una delle ultime vittime, un ragazzo di 23 anni che abbandonò studi e attività sportiva per frizionarsi capo e ascelle con estratto di *datura arborea*, una pianta che crea uno stato permanente di intossicazione dell'organismo, e alimentarsi unicamente di verdure e carne "biodinamizzata". I genitori segnalarono il caso alla FAVIS, l'Associazione nazionale familiari vittime delle sette, fondata da Maurizio Alessandrini, che dal 2003 cerca invano di sottrarre il figlio dall'influenza di una santona veneta.

A Rimini, un'altra psico-setta si nascondeva dietro corsi yoga guidati da un "maestro spirituale", un uomo di settant'anni che aveva ottenuto la fedeltà di circa sessanta persone. Una realtà su doppio livello: sedute di spiritualità, preghiere, massaggi e tecniche di rilassamento in pubblico, un "livello privilegiato" per gli eletti che, abbandonando le famiglie, finivano in strutture protette in collina per restarvi interi anni. Il GRIS ha raccolto le testimonianze dirette di quattro fuoriusciti, i loro racconti di "sedute tantriche" e "orge come riti di purificazione", come il caso di una ragazza entrata nel gruppo a ventinove anni, dopo la perdita del figlio, uscita per una grave malattia a quarantatré, con la personalità stravolta e una casa da duecentomila euro donata al maestro.

Un pericoloso vuoto normativo

L'effetto comune, identico, di queste così variegate psicosette? Don Aldo Buonaiuto lo spiega così:

Quello che fa paura è che il distacco avviene drasticamente dalle famiglie. Poi le persone diventano irriconoscibili. Gli esposti che arrivano alle questure parlano di nuclei familiari spaccati, ricoveri in cliniche psichiatriche, sparizioni, suicidi. Ogni storia viene segnalata alla SAS della Polizia, nata nel dicembre 2006. "Indaghiamo su ogni segnalazione – spiega Tiziana Terribile, dirigente della divisione Analisi dello SCO, da cui dipende la Squadra anti-sette –. Il nostro compito è verificare se in queste realtà si commettono reati. Siamo vicini a tanti genitori, sappiamo cosa vuol dire perdere un figlio o vederlo allontanare, ma indagando ci troviamo spesso di fronte a un consenso valido espresso da chi entra nel gruppo."[22]

Per questo associazioni e parenti delle vittime, ma anche gli operatori del GRIS e della comunità Giovanni XXIII, chiedono che venga reintrodotto il reato di plagio, abrogato nel 1981, così come previsto da un progetto di legge che nel novembre del 2007 si arenò alla commissione Giustizia della Camera. Il vuoto normativo agevola raggiri e manipolazioni, non sempre motivate dal semplice denaro, a volte anche dalla perversa volontà dei sedicenti maestri di avere un potere personale sugli adepti, alterandone completamente la vita e la personalità a proprio piacimento. Benché sia complesso delineare con chiarezza giuridica i confini di un illecito come la "manipolazione mentale", resta comunque assurdo che tale gravissimo crimine non sia ancora penalmente sanzionabile "lasciando campo libero ai tanti approfittatori e, quel che è peggio, lasciando le numerosissime vittime nell'impossibilità concreta di difendersi".[23]

Roberta Grillo, rappresentante del GRIS per la diocesi milanese, conferma: "Siamo l'unico Paese in Europa privo di ogni tutela legale di fronte a questa drammatica emergenza. Ogni anno ci occupiamo di almeno 80 casi segnalatici perlopiù dalle famiglie delle vittime. La spinta che muove ogni adepto di per sé è positiva: la ricerca della felicità. Ma

[22] *Ibid.*
[23] Aldo Bonaiuto cit., in www.romasette.it.

il contesto sociale, privo di valori forti, apre la strada a guru e santoni vari che promettono formule facili per raggiungerla. Questi adoperano abilmente tecniche di condizionamento mentale, alcune simili a quelle usate dai servizi segreti. Il primo obiettivo è distruggere le difese individuali, perciò acquisiscono una serie di informazioni attraverso test oppure, più di nascosto, servendosi di falsi amici messi alle costole delle vittime. Una volta abbassate le difese parte l'indottrinamento, e così il soggetto senza rendersene conto diventa un'altra persona, spesso rifiutando in toto tutti i legami precedenti. Ricordiamo che il "leone ruggente" per poter divorare la sua preda deve innanzitutto isolarla. Cambia il linguaggio, il modo di vestire, di mangiare ecc. Ma chi è irretito non se ne rende conto. Viene inculcato nel gruppo che chi ne è al di fuori è un nemico, non è al corrente delle verità segrete e non può raggiungere la vera felicità. Questo far sentire eletti aumenta la coesione del gruppo".[24]

Lo strano caso di Michelle Hunziker

> Adesso sono molto più serena, sono passati degli anni, ma dopo che sono uscita da quella situazione ho avuto i miei attacchi di panico pesanti, me li sono smazzati tutti con gli psicologi. La cosa che può aiutare è la prevenzione, una volta che ci sei dentro ti puoi risvegliare solo perché hai un parente che ti sta vicino, o perché fai un sogno speciale, o perché l'amore che provi per qualcuno è più forte di qualunque altra cosa, ma chi casca in queste situazioni è come un tossicodipendente, è esattamente la stessa cosa...

Così, con parole semplici e schiette, la show-girl e conduttrice TV Michelle Hunziker parlò per la prima volta di quell'ombra fitta nel suo passato che si era lasciata alle spalle un triennio addietro, nel 2006, quando troncò per sempre ogni contatto con Giulia Berghella, detta "la maga", e il suo circolo. Un incubo che poteva stravolgerle la vita per sempre e su cui aveva mantenuto a lungo il silenzio. A spin-

[24] Da una testimonianza di Roberta Grillo raccolta da Luciano Regolo nel 2012.

gerla a questa testimonianza, affidata alla collega Simona Ventura che la intervistò per la sua TV-web, fu la volontà di lanciare un messaggio di speranza e un'allerta importante per le tante donne vittime di psico-sette.

Michelle aveva già parlato del suo "risveglio" con le persone più intime. Si informava di tutti quelli finiti in situazioni simili alla sua: "Bisogna sempre dare loro dei segnali di affetto, non importa se reagiscono male. È necessario che sentano che se lasciano quelle persone che le stanno rovinando troveranno i loro affetti pronti ad accoglierli. Non si deve mai perdere la speranza, il distacco avviene all'improvviso, ed è più facile quando, anche a livello inconscio, c'è una causa per venirne fuori, come l'amore dei propri cari". Le sue toccanti confidenze non ebbero stranamente vasta eco sui media, si dice, per via di certe amicizie influenti che Giulia Berghella avrebbe mantenuto nell'ambiente di stampa e TV.

Nel giro della Berghella, ufficialmente una pranoterapeuta, informalmente guida spirituale di un gruppo di "apostoli" ai quali parlava, in riunioni segrete, come emanazione femminile di Gesù, dispensando istruzioni su ogni aspetto del vivere, dall'alimentazione al patrimonio, dal sesso alle amicizie da coltivare, la Hunziker era finita nel 2000. All'epoca Giulia era già conosciuta come la "maga" di tante celebrità del video. Poco dopo per Michelle era arrivata la separazione dal cantante Eros Ramazzotti, il quale più volte aveva pubblicamente accennato al plagio subito dalla moglie. Lei finì per interrompere ogni rapporto anche con la madre, Ineke, che come il marito cercava di staccarla dall'oscura comitiva. Intanto Michelle aveva mollato tutti gli amici, l'agente di sempre e si era affidata totalmente, anche per gli impegni lavorativi, all'ex musicista Salvatore Passaro, il giovane compagno della Berghella. Il figlio di Giulia, Marco Sconfienza, diventò invece il suo fidanzato. A un certo punto, nell'estate del 2005, lasciato Marco, la Hunziker finì tra le braccia dello stesso Passaro. In quell'epoca Salvatore le faceva "filtro" su tutto e verso tutti. Per inibire un giornalista a proseguire le sue inchieste sul gruppo della Berghella, lo chiamò al telefono e, senza sapere di essere registrato, dopo aver cercato di convincerlo al silenzio con modi suadenti e ripetendo insistentemente espressioni come "Vedi che sei confuso?", si lasciò andare: "Tu stai rimettendo in croce il messia. E sbagli, ci sono tanti giornalisti, tante persone potenti che sono nostri amici, ti converrebbe smetterla".

Questa e altre sue frasi, regolarmente pubblicate nel 2006, spinsero il giudice che si occupava della separazione tra la Hunziker e Ramazzotti a disporre che la show-girl non avrebbe più dovuto frequentare il clan Berghella mentre aveva con sé la bambina. Lei, quasi per un sesto senso, più forte di ogni condizionamento, l'aveva sempre tenuta fuori. Ma fu il primo campanello d'allarme: il rischio di perdere il bene più prezioso cominciava a ridestare l'anima smarrita di Michelle.

"Ti tolgono gli affetti?" le chiese la Ventura riguardo all'isolamento in cui era precipitata in quel circolo ispirato alla "fratellanza universale". E lei: "Sì, tu sei molto debole in quelle situazioni, ti senti solo, magari hai perso una persona cara com'era successo a me o ti è capitata una tragedia e loro sono bravissimi, perché sono molto preparati a livello psicologico... Quindi è molto facile prendere dei soggetti, soprattutto se sono giovani. Io avevo 23 anni e avevo perso da poco mio padre. È facile farti credere che ti vogliono bene. Iniziano così, con l'affetto: 'Noi ti vogliamo bene, molto più bene dei tuoi genitori. Non vedi come si comportano?'. Tutti abbiamo dei difetti, anche i nostri genitori o le persone che più ci sono vicine, ma loro lavorano su quello, li accentuano, li esasperano e, ripeto, sono molto bravi. E il momento di maggiore vulnerabilità è quando ti senti solo, stai soffrendo per un lutto... Loro s'insinuano in quel momento. Tanti hanno avuto il mio stesso problema, tanti sono cascati in questa situazione perché purtroppo ci sono tante persone che lucrano sui sentimenti degli altri".

Il risveglio, la fine dell'oblio del sé, la Hunziker l'ha raccontato così: "L'ho maturato tutto dentro, se no non avrei potuto uscirne. È stato grazie all'amore per mia figlia, che non ho mai coinvolto assolutamente, ma anche a un sogno speciale che ho fatto del mio papà, che mi è apparso e mi ha detto: 'È ora che ti svegli!'. E me l'ha detto così forte che mi sono svegliata. Mi ha detto solo queste parole ma io ho capito tutto quello che voleva dirmi, per cui il giorno dopo ho troncato tutto. [...] Sono serena, non mi do delle colpe. So benissimo che ero una preda facile ed è stato difficile uscirne, ne sono orgogliosa, ma devo ringraziare anche tutte le persone che, quando mi sono ripresa, mi sono state vicino. Loro ti fanno credere che sei sola, invece io non lo ero. E quando mi sono svegliata, improvvisamente c'erano tutti e questa è stata una sorpresa per me. La vita è meravigliosa, ma presenta sempre delle difficoltà e queste vanno affrontate di petto, è l'unico modo per vivere fino in fondo anche le cose belle".

A riprova di tanta sensibilità sul problema delle psicosette, al lancio del suo spettacolo teatrale *Mi scappa da ridere*, riguardo a John Travolta, suo partner in un popolarissimo spot, si lasciò sfuggire: "Questa volta John ha deciso di lasciare Scientology, ringraziamo il Signore".

Della Berghella, di Passaro e della loro "comitiva", dopo l'addio di Michelle non si sente più parlare. Ma la loro attività prosegue, lontano dai riflettori. Ha spiegato Roberta Grillo: "Continuano a operare in un agriturismo in Puglia, organizzando dei seminari 'residenziali' che vanno dai tre giorni a due settimane, con corsi di yoga, di meditazione profonda, di cabala e di magia. E vi partecipano molte celebrità dello spettacolo sia della TV nazionale sia di quelle private. Ci sono stati già segnalati molti casi, purtroppo. E la cosa strana è che si tratta sempre di soggetti molto facoltosi".[25]

La musica di Belzebù: rock satanico e dintorni

Se è esagerato sostenere che "il rock satanico è il motivo che maggiormente spiega l'incremento di adoratori del diavolo",[26] ha senso tuttavia mettere in guardia le giovani

[25] *Ibid.*
[26] C. Balducci, *Adoratori del diavolo e rock satanico* cit., p. 147.

generazioni, spesso tendenti a emulare ogni comportamento degli idoli musicali e i pessimi modelli ispirati da certa musica. È documentato da una vasta bibliografia come svariate band e musicisti di ogni parte del mondo inseriscano nei loro pezzi o nei loro video, in modo più o meno esplicito, frasi, simboli e immagini riconducibili a esoterismo, magia, occultismo e anche satanismo.

Alcuni artisti si sono dichiarati apertamente cultori di pratiche diaboliche e non hanno mai smentito che i loro brani siano stati un veicolo per propagandare, incoraggiare e diffondere scuole di pensiero occultistiche. Va rilevato, tuttavia, che non sempre queste esternazioni o la trasgressività esibita siano autentiche, poiché spesso sono dettate da ciniche strategie di marketing miranti a creare polemiche, curiosità, mistero, in base al principio cardine della comunicazione contemporanea: non importa che si parli male di te, purché se ne parli. Resta, ovviamente, il pericolo per i fan che certi messaggi possano ispirare condotte violente o autodistruttive, o afflati per il satanismo e la magia nera. Ma proprio per questo, enfatizzare la pubblica denuncia di certi elementi "neri" veicolati nella musica di largo consumo può trasformarsi in un boomerang, poiché il clamore fa cogliere quegli aspetti che magari non verrebbero colti da chi ha poco o nessuna dimestichezza con l'occultismo. E quindi finisce per aumentare il rischio di conseguenze nefaste.

Gli esperti fanno risalire ai Beatles il primo riferimento esoterico nella musica moderna: sulla copertina del loro *Sergeant Pepper's Lonely Hearts Club Band* del '67 appariva, tra gli altri personaggi, il ritratto di Aleister Crowley, il padre del satanismo moderno. Uno dei volti, spiegò il batterista Ringo Starr, "per i quali nutriamo una particolare ammirazione": "uno dei nostri eroi" confermò Paul McCartney. John Lennon e la moglie Yoko Ono non facevano mistero del loro debole per lo spiritismo e consultavano spesso e volentieri maghi e medium.

Più sofisticata la tendenza evolutasi a partire dagli anni Settanta in poi di inserire messaggi subliminali a sfondo occultistico, ossia frasi o simboli non percepiti in modo palese dall'ascoltatore, ma in grado di imprimersi nel loro inconscio. La tecnica più ricorrente? Il *backward masking*: le strofe, ascoltate al contrario, rivelavano esortazioni sataniche o comunque negative, come l'invito al consumo di stupefacenti. Tra le band storiche che vi fecero più ricorso i Led Zeppelin, i Queen e i Doors di Jim Morrison, indicati, per via del loro legame con lo scrittore di origine peruviana Carlos Castaneda, come coloro che più hanno cercato "di far penetrare la magia sciamanica" nel mondo musicale.[27]

Oggi il pericolo di condizionamenti oscuri sembra provenire soprattutto da alcuni gruppi e musicisti di heavy metal:

> Inneggiando al demonio, oltraggiando la religione cristiana ed esaltando tutta una serie di valori negativi, inducono la persona a compiere e a desiderare il male per sé e per gli altri. Una parte dell'hard rock e dell'heavy metal usa simboli, segni e immagini appartenenti al mondo del satanismo e della magia. Nei CD e nelle t-shirt di complessi come AC/DC e Slayer campeggiano spesso il pentacolo (la stella a 5 punte degli occultisti) e altri simboli esoterici. È altrettanto frequente l'utilizzo di immagini raffiguranti personaggi mostruosi, teschi, cimiteri, cadaveri e altri oggetti macabri. Gruppi "storici" come gli Iron Maiden, fin dagli esordi, compongono canzoni in cui risuonano versi del tipo "666 the number of the beast"; i Black Sabbath di Ozzy Osbourne, noto anche per la canzone intitolata *Suicide Solution*, nella canzone *N.I.B* recitano *My name is Lucifer, please take my hand* ("Il mio nome è Lucifero, ti prego, prendimi per mano"). Death metal e black metal (quest'ultimo molto diffuso nei Paesi scandinavi) sono termini con i quali si etichettano altre correnti derivate dall'heavy metal che mettono in risalto ancora di più le componenti sataniche. In alcuni casi si è riscontrato un legame tra l'ambiente metal e alcuni atti di vandalismo nei confronti delle chiese cristiane, oltre a episodi di profanazione di cimiteri. I britannici Venom scrivono liriche del tipo *Live like an angel, die like a devil* ("Vivi come un angelo, muori come un diavolo"); anche nell'ultimo album uscito

[27] Aldo Bonaiuto, *Il satanismo anche nella musica*, in www.romasette.it, 12 settembre 2012.

nel 2011, *Fallen Angels*, continuano a lanciare i loro inni a Satana attraverso canzoni come *Hail Satanas*.

> Un'autentica esaltazione del demonio e del satanismo, con citazioni "colte" di questa corrente di pensiero, è realizzata dagli statunitensi Ancient VVisdom nel CD *A Godlike Inferno*. Un altro gruppo satanico e anticristiano, con un'iconografia offensiva nei confronti dell'immagine di Gesù, raffigurato in vari modi osceni e con la testa forata da una pallottola, è quello dei Deicide. Il cantante ha una croce rovesciata marchiata a fuoco sulla fronte! [...] Il leader della band norvegese black metal dei Burzum, Varg Vikernes, dichiara in un'intervista: "Noi cerchiamo di distruggere e di diffondere il male". Le dichiarazioni del conte Grishnáckh, come si fa chiamare il succitato musicista, sono razziste, profondamente anticristiane e blasfeme. Nel 1993 viene arrestato e condannato a ventuno anni di carcere per la morte di Øystein "Euronymus" Aarseth, del gruppo dei Mayhem. Un altro musicista molto conosciuto è Marilyn Manson, sacerdote della Chiesa di Satana americana, che si presenta così: "Spero di essere ricordato come quello che ha messo fine al cristianesimo". Il suo nome unisce il mito di Marilyn Monroe con quello di Charles Manson, il capo della setta satanica che nel '69 uccise a Miami l'allora incinta attrice Sharon Tate, moglie del regista Roman Polańsky. Durante i suoi show strappa Bibbie, bestemmia, dà fuoco a croci, invoca il diavolo, fa atti osceni, orina in pubblico, si ferisce con il vetro, si vanta dei suoi spinelli dichiarando: "Ho fumato ossa umane". Nei testi delle sue canzoni sono presenti frasi del tipo: "Siate osceni, siate osceni, signori e signore", "Datemi masse di alterati, riempite le vostre chiese di preghiere porno". Nel disco intitolato *Antichrist Superstar*, il "reverendo" Manson, come si fa chiamare, canta dell'avvento di un moderno Anticristo. Abbraccia in modo convinto ideali di nichilismo, sfiducia nella vita, morte, violenza e morbosità.[28]

Perfino i leader della Chiesa di Satana hanno espresso pubblica gratitudine a Manson per il modo efficace con cui ha veicolato i loro "veri ideali" al giovane pubblico mon-

[28] Aldo Bonaiuto, *Marilyn Manson e il nichilismo nella musica*, in www.romasette.it, 9 ottobre 2012.

diale, senza "raccontare le solite storie paurose di sacrifici e cartelli criminali". Ma anche molto di recente si continuano a lanciare allarmi su messaggi subliminali lanciati tra le note. Don Giuliano Marra, sacerdote della comunità Nuovi orizzonti, ha pubblicamente puntato il dito contro Tiziano Ferro per il brano *Indietro,* in cui la frase "No, non rivederti più. Se lontana non sei stata mai", ascoltata al contrario, suonerebbe come "Grazie Satana. Tu mi tieni libero". Ma anche il padre di Kate Perry, pastore protestante, ha parlato di satanismo della figlia, e un *tweet* inneggiante a Lucifero di Britney Spears, già chiacchierata per alcuni suoi videoclip, ha scandalizzato il mondo.

Ma non sono tanto certi oscuri messaggi a dover incutere timore. Bisognerebbe piuttosto prestare attenzione alla formazione dei figli, alla loro crescita spirituale e alla realtà quotidiana di cui si circondano. Il potere delle mascherate esortazioni diaboliche, vere, presunte o pubblicitarie che siano, si esercita solo se i giovani ascoltatori non hanno le giuste difese, vivono situazioni di disagio o solitudine, soffrono di disturbi dell'umore o della personalità trascurati o non riconosciuti. Difficilmente si troverebbero poster, riviste, dischi collegati all'occultismo nella stanza di un ragazzo che ha una vita serena, educato a vivere nella quotidianità i valori della fede cattolica. L'amore e la preghiera nella famiglia restano la principale difesa contro il rischio di seduzioni "nere" o altre abitudini sbagliate.

Walt Disney "nero"?

Messaggi subliminali satanici sarebbero contenuti anche nei film e addirittura *cartoons* che hanno scandito l'infanzia di numerose generazioni di bambini, come quelli di Walt Disney. Ciclicamente libri e giornali si rioccupano del lato oscuro del celebre papà dei cartoni animati. Ma era davvero così nero? Verrebbe da crederci se una diva seria e preparata come Meryl Streep, alla serata di presentazione di *Saving Mr. Banks,* nel rendere omaggio alla sua protagonista Emma Thompson, candidata al Golden Globe come migliore attrice, lo apostrofa come "un bigotto antisemita" che odiava i gatti (prova ne siano i perfidi felini di *Cenerentola* e di *Alice nel Paese delle meraviglie*) ma anche le donne. Il film racconta infatti come il genio dei *cartoon* ottenne, dopo ben quattordici anni di corteggiamento, i diritti per lo sfruttamento cinematografico del romanzo *Mary Poppins*, proprio a causa delle perplessità dell'autrice, Pamela Lyndon, su di lui. Misogino e razzista, insomma. Ma su Disney gravano da tempo molte altre ombre. Come quella di aver inserito nelle sue mitiche favole animate (*Biancaneve, Pinocchio*) messaggi a sfondo sessuale e di tipo satanico. Elementi che sarebbero sopravvissuti nelle creazioni dei suoi eredi: nel 2011 si parlò in tutto il mondo di 70 milioni di dollari pagati dalla Disney per chiudere in fretta un processo per accusa di satanismo, razzismo e istigazione all'uso di cocaina. Per non parlare di una scena incriminata delle *Avventure di Bianca e Bernie*, in cui sembra di vedere una donna nuda crocifissa con un viso demoniaco. L'accusa di antisemitismo, però, risale al 1933, anno d'uscita dei *Tre porcellini*, con un Lupo Ezechiele che per ingannare i piccoli suini si travestiva, in un *frame*, con una barba e un naso adunco, assumendo un look da "venditore ebreo ortodosso". La scena fu poi cambiata all'ultimo momento e dal lupo scomparve la maschera sospetta. C'è chi ha scritto che "Zio Walt" era in realtà un agente segreto dell'FBI e chi invece lo ha dipinto come un occultista, simpatizzante del nazismo. Ma se davvero nella personalità di Disney si celavano simili aspetti tenebrosi, è pur vero che i suoi *cartoon* hanno accompagnato i sogni di almeno quattro generazioni di bambini. Difficilmente si potrebbe sostenere che tutti noi o i nostri figli siamo diventati dei "deviati". Quindi, se davvero lo scopo recondito del genio fu quello di manipolare le coscienze e spingerle al male, non ha ottenuto questo effetto. Anzi, forse, ha sortito quello opposto. La paura del demonio o dei suoi adoratori non alberga mai in chi ha davvero fede in Dio, né può scalfire la speranza e la gioia date da quest'ultima.

Parte quarta

LA LUMINOSA DIFESA

8
La donna vestita di sole

Molti santi impegnati in prima linea nella lotta contro il Maligno hanno indicato nella devozione alla Vergine Maria un sostegno decisivo.

Abbiamo visto che il Diavolo, l'Anticristo, si presenta mascherandosi con le caratteristiche divine e ci seduce. A Dio luce, vita e amore, vediamo contrapporsi un Essere di tenebre, morte e odio. Al Cristo *Logos*, Parola incarnata, vediamo contrapporsi un Essere che parla una lingua sconosciuta, equivoca e distruttiva. Alla Chiesa cattolica e apostolica vediamo contrapporsi una setta elitaria di illuminati, fondata su intuizioni e ispirazioni. Ma non dobbiamo dimenticare che la redenzione è avvenuta. Alla ribellione di Adamo, ha fatto seguito l'obbedienza del Cristo; al caos di Babele l'unica lingua della Pentecoste; alla distruzione della vita, la resurrezione. È bello che nel cuore dell'Apocalisse, nel capitolo 12, quando si parla della furibonda lotta tra il grande drago e l'arcangelo Michele, compaia "un segno grandioso: una donna vestita di sole" (12,1). Il sole che mette in fuga le tenebre. Il sole che scioglie il ghiaccio. Il sole che fa germogliare la vita sulla terra. La donna vestita di sole che appare nel cielo, proprio nello stesso cielo da cui è stato precipitato il drago. Rivolgersi alla Vergine significa aderire profondamente alla fede nella redenzione, di cui ella fu la "Mistica Aurora".

Ma c'è ancora una ragione scritturale su cui si fonda la devozione alla Vergine Maria che, nell'economia neotestamentaria, ha la funzione "antidiabolica" per eccellenza. Il nome del Diavolo, come abbiamo visto, indica la divisione, la frantumazione, la spaccatura. Quando Luca descrive Maria ci fornisce un ritratto brevissimo ma pregno di significato: "Maria custodiva tutte queste cose, meditandole nel suo cuore" (*Lc* 2,19). Nel testo greco, Maria è descritta con due verbi preceduti dalla preposizione *syn*: *teréo* ("conservare", "custodire", "tenere in mente") e *bállo*. Maria è *sym-bállousa*: pur non comprendendo a fondo gli eventi che riguardano il Figlio (cfr. *Lc* 2,50), conserva nel cuore e *medita*, ma la *meditazione* di cui si parla in questo versetto è il "mettere insieme", "riunire", cioè l'esatto contrario del *dia-bállo*. Non è un caso che l'iconografia ci presenti il grande manto della Madonna che ricopre e raccoglie nell'unità i suoi figli, gli "esuli figli di Eva". Ecco la funzione *antidiabolica* di Colei che è la *sym-bállousa*. Padre Pio non si stancava di ripeterlo ai confratelli e agli innumerevoli figli spirituali. Ma anche per don Orione la protezione e la mediazione della Madre Celeste rappresentavano una condizione indispensabile di difesa nella sfida contro il male e di sicura perseveranza nella vocazione.

A un suo chierico in profonda crisi spirituale ebbe a dire:

> Ho pianto su di te, caro figliol mio, ed ho pregato su di te [...] Tutte le difficoltà, tutti i riflessi secondari sono macchine del nemico, che vuole deviarti e perderti, perché, se c'è cosa che il diavolo odia è la vocazione religiosa. Non si può riuscire, se non col patrocinio di Maria Santissima, col pregarla, la Madonna benedetta [...] combattendo da valoroso. Io ti ho messo nelle mani della Madonna e a Lei ti affido. Se ti attacchi alla Madonna, sei salvo, e farai un grande cammino! Essa ti parlerà, e il tuo cuore intenderà, e quel contrasto d'animo, di pensieri, di passioni, d'opinioni, che ora ti agitano tanto in certe ore grigie, saranno vinte da te con la fede, con l'umiltà, con la preghiera alla Madonna, che vince ogni battaglia.[1]

[1] Alessandro Belano, *Nemico d'ogni bene – La lotta contro il demonio in don Orione*, in "La Madonna della Guardia", IV, aprile 2004, pp. 20-23.

Riferendosi al proprio cammino lo stesso don Orione, in un'altra circostanza, confidò con estrema chiarezza:

> Se da chierico sono arrivato all'altare e ora sono sacerdote, se ho potuto fare un po' di bene, dopo che alla grazia di Dio, lo devo alla Madonna Santissima. Se ho potuto vincere tante passioni, se ho potuto resistere al diavolo, nemico d'ogni bene, e agli uomini di mala volontà, suoi adepti, lo debbo alla Madonna.[2]

L'esca di santa Caterina e il monumento mariano di Grignion de Montfort

Significativamente san Francesco d'Assisi era solito ripetere: "Alla recita dell'*Ave Maria*, tremano tutti i demòni!". E santa Caterina da Siena, "martirizzata dai demòni"[3] ed eroica paladina del Rosario assieme a san Domenico, vide nella Beatissima Vergine la più potente alleata per addolcire i cuori della sua epoca, induriti dalle guerre e dai mercenari che non cessavano di combattere per saccheggiare, distruggere e violentare. Solo la dolce Madre di Dio poteva ricondurli al bene: "Ella è come una esca posta da la mia bontà a pigliare le creature che hanno in loro ragione", scrisse la santa.[4] Al conte Alberigo da Balbiano, capitano generale della Compagnia di san Giorgio, scrisse:

> Voglio che voi e gli altri sempre, la prima cosa che voi facciate da mane e da sera, sì vi afferiate a quella dolce madre Maria, pregandola che ella sia avvocata e difenditrice vostra; e per amore di quel dolce e amoroso Verbo che ella portò nel ventre suo, che ella non sostenga che veruno inganno vi sia fatto, ma che 'l manifesti, acciocché sotto inganno non possiate perire. Son certa che, facendo il santo principio, come detto è, e questa dolce offerta, che ella accetterà

[2] *Ibid.*

[3] Raimondo da Capua, *S. Caterina da Siena. Vita scritta dal beato Raimondo da Capua*, a cura di G. Tinagli, Siena 1994^5, p. 314, n. 1.

[4] Caterina da Siena, *Dialogo della Divina Provvidenza*, Cantagalli, Siena 2008, n. 139.

graziosamente la vostra petizione, come madre di grazia e di misericordia ch'ell'è inverso di noi peccatori.[5]

In un'altra, riferendosi a quanto ascoltato direttamente dal Signore nei suoi colloqui mistici, spiega:

> Io voglio che tu sappi che per camparlo dall'eterna dannazione, nella quale tu vedi ch'egli era, io gli permisi questo caso, acciocché col sangue suo nel sangue mio avesse vita; perocché non avevo dimenticato la riverenzia e amore che aveva alla mia dolcissima madre Maria.[6]

Un brano che riecheggia quello del *Dialogo della Divina Provvidenza* dedicato all'amore di Gesù verso Maria, in cui viene chiaramente detto che in virtù di esso "qualunque sarà colui, o giusto o peccatore, che l'abbia [la Madonna] in debita reverenzia, non sarà tolto né divorato dal dimonio infernale".[7]

Ma fu san Louis-Marie Grignion de Montfort a costruire una pietra miliare attraverso i suoi scritti, in modo particolare il *Trattato della vera devozione a Maria*,[8] per quell'idea di "mediazione universale" tra Dio e gli uomini, che oggi è una verità di fede condivisa da tutti i cattolici. La Madre Celeste fu l'oggetto del suo continuo trasporto, il tema che ne suscitò le meditazioni più profonde e originali. Per Grignion de Montfort, se la devozione alla Madonna è ardente, profonda, ricca di sostanza teologica, allora la preghiera di chi chiede sarà esaudita. Le grazie pioveranno su chi La prega devotamente e assiduamente. Se, al contrario, questa devozione è falsa o inquinata da elementi contrari alla dottrina cattolica, non sortirà mai del tutto il suo effetto benefico. Per il santo francese, inoltre, tutto ciò non vale soltanto per i singoli individui, ma anche per la famiglia, per una regione, per un Paese o qualsiasi altro gruppo di uomini,

[5] Caterina da Siena, *Lettere*, Edizioni Paoline, Milano 2009, n. 347.
[6] Ivi, n. 272.
[7] Caterina da Siena, *Dialogo della Divina Provvidenza* cit., n. 139.
[8] Louis-Marie Grignion de Montfort, *Trattato della vera devozione a Maria*, Città Nuova, Roma 2000.

anticipando così la strada dei cenacoli mariani e dell'affidamento congiunto al Cuore Immacolato di Maria, apertasi nella spiritualità contemporanea.

Il fondamento teologico di questa evoluzione sta nella cosiddetta "economia della grazia": la Madonna rappresenta il collo del corpo mistico del quale il Cristo è il capo, perché tutto passa attraverso di Lei. Un'immagine quanto mai autentica nella vita spirituale. Un individuo che ha poca devozione per la Madonna, secondo Grignion de Montfort, è come uno che abbia una corda al collo e conservi soltanto un filo di respiro. Se non ha devozione muore per asfissia. Al contrario, se ne ha molta, respira a pieni polmoni, senza lacci che strangolano.

Rivoluzioni e guerre sanguinose non sono semplice conseguenza della fragilità e delle astuzie umane. È il demonio che si serve di quest'ultime per eccitare, confondere e manipolare gli animi. Di qui l'azione protettrice che la Madonna può esercitare contro il Maligno se un'intera comunità la invoca con fede. Quanto le "passioni", il cinismo, il materialismo senza argini provocano l'aberrazione e la crudeltà sociale, tanto l'orazione sentita e diffusa diffonde pace e armonia e contrasta il male dilagante. È un pensiero che san Giovanni Paolo II, grande cultore di san Louis-Marie Grignion de Montfort e intriso di devozione mariana al punto da aver scelto come motto il *Totus Tuus* di affidamento totale alla Madonna, ha riattualizzato e rinvigorito nell'Esortazione apostolica *Reconciliatio et paenitentia.*[9]

Un'anima che s'innalza innalza l'intero corpo mistico, ma un'anima che si degrada, allo stesso modo, degrada tutti. Per risollevarsi bisogna essere in comunione con Dio, meditare sul suo amore, prendere realmente Gesù a nostro modello, farsi portare a Lui da Maria, l'unico essere umano concepito senza peccato originale, quello che più ebbe fiducia nei disegni del Signore. Nel documento di Giovanni Paolo II si legge: "Parlare di peccato sociale vuol dire, an-

[9] Testimonianza raccolta dall'Autore.

zitutto, riconoscere che, in virtù di una solidarietà umana tanto misteriosa e impercettibile, quanto reale e concreta, il peccato di ciascuno si ripercuote in qualche modo sugli altri. È questa l'altra faccia di quella solidarietà che, a livello religioso, si sviluppa nel profondo e magnifico mistero della comunione dei santi, grazie alla quale si è potuto dire che 'ogni anima che si eleva eleva il mondo'. A questa legge dell'ascesa corrisponde, purtroppo, la legge della discesa, sicché si può parlare di una comunione del peccato, per cui un'anima che si abbassa per il peccato abbassa con sé la Chiesa e, in qualche modo, il mondo intero. In altri termini, non c'è alcun peccato, anche il più intimo e segreto, il più strettamente individuale, che riguardi esclusivamente colui che lo commette. Ogni peccato si ripercuote, con maggiore o minore veemenza, con maggiore o minore danno, su tutta la compagine ecclesiale e sull'intera famiglia umana". [10]

L'azione diabolica punta costantemente ad accentuare queste spinte degradanti, mentre Maria, col suo cuore colmo d'amore, le argina. Nel pensiero di Grignion de Montfort basta che Ella lanci un ordine sull'Inferno, perché esso si terrorizzi, si confonda, si rintani e scompaia dalla scena umana. Al contrario, basta che Ella lasci al demonio un certo margine d'azione, con l'intento di una madre che vuol far comprendere ai figli quali siano gli effetti dei propri comportamenti sbagliati, perché la stessa azione progredisca. Il santo insiste, infatti, sul ruolo non fittizio ma effettivo della Madonna quale Regina dell'universo: "Egli (Iddio) l'ha insediata come regina dell'universo perché lo governi, avendo soprattutto presente il povero genere umano decaduto e peccatore. Ed Egli vuole che Ella faccia quanto non ha voluto fare da sé, ma per mezzo di Lei, strumento regale del suo amore. [...] E la Madonna, distribuendo la grazia ora più ora meno abbondantemente, frenando ora più

[10] Giovanni Paolo II, Esortazione apostolica post-sinodale, *Reconciliatio et paenitentia*, al clero e ai fedeli circa la riconciliazione e la penitenza nella missione della Chiesa oggi, Città del Vaticano, 2 dicembre 1984, Libreria editrice vaticana, in www.vatican.va, n. 16.

ora meno l'azione del demonio, esercita la sua regalità sul corso degli avvenimenti terreni".[11] E aggiunge significativamente: "Vi sarebbe da fare un interessante lavoro storico per dimostrare come il demonio comincia a vincere quando riesce a far diminuire la devozione alla Madonna. È successo in tutte le epoche di decadenza della Cristianità".[12] Grignion de Montfort vedeva "una vittoria spettacolare della Madonna" sugli effetti negativi della rivoluzione francese. Una visione che pare seguire la stessa arcana traccia delle profezie affidate dalla "Bella Signora" ai tre pastorelli di Fatima, anticipando loro il trionfo del Suo Cuore Immacolato anche nella Russia comunista. Prima o poi, il demonio viene ricacciato negli inferi e si afferma il Regno di Maria che si identifica con quello dello Spirito Santo, e a questo scopo, per favorire il risveglio delle coscienze, secondo il santo francese l'Altissimo e la Madonna plasmano santi di virtù sempre più eccelse.

Perché la Regina del Cielo schiaccia il serpente

È un fatto incontrovertibile che, da La Salette in poi, in tutte le mariofanie riconosciute dalla Chiesa la Madonna sia maternamente intervenuta ad allertare l'attenzione degli uomini sulla distruttiva opera diabolica, mentre da più parti, talvolta anche in ambito ecclesiastico, si continuava a negarne l'esistenza o a minimizzarne l'azione. Il ruolo fondamentale di Maria nella lotta contro Satana e le sue legioni emerge anche dall'esperienza degli esorcisti e dei più grandi mistici cattolici. Nella Bibbia, già al principio della storia degli uomini (cfr. *Gen* 3,15), è preannunciato il ruolo della Santissima Vergine e del Figlio, il Dio che si incarnerà per abbattere il male, effimero vincitore con la tenta-

[11] Cfr. Louis-Marie Grignion de Montfort, *Trattato della vera devozione a Maria* cit., p. 49.
[12] Ivi, p. 50.

zione cui soccombettero Adamo ed Eva. Si parla a riguardo di "Protovangelo".

Non a caso, nell'iconografia classica ricorre Maria nell'atto di schiacciare la testa del serpente, simbolo dell'insidia del male. In realtà per la Bibbia è il Cristo, "la progenie della donna", a schiacciare Satana col suo sacrificio d'amore. Ma il Signore ha voluto la Madonna non soltanto come Sua madre, l'ha chiamata come prima alleata nella salvezza delle anime, come corredentrice. Per questo ha senso la raffigurazione di Maria che schiaccia il serpente: perché ha partecipato alla redenzione del genere umano con l'offerta del suo dolore e la fiducia illimitata in Dio persino ai piedi della croce, ma anche perché, nello stesso tempo, ne rappresenta il frutto più mirabile.

L'esegesi biblica, nel passo in cui Dio condanna il serpente tentatore, si è sempre dibattuta tra il testo in ebraico («Io porrò inimicizia fra te e la donna, fra la tua stirpe e la sua stirpe; questa ti schiaccerà la testa e tu la insidierai al calcagno») e la traduzione greca, che contiene un preciso riferimento al Messia attraverso l'uso del pronome maschile: «*Egli* ti schiaccerà la testa».

Ma la Madre e il Figlio, nella lotta contro il male, cooperano per disegno divino. E lo chiarì il Concilio Vaticano II:

> Il Padre delle misericordie ha voluto che l'accettazione da parte della predestinata madre precedesse l'incarnazione, perché così come una donna aveva contribuito a dare la morte, una donna contribuisse a dare la vita. Ciò vale in modo straordinario della madre di Gesù, la quale ha dato al mondo la vita stessa che tutto rinnova e da Dio è stata arricchita di doni consoni a tanto ufficio. Nessuna meraviglia quindi se presso i santi Padri invalse l'uso di chiamare la madre di Dio la tutta santa e immune da ogni macchia di peccato, quasi plasmata dallo Spirito Santo e resa nuova creatura. Adornata fin dal primo istante della sua concezione dagli splendori di una santità del tutto singolare, la Vergine di Nazaret è salutata dall'angelo dell'annunciazione, che parla per ordine di Dio, quale "piena di grazia" (cfr. *Lc* 1,28), e al celeste messaggero essa risponde «Ecco l'ancella del Si-

gnore: si faccia in me secondo la tua parola» (*Lc* 1,38). Così Maria, figlia di Adamo, acconsentendo alla parola divina, diventò madre di Gesù, e abbracciando con tutto l'animo, senza che alcun peccato la trattenesse, la volontà divina di salvezza, consacrò totalmente se stessa quale ancella del Signore alla persona e all'opera del Figlio suo, servendo al mistero della redenzione in dipendenza da lui e con lui, con la grazia di Dio onnipotente. Giustamente quindi i santi Padri ritengono che Maria non fu strumento meramente passivo nelle mani di Dio, ma che cooperò alla salvezza dell'uomo con libera fede e obbedienza. Infatti, come dice Sant'Ireneo, essa "con la sua obbedienza divenne causa di salvezza per sé e per tutto il genere umano". Per cui non pochi antichi Padri nella loro predicazione volentieri affermano con Ireneo che "il nodo della disobbedienza di Eva ha avuto la sua soluzione coll'obbedienza di Maria; ciò che la vergine Eva legò con la sua incredulità, la vergine Maria sciolse con la sua fede" e, fatto il paragone con Eva, chiamano Maria "madre dei viventi" e affermano spesso: "la morte per mezzo di Eva, la vita per mezzo di Maria".[13]

È interessante notare, come nella Bibbia, anche nella parte relativa alla fine della storia dell'umanità, l'Apocalisse (12,1-5), riaffiori l'immagine della Vincitrice del male:

> Poi apparve nel cielo: una donna rivestita del sole con la luna sotto i piedi e, sul capo, una corona di dodici stelle. Ella era incinta, e gridava nelle doglie tormentose del parto. E apparve un altro segno nel cielo: ed ecco un gran dragone rosso, che aveva sette teste e dieci corna e sulle teste sette diademi; la sua coda trascinava la terza parte delle stelle del cielo e le gettò sulla terra. E il dragone si fermò davanti alla donna, che stava per partorire, affin di divorarne il figliuolo, quando l'avrebbe partorito. Ed ella partorì un figliuolo maschio che ha da reggere *tutte le nazioni con verga di ferro, e il figliuolo di lei fu rapito presso a Dio e al suo trono.*

La donna gravida è la Madonna e il figlio che porta in grembo è Gesù; il drago rosso è "il serpente antico, chiama-

[13] Paolo VI, Costituzione dogmatica sulla chiesa *Lumen Gentium*, 21 novembre 1964, n. 56.

to Diavolo o Satana", come esplicitato al versetto 9. Ecco quindi ancora la lotta tra la Madre Celeste e l'immonda creatura, che soccombe e viene sprofondata nella terra. Ed ecco perché per i santi, per gli esorcisti, per chiunque abbracci con convinzione la causa di Dio, del Bene contro il Male, quest'atavica inimicizia riveste la massima importanza.

Chi invoca Maria con costanza e la prende a mirabile esempio di vita, cerca il sentiero indicato da Gesù: saper riconoscere la volontà di Dio e accettarla con fiducia, carità e amore. Quella volontà che il Maligno cerca di contrastare con ogni mezzo. Nell'Annunciazione, la Madonna rivela un'adesione totale ai disegni divini; la visita dell'angelo, quando è ancora una ragazza, ne sconvolge ogni aspettativa, ogni ragionevole attesa. Ma lei non dubita della Parola di Dio, a cui "nulla è impossibile". Perciò obbedisce con gioia e docilità e così, nel confronto Eva-Maria, si coglie il compimento della profezia della Genesi: l'obbedienza della seconda riscatta la disobbedienza della prima, che mangiò il frutto dell'albero proibito. È la stessa logica con cui il Cristo nel Getsèmani, solo, con la sua angoscia umana, rinnovando la sua adesione ai voleri del Padre, riscatta per sempre la disobbedienza di Adamo.

È proprio l'adesione costante e convinta ai piani del Signore, riscontrabile nella vita della Madonna, la causa primaria dell'inevitabile inimicizia col Diavolo.

Essa si rinnova ai piedi della Croce, sul Golgota: un'altra annunciazione, che lei accetta in un modo che le tragiche circostanze rendono ancora più eroico. Straziata dal dolore per l'imminente e sanguinosa perdita dell'unico figlio, non spegne il suo amore per Dio. Viene sottolineato nella *Lumen Gentium*, il documento conclusivo del Concilio:

> La beata Vergine avanzò nella peregrinazione della fede e serbò fedelmente la sua unione col Figlio sino alla croce, dove, non senza un disegno divino, se ne stette (cfr. *Gv* 19,25), soffrendo profondamente col suo Unigenito e associandosi con animo materno al suo sacrificio, amorosamente consenziente all'immolazione della vittima da lei generata; e fi-

nalmente dallo stesso Gesù morente in croce fu data quale madre al discepolo con queste parole: «Donna, ecco tuo figlio!» (*Gv* 19,26-27).[14]

Ma oltre ad abbracciare la volontà del Signore, Maria, sotto la croce, comprende la ragione di quella morte così devastante, inaccettabile in una logica umana. C'è in lei, perfino nell'atroce ferita inflitta al suo cuore, la confortante certezza che, proprio attraverso quel martirio, Gesù trionferà e regnerà per sempre. L'arcangelo Gabriele gliel'aveva predetto: "Sarà grande [...] Dio gli darà il trono di Davide e regnerà per sempre sulla casa di Giacobbe e il suo regno non avrà mai fine" (*Lc* 1,33). Quindi, la Madonna comprende che proprio attraverso l'orrenda morte in croce si realizzeranno queste parole profetiche. La Madonna, infine, si mostra grata a Dio perché l'ha scelta per dare corpo al grande disegno di salvezza, sebbene questo costi il suo strazio di madre. Il suo dolore sono come le piaghe e le ferite inflitte al suo Gesù, indispensabili per il trionfo dell'Amore senza fine, per la redenzione dell'umanità intera. Per la crocifissione, per il modo in cui Lei la accettò, tutte le generazioni chiameranno lei, umile serva di Dio, Beata, Regina del cielo e della terra, Mediatrice di ogni grazia. Per la crocifissione il Male, la morte dell'anima sono stati sconfitti per sempre. Chi, guardando all'esempio di Maria, comprende il valore della sofferenza, ha fede nella vittoria del Cristo mediante la croce, trae la forza di sconfiggere il demonio anche di fronte alle sue insidie più nascoste.

Con vigore sempre crescente i pontefici succedutisi dal ventesimo secolo in poi hanno incoraggiato la devozione e l'affidamento alla Madonna per contrastare l'azione del male. Significativo quanto ha detto papa Francesco, durante il viaggio apostolico in Brasile, davanti a oltre duecentomila persone, il 24 luglio 2013, visitando il santuario di Nostra Signora di Aparecida, una delle mete di pellegrinaggio più frequentate del mondo:

[14] Paolo VI, *Lumen Gentium* cit., n. 59.

> Una donna – figura di Maria e della Chiesa – viene perseguitata da un Drago – il diavolo – che vuole divorarne il figlio. Ma la scena non è di morte, ma di vita, perché Dio interviene e mette in salvo il bambino (cfr. *Ap* 12,13.15-16). Quante difficoltà ci sono nella vita di ognuno, nella nostra gente, nelle nostre comunità, ma per quanto grandi possano apparire, Dio non lascia mai che ne siamo sommersi. Davanti allo scoraggiamento che potrebbe esserci nella vita, in chi lavora all'evangelizzazione oppure in chi si sforza di vivere la fede come padre e madre di famiglia, vorrei dire con forza: abbiate sempre nel cuore questa certezza: Dio cammina accanto a voi, in nessun momento vi abbandona! Non perdiamo mai la speranza! Non spegniamola mai nel nostro cuore! Il "drago", il male, c'è nella nostra storia, ma non è lui il più forte. Il più forte è Dio, e Dio è la nostra speranza! È vero che oggi un po' tutti, e anche i nostri giovani sentono il fascino di tanti idoli che si mettono al posto di Dio e sembrano dare speranza: il denaro, il successo, il potere, il piacere. Spesso un senso di solitudine e di vuoto si fa strada nel cuore di molti e conduce alla ricerca di compensazioni, di questi idoli passeggeri. Cari fratelli e sorelle, siamo luci di speranza![15]

E Maria, dispensatrice di grazie, è grande e intensa fonte di speranza. Lì, in Brasile, quel giorno, Bergoglio ha voluto consacrarsi ancora una volta alla Vergine, alla quale già si era affidato il giorno successivo alla sua elezione, a Santa Maria Maggiore e dopo aver chiesto per ben due volte a José Policarpo, patriarca di Lisbona, di consacrare il proprio ministero petrino alla Madonna di Fatima, come rivelato dallo stesso cardinale (scomparso nel marzo del 2014) l'8 aprile 2013, in occasione dell'apertura della CLXXXI assemblea plenaria della Conferenza episcopale portoghese.

Come quelli di Giovanni Paolo II e Benedetto XVI, anche il suo pontificato è profondamente mariano. "La Chiesa" ha detto ancora Francesco in Brasile "quando cerca Cristo bussa sempre alla casa della Madre e chiede: 'Mostraci Gesù'.

[15] Francesco, Omelia presso il santuario di Nostra Signora di Aparecida, 24 luglio 2013, Libreria editrice vaticana, in www.vatican.org.

È da Lei che si impara il vero discepolato. Ed ecco perché la Chiesa va in missione sempre sulla scia di Maria. [...] Il discepolo è consapevole che senza Cristo non c'è luce, non c'è speranza, non c'è amore, non c'è futuro." Alla fine, decisive sono le parole di Maria, che mostra Gesù e ci chiede: "Qualsiasi cosa vi dica, fatela" (*Gv* 2,5). "Sì, Madre nostra – ha risposto per tutti papa Francesco – noi ci impegniamo a fare quello che Gesù ci dirà! E lo faremo con speranza, fiduciosi nelle sorprese di Dio e pieni di gioia."[16]

L'appello di suor Lucia dos Santos

Il 26 dicembre 1957 padre Agustín Fuentes, che si preparava a essere il postulatore della causa di beatificazione di Francisco e Giacinta Marto, gli altri due veggenti di Fatima, intervistò la "pastorella" superstite, suor Lucia dos Santos, che gli parlò di un nuovo incombente attacco del male, specificamente volto a ostacolare il culto mariano:

> Padre, il diavolo è in procinto di ingaggiare una battaglia decisiva contro la Beata Vergine. E il diavolo sa cos'è che più di tutto offende Dio e che gli procurerà in breve tempo il maggior numero di anime. Così il diavolo fa di tutto per avere la meglio sulle anime consacrate a Dio, perché sa che in questo modo, le anime dei fedeli, lasciate senza guida, cadranno più facilmente nelle sue mani.[17]

E aggiunse che ciò che offende particolarmente il Cuore Immacolato di Maria e il Sacro Cuore di Gesù è la caduta delle anime dei religiosi e dei sacerdoti. Il Diavolo sa che per ogni religioso o sacerdote che rinnega la sua santa vocazione, molte anime sono trascinate all'Inferno... ecco perché brama di impossessarsi delle anime consacrate, tentando con ogni mezzo di corromperle, per scandalizzare i fedeli e provocarne il loro allontanamento da Dio e

[16] *Ibid.*
[17] Michel de la Sainte Trinité, *The Whole Truth about Fatima*, II, Immaculate Heart Publications, Buffalo 1989, p. 687.

dai sacramenti. Poi, tornando, sulla battaglia sferrata dal Diavolo e sulla necessità di scegliere al più presto il campo di Dio, spiegò che il Signore stava consegnando gli ultimi due rimedi per salvare il mondo: il Santo Rosario e la devozione al Cuore Immacolato di Maria. Il religioso messicano continuò:

> Prima di accingersi a punire il mondo, esaurisce tutti gli altri rimedi. Ora, quando Egli vedrà che il mondo non presta alcuna attenzione, allora, come diciamo nel nostro modo imperfetto di parlare, Egli ci offre con una certa trepidazione l'ultimo strumento di salvezza: Sua Madre Santissima. Lo fa con una certa trepidazione perché, se disprezziamo e rigettiamo quest'ultimo strumento, non avremo altro perdono dal Cielo, perché avremo commesso quello che il Vangelo definisce come il peccato contro lo Spirito Santo. Questo peccato consiste nel rifiutare, apertamente e con pieno consenso e consapevolezza, la salvezza offertaci da Nostro Signore. Ricordiamoci che Gesù Cristo è un Figlio assai buono e che Egli non permette che si offenda e si disprezzi la Sua Madre Celeste. Abbiamo secoli e secoli di esempi chiarissimi, nella storia della Chiesa, di punizioni terribili per chi aveva attaccato l'onore della Santissima Madre di Dio, e questo dimostra quanto Nostro Signore Gesù Cristo abbia sempre difeso l'onore di Sua Madre.[18]

L'attenzione di suor Lucia sulla minaccia diabolica si mantiene desta negli anni a venire. In una lettera del 1970 scrisse così a madre Martins, sua consorella delle suore di santa Dorotea:

> Quindi i piccoli opuscoli [riferendosi a un suo scritto sul Rosario] rimarranno con le anime, come un'eco della voce della Madonna, per ricordare loro dell'insistenza con cui Ella ci ha raccomandato la preghiera del Rosario, così tante volte. È perché Ella sapeva già che sarebbero giunti questi tempi, durante i quali il diavolo e i suoi alleati avrebbero combattuto così duramente questa preghiera, per sviare le anime dal Signore. E senza Dio, chi potrà mai salvarsi?! Per

[18] *Ibid.*

questo motivo dobbiamo fare tutto ciò che è in nostro potere per condurre di nuovo le anime al Signore.[19]

E l'appello fu ripetuto più e più volte dalla superstite dei tre veggenti di Fatima, certa che la Beata Vergine fosse apparsa in Portogallo a lei, Francisco e Giacinta, per avvertire di un pericolo incombente e suggerire il miglior rimedio contro di esso.

La potente arma del Rosario

La decadenza in cui versa il mondo oggi giorno è senza ombra di dubbi la conseguenza della mancanza di spirito di preghiera. Prevedendo questo disorientamento, la Beata Vergine ha raccomandato la recita del Rosario con grande insistenza. E poiché il Rosario è la preghiera più adatta a preservare la fede nelle anime, dopo la liturgia della Santa Eucaristia, il diavolo le ha scatenato contro i suoi attacchi. Stiamo sfortunatamente assistendo ai disastri da lui causati. [...] Dobbiamo difendere le anime contro gli errori che possono condurle lontano dalla strada maestra. [...] Non possiamo e non dobbiamo fermarci, né permettere che i figli dell'Oscurità, come dice Nostro Signore, diventino più saggi dei figli della Luce... Il Rosario è l'arma più potente che ci difende nella battaglia.[20]

Così scriveva Lucia dos Santos a don Umberto Pasquale, un sacerdote assai devoto. Tre anni dopo, il 2 febbraio 1974, venne pubblicata l'Esortazione apostolica *Marialis Cultus*, in cui Paolo VI spiegò in modo coinvolgente l'importanza della pratica di quest'antica orazione:

Preghiera evangelica, incentrata nel mistero dell'Incarnazione redentrice, il Rosario è, dunque, preghiera di orientamento nettamente cristologico. [...] la ripetizione dell'*Ave Maria* costituisce l'ordito, sul quale si sviluppa la contemplazione dei misteri: il Gesù che ogni *Ave Maria* richiama è

[19] Michel de la Sainte Trinité, *The Whole Truth about Fatima* cit., pp. 758-759.
[20] Ivi, p. 759.

quello stesso che la successione dei misteri ci propone, di volta in volta, Figlio di Dio e della Vergine, nato in una grotta di Betlemme; presentato dalla madre al tempio; giovinetto pieno di zelo per le cose del Padre suo; Redentore agonizzante nell'orto; flagellato e coronato di spine; carico della croce e morente sul Calvario; risorto da morte e asceso alla gloria del Padre, per effondere il dono dello Spirito.[21]

Papa Montini insistette inoltre sugli effetti benefici del Rosario recitato nelle famiglie, com'era stato chiesto dalla Madonna a Fatima, o nei dialoghi mistici con san Pio e Natuzza Evolo, i quali diedero impulso a gruppi di preghiera e cenacoli mariani, oggi diffusi in tutto il mondo:

> Vogliamo ora, in continuità di intendimenti con i Nostri Predecessori, raccomandare vivamente la recita del Rosario in famiglia. Il Concilio Vaticano II ha messo in luce come la famiglia, cellula prima e vitale della società, grazie all'amore scambievole dei suoi membri e alla preghiera a Dio elevata in comune, si riveli come il santuario domestico della Chiesa. La famiglia cristiana, quindi, si presenta come una Chiesa domestica, se i suoi membri, ciascuno nell'ambito e nei compiti che gli sono propri, tutti insieme promuovono la giustizia, praticano le opere di misericordia, si dedicano al servizio dei fratelli, prendono parte all'apostolato della più vasta comunità locale e si inseriscono nel suo culto liturgico; e ancora, se innalzano in comune supplici preghiere a Dio: che, se non ci fosse questo elemento, le verrebbe a mancare il carattere stesso di famiglia cristiana. Perciò, al recupero della nozione teologica della famiglia come Chiesa domestica, deve coerentemente seguire un concreto sforzo per instaurare nella vita familiare la preghiera in comune.[22]

È proprio la necessità di questo "recupero", per contrastare la forza disgregatrice e degradante della società contemporanea, che spinse il pontefice a "rivalutare" il Rosario. Paolo VI non vi vedeva, come purtroppo spesso accade anche tra i credenti, un mero esercizio mnemonico di lita-

[21] Paolo VI, Esortazione apostolica *Marialis Cultus* cit., n. 26.
[22] Ivi, n. 52.

nie, ma una preghiera sublime che, attraverso la contemplazione, contribuisce a elevare le anime e a portarle in comunione con Dio, spingendole a riflettere sugli eventi principali della nostra salvezza, quindi di nuovo innalza l'umanità in compagnia della Vergine Maria.

La Madonna – come scrisse suor Lucia dos Santos – più volte è intervenuta "in persona, [con] le sue numerose apparizioni, le sue lacrime, i messaggi dei veggenti sparsi in tutte le parti del mondo", offrendo Se stessa, il Suo amore materno, quale ultima ancora di salvezza fornita da Dio all'umanità, non una mera salvezza da castighi materiali, ma quella eterna, seriamente minacciata dall'ostinazione nel peccato e nel rifiuto di Dio.

L'importanza del Rosario nella lotta contro il male è stata più volte ribadita anche da Giovanni Paolo II e da Benedetto XVI, il cui successore, Francesco, parlando ai fedeli riuniti in San Pietro il 17 novembre 2013, l'ha paragonato significativamente a una "medicina spirituale per la nostra anima".[23]

E l'autrice di apprezzati saggi di spiritualità Annalisa Colzi, consacrata nella comunità dei Figli di Dio fondata dal mistico don Divo Barsotti, in un'intervista ha richiamato l'attenzione sulle insidie diaboliche di cui a volte anche "i sacerdoti non parlano più e i pochi che ne parlano vengono derisi", spesso trascurate anche nei seminari e nelle facoltà teologiche, in barba al messaggio evangelico lasciatoci da Giovanni, l'apostolo prediletto: "Ora il Figlio di Dio è apparso per distruggere le opere del diavolo" (1*Gv* 3,8). La Colzi ha poi insistito sulla necessità di mettere in guardia i giovani da questo pericolo:

> La Misericordia di Dio va di pari passo con l'azione del Maligno. Altrimenti [...] che senso avrebbe parlare di Misericordia? Che senso avrebbe parlare di Sacrificio della Croce? Gesù da che cosa ci avrebbe salvati? La Madonna non teme di far vedere l'inferno a tre bambini a Fatima e non dice loro

[23] Pippo Corigliano, *Papa Francesco ha ragione, senza la "medicina" del Rosario l'anima non sta bene*, in "Tempi", 26 novembre 2013.

che l'inferno è vuoto, ma che "molti vanno all'inferno perché non c'è chi si sacrifichi per loro". [...] I genitori che invece vogliono preservare i loro figli dal discorso del demonio e dell'inferno sono poi quelli che l'inferno glielo fanno vivere su questa Terra, lasciandoli scorrazzare tra i vari pericoli mediatici. Io credo che in quest'ora grave in cui versa l'umanità, solo la bontà materna di Maria possa salvarci. San Luigi Maria Grignon De Montfort scriveva nel 1700: "... il demonio teme Maria, perché Satana, che è superbo, soffre infinitamente d'esser vinto e punito da una piccola e umile serva di Dio, e l'umiltà della Vergine lo umilia più che la divina onnipotenza". Questi sono i tempi di Maria. Da trent'anni la Regina della Pace ci esorta a riprendere il cammino della Salvezza e a saperci difendere dagli assalti del Maligno con il Rosario, il digiuno, la Santa Messa, la confessione, la lettura della Sacra Scrittura.[24]

Anche nell'esempio lasciatoci dai santi il Rosario risulta essere, dopo la santa messa, la preghiera di liberazione più efficace, quella più valida per vincere il Diavolo, il mezzo misterioso per ottenere grazie particolari, tutto ciò che umanamente può apparire impossibile.

Il Diavolo lavora per allontanarci dal culto di Dio e cerca di farci innalzare il culto al nostro io o al denaro. Noi possiamo modulare le nostre scelte o guardando all'esempio di Maria o lasciandoci travolgere dalle tentazioni diaboliche che operano sulle nostre umane debolezze. Chi asseconda la malizia del Diavolo, non avvertirà mai spinte interiori a fare del bene, la sua vita piomba in un progressivo degrado morale. Il Rosario, la preghiera degli umili, è la migliore protezione contro questo rischio.

Giovanni Paolo II si rivolse così ai coniugi cattolici:

> Per essere "buona notizia per il terzo millennio", cari sposi cristiani, non dimenticate che *la preghiera in famiglia* è garanzia di unità in uno stile di vita coerente con la volontà di Dio. Proclamando [...] l'Anno del Rosario, ho raccoman-

[24] Annalisa Colzi, intervista raccolta da "Medjugorje – La presenza di Maria", n. 4, aprile 2011.

> dato questa devozione mariana come preghiera *della* famiglia e *per la* famiglia [...] "La famiglia che recita insieme il Rosario riproduce un po' il clima nella casa di Nazaret; si pone Gesù al centro, si condividono con Lui gioie e dolori, si mettono nelle sue mani bisogni e progetti, si attingono da Lui la speranza e la forza per il cammino." Assieme a Maria viviamo con Lui, amiamo con Lui, pensiamo con Lui, percorriamo le strade e le piazze con Lui, cambiamo il mondo con Lui.[25]

Se il Diavolo intende sferrare un potente attacco contro la Chiesa del Cristo, Dio replica inviando Maria, la sua Creatura prediletta, per fare da baluardo con la sua umiltà all'arroganza devastante dei demòni, angeli decaduti per via della loro superbia. Ed è questo che scatena la collera del Diavolo: essere sconfitto da una creatura umana, inferiore a lui per natura, ma superiore per grazia, perché Madre di Dio.

Il Diavolo vuole distruggere la Chiesa, ma la Madonna è Madre della Chiesa e non permetterà la sua sconfitta. Il trionfo del Diavolo può essere solo apparente o effimero perché Gesù, morendo in croce, ha affidato la Chiesa e tutti noi a sua Madre. Non a caso, nel suo addio al papato, Benedetto XVI ha ricordato che la Chiesa appartiene solo a Gesù che l'ha affidata alla Vergine Maria.

Il ruolo della Madre Celeste negli esorcismi

Quanta parte abbia la Madonna nella difesa contro il Maligno lo si evince anche dal *Rito* degli esorcismi, in cui si prevedono la recita delle litanie lauretane, il *Magnificat* e diverse invocazioni alla Madre di Dio.[26] È un chiaro segno della potenza salvifica esercitata dalla protezione di Maria in quan-

[25] Giovanni Paolo II, Discorso per il IV Incontro mondiale delle famiglie, Manila, 25 gennaio 2003, Libreria editrice vaticana, in www.vatican.va.

[26] Cfr. CEI, *Rito degli esorcismi*, Roma 2001; si tratta della traduzione integrale del *De exorcismis et supplicationibus quibusdam*, promulgato con decreto della Congregazione per il culto divino e la disciplina dei sacramenti il 22 novembre 1998.

to Madre del Cristo e Madre del genere umano, ruolo che Le viene conferito dall'unico figlio nell'ultimo atto del suo sacrificio d'amore: la morte in Croce per la vita di tutte le anime. Il riflesso speculare del potere della "donna vestita di sole" di fugare le tenebre sono le reazioni infastidite alla semplice pronuncia del nome di Maria da parte delle entità diaboliche, che trapelano dalle varie testimonianze di esorcisti. Da questo punto di vista, come vedremo più avanti, c'è da dubitare anche di quelle parole apparentemente mielose e ossequiose che il Diavolo, interrogato dagli esorcisti, tributa alla Vergine per bocca dei posseduti. L'essere immondo è falso, e il Signore gli impone il silenzio quando lui cerca di tentarlo nel deserto, persino quando lo apostrofa come l'Altissimo. Pertanto se manifesta sudditanza alla Regina del Cielo è solo con uno scopo specifico, per un inganno che non promette nulla di buono.

Monsignor Girolamo Grillo, vescovo emerito di Civitavecchia-Tarquinia ed esorcista fin dal principio del suo sacerdozio, il quale fu testimone diretto della lacrimazione di sangue della statuina della Madonna nel 1995, è solito rimarcare con particolare slancio, ma anche con estremo rigore teologico, l'importanza dell'intervento della Vergine Maria nella liberazione delle anime dal Maligno e dalle sue tentazioni. "Satana" ci ha detto monsignor Grillo nel corso di una conversazione "teme la Madonna, perché è la via maestra per arrivare al cuore di Gesù. Maria è colei che fa da mediatrice, da unione con il Figlio, e quindi tutta santa, suscita la ribellione di Satana. Oggi, grazie al cielo, la mariologia vive una nuova epoca di vigore. Maria è una gloria che bisogna amare e pregare. Ma i vescovi devono essere attenti all'ortodossia. Amare Maria non significa automaticamente abbandonarsi a banalità o a devozioni dolciastre senza alcun senso, ci vuole anche maturità. A volte la pietà e la devozione popolari, il senso della fede hanno anticipato i teologi, come con il dogma dell'Immacolata Concezione. Ma per dare buoni risultati devono essere ben canalizzate dalle autorità ecclesiastiche."

L'emblematico caso del beato Bartolo Longo

Una tra le più fulgide conferme della forza di Maria e della potenza del Rosario si trae dalla vita e dall'opera del beato Bartolo Longo, fondatore del Santuario di Pompei e grande diffusore del culto mariano. Longo, durante gli studi presso la facoltà di giurisprudenza di Napoli, entrato in contatto con circoli massonici anticattolici e influenzato dalle eresie positiviste di Joseph Ernest Renan, aveva aderito allo spiritismo e si era spinto a praticare anche riti di magia nera d'impronta satanica. Il 29 maggio 1864, a ventitré anni, partecipò a una seduta spiritica. Rimasto solo con il medium, Bartolo sentì sibili di serpenti, grida di donne, ed ebbe visioni di draghi e di altre creature spaventose. Gradatamente, il demonio, spesso presentandosi sotto le false sembianze dell'arcangelo Michele, lo indusse a rinnegare la Chiesa e la divinità di Gesù, in un processo di graduale apostasia. Ingannandolo, sfruttando la sua curiosità intellettuale, il Diavolo gli impose di recitare i salmi, di digiunare e di ricopiare in testa a tutte le sue carte, in carattere rosso e racchiuso in un triangolo, il proprio nome. In compenso, non sopportava neppure di sentire pronunciare quello della Vergine Maria.

Le pratiche spiritiche e i prolungati digiuni cui si assoggettava per acquistare sempre nuova sensibilità, utile ad attraversare con sicurezza i meandri più oscuri del sapere, gli causarono anche una serie di disturbi fisici. A Napoli, Bartolo incontrò il concittadino Vincenzo Pepe che, rivelò lui stesso, tentò "di farmi svincolare dal satanico gioco dello spiritismo, e ripudiare le sue infernali dottrine, in cui io, per indomabile brama di conoscere la verità (erano allora i tempi famosi di Renan), ero stato miserevolmente travolto".[27]

In seguito a una delle sue pratiche occulte visse un tale scombussolamento interiore che Vincenzo Pepe gli consigliò: "Ti devi confessare in San Domenico Maggiore a un

[27] Bartolo Longo, *I nostri amici intimi. Il prof. Vincenzo Pepe*, "Piccole letture", n. 67, Pompei (Na) 1925, p. 9.

dotto teologo tomista ed esperto scovritore delle insidie del diavolo [padre Alberto Radente]".[28]

Seguì un mese di colloqui giornalieri, fin quando il 23 giugno prese l'eucaristia, una sorta di replica della prima comunione, che ne segnò il ritorno alla vita cristiana. E il suo impegno successivo fu subito volto a liberare gli ex compagni di pratiche occultistiche dalle seduzioni del male che li avevano imprigionati.

Nel 1872, trovandosi nella valle di Pompei, entrò in una chiesetta antichissima ma fatiscente, il Santissimo Salvatore. Vagando poi in contrada Arpaia, a un certo punto sentì nitidamente una voce sussurrargli di propagare il Rosario per la propria salvezza. Nacque così la sua grande opera mariana a Pompei, scandita da una serie di prodigi conosciuti in tutto il mondo.

Papa Pio X mostrò grande stima per il fondatore della "nuova Pompei" e approvò la Pia unione universale per la recita del Rosario in comune e nelle famiglie, proposta dal Longo, volendo esserne il primo iscritto. Nel 1921, all'età di ottant'anni, Bartolo Longo riuscì a completare la sua opera di redenzione, aprendo l'Istituto per le figlie dei carcerati, "l'ultimo voto del cuore", dopo infinite opere di carità e di fede: il santuario, ormai diventato basilica pontificia, la Supplica alla Beata Vergine del Rosario ogni 8 maggio e ogni prima domenica di ottobre (preghiera universale simultanea), la promozione del Movimento assunzionista per ottenere la definizione del dogma dell'Assunzione di Maria, l'Orfanotrofio femminile, l'Istituto per i figli dei carcerati, la Congregazione femminile delle suore domenicane Figlie del Santo Rosario di Pompei; e ancora, le Case operaie per i dipendenti, la tipografia con annessa legatoria artistica, le officine, la scuola di arti e mestieri, attività trasformate successivamente in scuole. Bartolo Longo realizzò tutto questo con la fede e la preghiera. Il 26 ottobre 1980, Giovanni Paolo II, lo proclamava beato.

[28] Eufrasio Maria Spreafico, *Il servo di Dio Bartolo Longo*, Scuola tipografica pei figli dei carcerati, Pompei (Na) 1944-1947, voll. 2, I, pp. 104-105.

Nell'omelia pronunciata per l'occasione, trapela tutto il prodigioso disegno divino di quel percorso umano da schiavo di Satana ad "apostolo del Rosario":

> Bartolo Longo fu strumento della provvidenza per la difesa e la testimonianza della fede cristiana e per l'esaltazione di Maria santissima in un periodo doloroso di scetticismo e di anticlericalismo. A tutti è nota la sua lunga vita, ispirata da una fede semplice ed eroica e densa di episodi suggestivi, durante la quale sgorgò e si sviluppò il miracolo di Pompei. Iniziando dall'umile catechesi ai contadini della valle di Pompei, e dalla recita del rosario davanti al famoso quadro della Madonna, fino all'erezione dello stupendo santuario e all'istituzione delle opere di carità per i figli e le figlie dei carcerati, Bartolo Longo portò avanti con intrepido coraggio un'opera grandiosa che ancora oggi ci lascia stupiti e ammirati. Ma soprattutto è facile notare che tutta la sua esistenza fu un intenso e costante servizio della Chiesa in nome e per amore di Maria.
>
> Bartolo Longo, terziario dell'ordine domenicano e fondatore della istituzione delle suore "Figlie del Santo Rosario di Pompei", si può veramente definire "l'uomo della Madonna": per amore di Maria divenne scrittore, apostolo del Vangelo, propagatore del rosario, fondatore del celebre santuario in mezzo a enormi difficoltà e avversità; per amore di Maria creò istituti di carità, divenne questuante per i figli dei poveri, trasformò Pompei in una vivente cittadella di bontà umana e cristiana; per amore di Maria sopportò in silenzio tribolazioni e calunnie, passando attraverso un lungo Getsèmani, sempre fiducioso nella provvidenza, sempre ubbidiente al Papa e alla Chiesa.[29]

[29] Giovanni Paolo II, Omelia per la beatificazione di don Luigi Orione, suor Maria Anna Sala e Bartolo Longo, 26 ottobre 1980, Libreria editrice vaticana, www.vatican.va.

9
I moniti celesti: «Fate quello che Egli vi dirà»

Appurati i pericoli diabolici insiti nei messaggi dei veggenti (le "rivelazioni private"), non possiamo – come detto – "buttare via il bambino insieme all'acqua sporca". Il cattivo uso dei messaggi celesti è solo un esempio in più di come il demonio sappia volgere in male tutti i doni che Dio fa all'uomo. D'altronde, se in nome di Dio e citando la Bibbia si sono potute combattere guerre, non deve meravigliare che il Diavolo possa sfruttare i messaggi.

Per non cadere nella trappola diabolica dobbiamo dare il giusto significato alle rivelazioni private, che hanno l'unico scopo di "aiutarci a vivere la Rivelazione più pienamente in una determinata epoca storica".[1]

Innanzitutto, quando si parla di rivelazioni private, siano esse visioni o locuzioni, non si tratta di questioni vincolanti per i fedeli, cioè di dogmi. Le rivelazioni private, se approvate dalla Chiesa, vengono donate ai fedeli, i quali tuttavia non sono obbligati a credervi. Il cristiano che rifiutasse di credere nel dogma dell'Immacolata Concezione cessa di essere cattolico, mentre il cristiano che non crede alle apparizioni di Lourdes e di Fatima resta comunque un cattolico.

[1] CCC, n. 67.

Il vero senso dei messaggi

Le rivelazioni private autentiche, pur provenendo da Dio ed essendo generalmente comunicate da santi, non sono la Parola di Dio, e di conseguenza non si deve mai attribuire assoluta fede a ogni singola sillaba. Una ragione molto semplice che ci invita a una tale prudenza deriva dal fatto che ogni messaggio è sempre "filtrato" dal soggetto vivente, il quale "vede con le sue possibilità concrete, con le modalità a lui accessibili di rappresentazione e di conoscenza. Nella visione interiore si tratta in modo ancora più ampio che in quella esteriore di un processo di traduzione, così che il soggetto è essenzialmente compartecipe del formarsi, come immagine, di ciò che appare. L'immagine può arrivare solo secondo le sue misure e le sue possibilità. Tali visioni pertanto non sono mai semplici 'fotografie' dell'aldilà, ma portano in sé anche le possibilità e i limiti del soggetto che percepisce".[2]

Ne deriva inevitabilmente che la narrazione dei colloqui mistici vada soggetta, in perfetta buona fede, a contaminazioni dovute a fantasia, sensibilità, cultura, intelligenza, suggestioni ambientali, rivestimento narrativo. Anche quando ci sono visioni che sembrano rivelare molti particolari relativi ad avvenimenti futuri, vale il principio per cui tutte le rivelazioni "non descrivono in senso fotografico i dettagli degli avvenimenti futuri, ma sintetizzano e condensano su un medesimo sfondo fatti che si distendono nel tempo in una successione e in una durata non precisate. Questo addensamento di tempi e spazi in un'unica immagine è tipica per tali visioni, che perlopiù possono essere decifrate solo a posteriori. Non ogni elemento visivo deve, al riguardo, avere un concreto senso storico. Conta la visione come insieme, e a partire dall'insieme delle immagini devono essere compresi i particolari. Quale sia il centro di un'immagine si svela ultimamente a partire da ciò che è il centro della

[2] CDF, *Il messaggio di Fatima*, Libreria editrice vaticana, Città del Vaticano 2000, p. 38.

'profezia' cristiana in assoluto: il centro è là dove la visione diviene appello e guida verso la volontà di Dio".[3]

In base a questi principi, possiamo meglio comprendere la ragione per cui rivelazioni private, autentiche nel loro complesso, possano talora contenere imprecisioni o addirittura grossolani errori. Papa Benedetto XIV, per esempio, riferisce un clamoroso errore nella descrizione di un'estasi di santa Caterina da Siena; in essa sembra che la Madonna asserisca di essere stata concepita con il peccato originale, come tutti gli esseri umani. Tuttavia, non trovando alcuna traccia di una simile affermazione nelle altre rivelazioni della santa, è lecito pensare che si tratti di un fraintendimento, probabilmente dovuto agli scrivani.[4] Agostino Poulain dedica un lungo capitolo alle "Cinque cause d'errore che possono aver influito sulle rivelazioni vere o considerate come tali in certe epoche e in certi paesi".[5] Per citare errori contenuti all'interno di rivelazioni di santi, nel *Libro delle creature divine* di santa Ildegarda troviamo tutte le fantasiose convinzioni caratteristiche della scienza dell'undicesimo secolo. Santa Coletta di Corbie affermava che sant'Anna si fosse sposata per ben tre volte e avesse partorito numerosi figli. A santa Caterina de' Ricci invece appariva Girolamo Savonarola e lei si adoperò molto perché venisse riconosciuto come santo martire. Per questa precisa ragione il processo di beatificazione di Caterina de' Ricci incontrò notevoli riserve, risolte poi da papa Benedetto XIII il quale sancì il principio che "la canonizzazione riguarda la persona con le sue virtù e non le sue visioni".[6]

Per venire a tempi più recenti, pensiamo alle apparizioni avvenute in Francia, a La Salette, nell'Isère, nel 1846; il vescovo di Grenoble ne riconobbe l'autenticità nel 1851. Quasi trent'anni dopo Mélanie Calvat, la veggente, fece pubblica-

[3] *Ibid.*

[4] Cfr. Benedetto XIV, *De servorum Dei beatificatione et beatorum canonizatione*, t. III, c. VIII, n. 16.

[5] Agostino Poulain, *Delle grazie d'orazione. Trattato di teologia mistica*, Marietti, Torino 1926², c. XXI, pp. 342-360, § 1.

[6] Cit. in A. Poulain, *op. cit.*, c. XXI, p. 355.

re il segreto che aveva ricevuto; benché il testo fosse stato pubblicato con l'*imprimatur* del vescovo di Lecce,[7] Salvatore Luigi Zola, il Sant'Uffizio condannò, con un decreto del 9 maggio 1923, il libro di Mélanie iscrivendolo nell'*Indice dei libri proibiti*! Così pure, è noto che suor Lucia dos Santos, prima di consegnare al vescovo di Leiria-Fatima la busta sigillata contenente la terza parte del "segreto", avesse scritto sulla busta esterna che poteva essere aperta solo dopo il 1960. Il 27 aprile 2000, interpellata dal segretario della Congregazione per la dottrina della fede se fosse stata la Madonna a indicare quella data, suor Lucia rispose: "Non è stata la Signora, ma sono stata io a mettere la data del 1960 perché, secondo la mia intuizione, prima del 1960 non si sarebbe capito, si sarebbe capito solo dopo. Ora si può capire meglio".[8]

È quindi una stoltezza interpretativa cercare di evincere dai messaggi computi temporali, indicazioni topografiche, previsioni politiche e cabalistiche per il prossimo futuro. Fondamentale a questo riguardo l'insegnamento dell'allora cardinal Joseph Ratzinger:

> Essenziale è l'attualizzazione dell'unica rivelazione, che mi riguarda profondamente: la parola profetica è avvertimento o anche consolazione o entrambe insieme. In questo senso si può collegare il carisma della profezia con la categoria dei "segni del tempo", che è stata rimessa in luce dal Vaticano II: "... Sapete giudicare l'aspetto della terra e del cielo; come mai questo tempo non sapete giudicarlo?" (*Lc* 12,56). Per "segni del tempo" in questa parola di Gesù si deve intendere il suo proprio cammino, egli stesso. Interpretare i segni del tempo alla luce della fede significa riconoscere la presenza di Cristo in ogni tempo. Nelle rivelazioni private riconosciute dal-

[7] Il Concilio di Trento (IV sessione, II decreto, 8 aprile 1546) aveva stabilito che i libri di argomento sacro, prima di essere pubblicati, ricevessero l'approvazione preliminare del vescovo (*imprimatur*). Tenendo conto delle forti riserve che l'episcopato francese aveva sempre espresso riguardo ai messaggi fatti circolare da Mélanie, sarebbe stato certamente più prudente che l'*imprimatur* fosse stato concesso dal vescovo di Grenoble.
[8] CDF, *Il messaggio di Fatima* cit., p. 29.

la Chiesa si tratta di questo: aiutarci a comprendere i segni del tempo e a trovare per essi la giusta risposta nella fede.[9] Per quanto possa sembrare strano, una rivelazione privata ha unicamente il valore che le viene conferito dai Pastori della Chiesa. L'Apostolo Pietro avverte: "Nessuna scrittura profetica va soggetta a privata interpretazione" (2*Pt* 1,20), e quindi è esclusivamente compito del Magistero interpretare i messaggi e valutare l'opportunità della loro diffusione. Prima di divulgare il testo del terzo segreto di Fatima, papa Giovanni Paolo II, con grande gesto di umiltà, volle chiedere a suor Lucia se ritenesse corretta l'interpretazione che egli aveva dato, e suor Lucia rispose: "Io ho scritto ciò che ho visto, non spetta a me l'interpretazione, ma al Papa".[10]

Per dirla con le parole del vescovo di Grenoble, una volta riconosciuta l'autenticità di una rivelazione, "la missione dei veggenti è terminata, comincia quella della Chiesa".

La trappola del futuro

Dicevamo che il Maligno usa una sorta di schema rituale che comprende tre tappe: analisi dei mali della Chiesa, comparsa di un profeta restauratore, costituzione di una setta (la "vera Chiesa") che prepari l'avvento trionfale del Messia. I falsi messaggi, frequentemente nutriti da un'errata interpretazione dell'Apocalisse, altro non sono che lo sviluppo di quello schema. Per rendercene meglio conto, riportiamo una pagina di Poulain che risulta sempre attuale:

> Nel secolo XIII S. Bonaventura si lamentava di sentire a sazietà profezie sopra le disgrazie della Chiesa e sopra la fine del mondo.[11] Alla fine del secolo XIV, durante il Gran Scisma d'Occidente, i veggenti sorgevano da per tutto, e le loro visioni acquistarono un'influenza e una diffusione quale non avevano mai incontrato avanti [...] Nelle prediche più

[9] Ivi, p. 36.
[10] Ivi, p. 34.
[11] Bonaventura, *Progresso dei religiosi ossia specchio della disciplina interiore*, 3, c. LXXVI.

solenni si appoggiavano a predizioni senza base.[12] Il Gersone[13] che assisté al Concilio di Costanza, nel quale fu posto fine al Gran Scisma e alla lotta dei tre papi rivali, disse che in questo tempo vi fu un numero incredibile di uomini santi e mortificati che ebbero false rivelazioni, e che egli ne è stato informato da testimoni degni di fede. Aggiunge poi: "Molti di loro credevano di aver saputo per rivelazione e con certezza che ognuno di essi sarebbe il futuro papa".

Al principio del secolo XVI in Italia vi fu una vera epidemia di profezie politico-religiose. Quest'effervescenza era stata mossa dalle predizioni fatte a Firenze dal Savonarola. Religiosi ed eremiti si spandevano da tutte le parti, e commentando l'Apocalisse annunziavano dal pulpito e dalle pubbliche piazze rivolgimenti nel governo temporale e spirituale, e poi la fine del mondo. I contadini e le giovanette finirono col profetizzare. Nel V Concilio Laterano, nel 1516, Leone X fu obbligato a pubblicare una bolla per interdire le profezie pubbliche dei predicatori.[14] Arriviamo al secolo XVIII. Vi furono profezie sempre rinascenti durante il corso della Rivoluzione francese, profezie chiarissime, con molti particolari sopra gli avvenimenti passati, più vaghe sugli avvenimenti futuri, spesso smentite dai fatti quando pretendevano venir al particolare, promettendo un salvatore che non arrivava mai, e surrogate ben presto con un'altra predizione, che questa volta si presentava col carattere dell'infallibilità.[15] Nel secolo XIX abbiamo pure avuto delle epidemie di predizioni, che annunziavano il regno del conte di Chambord o di Naundorff. Esse s'ispiravano alle profezie malsicure sopra "il gran papa e il gran re" che il Ve-

[12] Louise Salembier, *Histoire du Grand Schisme*, c. VI, n. 4.

[13] Jean Charlier de Gerson (1363-1429), teologo e filosofo francese, detto anche "Doctor Christianissimus". Tentò con tutti i mezzi di ricomporre il grande scisma d'Occidente; lo scisma avvenne allorché i cardinali francesi, sconvolti dalla crudeltà del neoeletto Urbano VI (cui però si rivolgeva santa Caterina da Siena come vero papa), partirono per Avignone ed elessero unanimemente Clemente VII (che invece san Vincenzo Ferreri riteneva legittimo).

[14] Cfr. Ludwig von Pastor, *Storia dei Papi*, t. V; Giovanni Mansi, *Sacrorum Conciliorum nova et amplissima collecti.*

[15] Augustin Sicard, *L'ancien Clergé de France*, V. Lecoffre, Paris 1903, t. III, l. III, c. VI, p. 153.

nerabile Holzhauser[16] ha inserito, nel secolo XVII, nel suo *Commentario sull'Apocalisse*. Le pie riviste hanno il torto di accogliere e spandere simili sciocchezze che avviliscono la religione. Monsignor Dupanloup, vescovo d'Orléans, si lamenta del gran numero di profezie che le speculazioni dei librai mettono in giro da tutte le parti. Ne ho, egli dice, più di venti volumi sotto gli occhi, soprattutto del Belgio e di Francia.[17] Egli ripete queste parole di Pio IX nella sua allocuzione del 9 apr. 1872: "Circola un gran numero di profezie, ma io credo che esse siano frutto dell'immaginazione".

Il secolo XX non la cede ai precedenti. Allorché nel 1901 le Camere francesi discussero lungamente le leggi destinate a distruggere le congregazioni religiose, l'immaginazione profetica si mise in movimento. Delle veggenti si sentirono spinte ad andare a trovare il Santo Padre, per confidargli le loro predizioni e i loro segreti. Il direttore di una di esse mi raccontò che ella rimase molto meravigliata nell'arrivare a Roma, vedendo che erano venute in dieci collo scopo medesimo. Un cardinale le ascoltò con pazienza, ma l'udienza del papa fu rifiutata. So da fonte sicura che uno degli attuali pretendenti al trono di Francia riceve continuamente lettere di profeti e profetesse che gli annunziano i suoi destini, dandogli consigli riputati in nome di Dio, tanto che egli ne è noiato. Nulla è più facile che inventar così profezie politiche. Basta annunziare grandi disgrazie, seguite da soccorsi straordinari. Possiamo avventare tali affermazioni senza timore, perché nessuno può provare il contrario. Un carattere sospetto dà nell'occhio nelle profezie politiche moderne, perché esse non spingono mai alla lotta contro i cattivi e non indicano nessun mezzo per resister loro. Parecchie anzi ci predicono che il mondo deve cambiarsi subitaneamente per miracolo.

[16] Il venerabile Bartholomäus Holzhauser (1613-1658) compose numerose profezie con le classiche tematiche: i tempi cattivi, la corruzione dei costumi cristiani, la persecuzione alla Chiesa, la comparsa di un grande liberatore. La tematica principale è comunque la restaurazione politico-religiosa della cristianità nel suo complesso, come ritrovata unione concorde del potere spirituale e temporale. Di qui la sua attenzione alla figura del "Grande Monarca", che sarà lo strumento privilegiato di cui la Provvidenza si servirà per attuare il suo misericordioso piano restaurativo.

[17] Félix Dupanloup, Lettera pubblicata sulla rivista mensile "Le Correspondant", 25 marzo 1874, p. 1108.

Un'"era novella" è sul punto di apparire: "tutto il mondo diverrà santo in un batter d'occhio". Da tali predizioni si trae la conclusione che bisogna rimanere colle mani alla cintola. Poiché Dio farà tutto, e si dà premura di proclamarlo anticipatamente, sarebbe da parte nostra indiscrezione e ingenuità volerlo aiutare a precorrere l'ora sua. Restiamo dunque in ozio. Ecco una dottrina comoda. Obiettai un giorno a una di queste false profetesse che il mondo sembra al contrario divenire sempre più cattivo, e che noi voltiamo le spalle alla grande rinnovazione che essa annunziava. Ella rispose: «È buon segno: Dio non vuole entrarvi se non quando il male sarà al colmo». Ma questa risposta non insegna niente. Poiché quando mai potremo dire che il male sarà al colmo? Di più ammettete voi che questo *maximum* avrà luogo prossimamente, e non tra duemila anni? Come lo sapete?[18]

L'affetto della Madre

Al di là delle insidie del Nemico, Maria in molti modi accompagna la Chiesa con le parole che pronunciò davanti ai discepoli: "Fate quello che Egli vi dirà" (*Gv* 2,5). Nel corso dei secoli continua a far giungere i suoi avvertimenti e l'incoraggiamento a perseverare nella via del bene. È il richiamo al Cristo, al suo sacrificio d'amore, il legame che unisce le diverse mariofanie susseguitesi nella storia. Maria esercita da sempre la sua tenerezza materna intervenendo sui figli per scuoterne le coscienze e indirizzarli verso il giusto cammino. Ci si potrebbe chiedere come mai Dio Onnipotente non agisca direttamente con noi, sulla terra, e ricorra sovente alla Madonna per far conoscere i Suoi desideri, o, ancora più semplicemente, perché, nonostante la Sua Infinitezza, abbia "bisogno" di Lei. Le risposte, sul piano teologico, da monsignor Girolamo Grillo in tre linee di fondo:

[18] A. Poulain, *op. cit.*, c. XXI, pp. 366-368; le note bibliografiche contenute nel testo di Poulain sono state qui riportate fedelmente dal testo originale, che non indica le edizioni dei testi citati.

La prima concerne l'identità di Maria come il migliore strumento di trasmissione all'umanità della volontà divina su determinate questioni. La seconda linea è di natura ecclesiologica, nel senso che, essendo Maria coinvolta nel mistero trinitario, Ella stessa è chiamata a collaborare con la Chiesa, di cui è Madre. Dio, in altri termini, non vuole fare tutto da solo ma si sceglie dei collaboratori e Maria è di certo una collaboratrice di primo piano. La terza linea viene individuata dai teologi nella necessità dei tempi, espressi soprattutto dalla femminilità di Maria la quale rivela così l'aspetto materno di Dio. [...] Ricordo ancora quando Giovanni Paolo II, durante la cena, alla fine della quale volle venerare la Madonnina [di Civitavecchia], si soffermò a lungo su alcuni pensieri di von Balthasar, secondo il quale Maria non è una persona privata ed è, quindi, la più disponibile a mostrare al mondo la realtà della Chiesa, apparendo sempre con un rosario in mano, in quanto intermediaria di Suo Figlio. Ella, pertanto, nell'epoca mediatica da noi vissuta, potrebbe essere definita una vera comunicatrice di quanto ricevuto da Dio. L'emittente è sempre Dio, mentre noi siamo il ricevente, con il compito di trasmettere agli altri quel che giunge fino a noi. Da questo possiamo dedurre che il vero credente non può lasciare racchiusa in una semplice nicchia, sia pure di oro, o di cristallo, la Madonnina. È la trasmissione del messaggio, quindi, la cosa più importante. È la vera storia della Madonnina di Civitavecchia [...]. Chi si reca a Civitavecchia con questa convinzione entra, quindi, nella più autentica interpretazione del pianto di sangue che la Madonnina ha voluto mostrarci, per poter meglio trasmettere il messaggio affidatole direttamente dal cielo. Se [...] la Madonnina di Civitavecchia ha pianto 14 volte, è facile andare con la mente alla stessa Via Crucis, che si conclude sul Calvario. È qui che Maria, la madre di Gesù, diventa la mamma di tutti noi. Ciò costituisce, cioè, l'identità storico-salvifica e teologica di Maria, che spiega la sua presenza continua accanto ai suoi figli nella Chiesa, attraverso innumerevoli segni. Le tante manifestazioni di Maria, e quindi anche quella delle lacrime di sangue [...], non sono altro che l'espressione di una materna sollecitudine che guida ogni persona, ogni situazione e ogni epoca verso il Cristo suo figlio; leggerla come a sé stante non avrebbe alcun senso. Sono espressioni della maternità di Maria.[19]

La prima apparizione della Madre di Dio documentabile risale a san Gregorio il Taumaturgo (213-270). La Madonna lo preparò a diventare vescovo, ma il fatto è noto solo attraverso una testimonianza di Gregorio di Nissa, nel quarto secolo.[20] Manifestazioni e messaggi mariani sembrano essersi moltiplicati a partire dalla metà dell'Ottocento. A René Laurentin, mariologo di fama mondiale, è stato chiesto se ci fosse una possibile ragione in questa *escalation*. E lo studioso ha replicato: "Può anche darsi che la Madre di Dio intensifichi il suo soccorso a causa dei mali crescenti e delle apostasie, in cui alcuni ravvisano dei segni escatologici". Ma è stato anche estremamente chiaro sul fatto che le mariofanie nulla aggiungono alla verità delle Sacre Scritture. "La costante principale di tutte queste manifestazioni è l'invito alla preghiera e alla conversione. Infatti le apparizioni non hanno lo scopo di introdurre delle novità, ma di ricordare il Vangelo ai duri d'orecchio".[21]

Il vero e il falso di La Salette

Il 19 settembre 1846, verso le tre del pomeriggio, nella Francia positivista, proiettata in uno slancio quasi religioso verso il sapere scientifico, in una località di montagna chiamata Ravin de la Sezia, nei pressi del villaggio di La Salette-Fallavaux, due pastorelli adolescenti, Mélanie Calvat e Maximin Giraud, di quindici e undici anni, portando al pascolo le mucche, vedono, attorniata da una luce abbagliante, una "bella Signora", vestita "in foggia stra-

[19] Girolamo Grillo, (a cura di), *Rinnegare se stesso per vivere in Cristo*, Shalom, Camerata Picena (An) 2009, pp. 174 e sgg.
[20] Cfr. René Laurentin - Patrick Sbalchiero, *Dizionario delle "apparizioni" della Vergine Maria*, Art, Roma 2010, p. 398.
[21] Patrizia Cattaneo, *Perché la Madonna appare*, intervista a René Laurentin, in www.patriziacattaneo.com, 2007.

niera". Secondo il loro racconto, siede su uno sperone roccioso, piange e tiene la testa fra le mani, in un atteggiamento di sconforto.[22]

A un tratto, la Signora si alza e inizia a parlare ai due ragazzi, prima in francese, poi nel dialetto occitano, affidando loro un messaggio diretto all'umanità intera:

> Se il popolo non si sottomette, sarò costretta a lasciare libero il braccio di mio Figlio, esso è così forte e così pesante che non posso più sostenerlo [...] da quanto tempo soffro per voi! Poiché ho ricevuto la missione di pregare continuamente mio Figlio, voglio che non vi abbandoni, ma voi non ci fate caso. Per quanto pregherete e farete, mai potrete compensare la pena che mi sono presa per voi [...] Dite la vostra preghiera, figli miei? Bisogna dirla bene, mattino e sera [...] d'estate a messa solo alcune donne anziane. Gli altri lavorano di domenica tutta l'estate. D'inverno, quando non sanno che cosa fare, vanno a messa solo per burlarsi della religione...[23]

Dopo aver manifestato la sua pena per le empietà e i peccati degli uomini, rammentando loro che il perseverare nel male comporta l'eterno allontanamento da Dio e quindi l'Inferno, la "bella Signora" rinnova, tuttavia, tramite Mélanie e Maximin, l'annuncio della misericordia divina.

Dopo il verdetto favorevole della commissione diocesana, l'autenticità dell'apparizione fu riconosciuta dalla Santa Sede nel 1851. Quello stesso anno, in occasione del quinto anniversario dell'apparizione, il vescovo di Grenoble, Philibert de Bruillard, in una lettera pastorale dal titolo *Notre Dame de la Salette* stabilì:

> [L'apparizione] ha in sé tutte le caratteristiche della verità e [...] i fedeli sono giustificati a credere al di là di ogni dubbio e con certezza (art. 1) [...] Quindi, al fine di tributare la nostra più sentita gratitudine a Dio e alla gloriosa Vergine Maria, autorizziamo la devozione a Nostra Signora della Salette. Consentiamo che il clero predichi questo grande

[22] Cfr. Gottfried Hierzenberger - Otto Nedomansky, *Tutte le apparizioni della Madonna in 2000 anni di storia*, Piemme, Casale Monferrato (Al) 1996, p. 197.
[23] *Ibid.*

> evento e che ne tragga conseguenze pratiche e morali [art. 3] ... Proibiamo espressamente ai fedeli e al clero della nostra diocesi di parlare o scrivere contro quello che proclamiamo oggi e che quindi merita il rispetto di tutti [art. 5].[24]

Il prodigio di La Salette, dunque, in base alla dottrina cattolica rientra nella categoria delle rivelazioni private. Padre Livio Fanzaga, direttore di Radio Maria, più di recente, ne ha così sottolineato il significato teologico: "Le lacrime della Madonna a La Salette mi viene spontaneo paragonarle in qualche modo al sudore di sangue di Cristo nel Getsèmani. Gesù è morto per i nostri peccati – e quindi ci ha esplicitato il suo infinito amore – però tale amore non è compreso, non è accolto, viene persino rifiutato [...] Perciò le lacrime della Madonna stanno a indicare la nostra non corrispondenza alla grazia, cioè il rifiuto che opponiamo alla misericordia di Dio. Sono lacrime di dolore che Ella versa su di noi, sui suoi figli che vivono nel peccato, perché Maria non può forzare alla conversione, ma può soltanto esprimere l'amarezza per il rifiuto del dono dell'amore".[25]

Secondo la testimonianza dei due pastorelli, prima di scomparire la Vergine Maria avrebbe svelato a ciascuno di loro un segreto diverso. Entrambi ne scrissero il testo e lo inviarono a papa Pio IX il 2 luglio 1851. Di qui la confusione e l'acceso confronto che si scatenò su quello vergato da Mélanie, di cui circolarono due versioni. In quella inserita dalla Santa Sede tra i libri proibiti nel 1923 è contenuto un severo monito ai preti dalla "vita dissipata" e in preda alla "cupidigia del denaro" che, con il loro comportamento, "rimettono" il Cristo "sulla croce". E anche quello ai capi di stato e ai potenti della terra, dimentichi della penitenza e della preghiera, fino al punto da evocare il demonio come "stelle oscure". Il segreto di Mélanie, inoltre, prevede il "regno delle tenebre", la "crisi profonda della Chiesa", il predominio dell'"odio e della menzogna", oltre

[24] Giuseppe Barbero, *La Vergine a La Salette,* San Paolo, Cinisello Balsamo (Mi) 1996, pp. 121-128.
[25] Livio Fanzaga - Saverio Gaeta, *La firma di Maria,* Sugarco, Milano 2005, p. 34.

a una serie di catastrofi.[26] E proprio su questi toni ansiogeni e del tutto scoraggianti si destò l'attenzione delle alte sfere ecclesiastiche: come poteva venire dal Cielo un così sinistro quadro, tale da prefigurare il naufragio della "barca di Pietro" negli abissi del male? Chi crede in Dio, chi ama Dio, spera anche in Dio ed è quindi certo che le forze del male non prevarranno mai sulla Sua Chiesa, da Lui edificata. Questa è una verità di fede incontrovertibile che nessuna rivelazione privata può sovvertire.

Il segreto di Mélanie venne diffuso già nel 1858, ma la prima stesura con approvazione ecclesiastica fu, come si è detto, quella pubblicata 15 novembre 1879, con l'*imprimatur* del vescovo di Lecce, monsignor Zola, e ristampata a Lione nel 1904, qualche mese prima della morte della veggente. Le reazioni furono diverse e già qui si manifestò l'azione *diabolica*, divisoria, dell'inganno malvagio. Alcuni sostennero l'autenticità del segreto e la sua vitale importanza per la Chiesa e per l'umanità. Altri affermarono che la stesura del segreto avrebbe risentito di influenze negative esercitate su Mélanie da alcune persone, fino a determinarne il tenore apocalittico e negativo, altri ancora che fosse frutto dell'immaginazione, di qualcosa di "costruito" artificialmente dopo l'apparizione. Alla fine prevalse quest'ultimo orientamento. In realtà l'articolato decreto di condanna del messaggio risale al 1915 e fa specificamente riferimento al segreto di Mélanie "nelle sue diverse versioni", lamentando che fedeli e una parte di clero "incuranti delle risposte e delle decisioni della Congregazione, insista a far circolare il suddetto opuscolo". Nove anni dopo, lo stesso, riedito, fu messo all'indice con un decreto ufficiale. Prima, comunque, vi erano stati già diversi responsi informali del Sant'Uffizio, sempre negativi.

Molti decenni dopo, il 2 ottobre 1999, il sacerdote francese Michel Corteville, durante le ricerche per la sua tesi di laurea su La Salette, rinvenne presso l'archivio della Con-

[26] Cfr. *L'apparition de la très Sainte Vierge sur la montagne de la Salette le samedi 19 septembre 1846. Simple réimpression du texte intégral publié par Mélanie*, Société Saint-Augustin, Paris-Rome-Bruges 1922.

gregazione per la dottrina della fede, a Roma, i manoscritti originali, regolarmente protocollati e rubricati, dei messaggi inviati da Mélanie e Maximin a papa Pio IX nel luglio del 1851.[27] Mélanie dunque non aveva inventato le profezie anni dopo l'apparizione. Ma resta il fatto che il pontefice, dopo averne preso visione e appostovi il proprio sigillo, aveva stabilito che non dovessero essere divulgate, proprio perché aveva colto nella visione di una Chiesa debole e soccombente di fronte agli attacchi del male l'inganno del Maligno, che si nutre anche delle paure e dei sospetti. Per questo, le motivazioni per cui il messaggio di Mélanie fu ritenuto "frutto dell'immaginazione" non sono mai state ritrattate: il fatto che sia coevo all'apparizione non significa che sia autentico, ossia davvero proveniente dalla Madre Celeste. Per cui, con buona pace dei tessitori di ipotesi apocalittiche e complottistiche, su La Salette la posizione della Chiesa alla quale devono guardare i veri credenti resta: apparizione autentica, "segreti" falsi. E il diffondere ingannevoli teorie su parole celesti occultate per presunti secondi fini non fa che alimentare quella sfiducia verso la dottrina cattolica che favorisce l'azione di Satana. Anche ai veggenti di Fatima, la Vergine affidò parole sui mali all'interno della Chiesa e sull'attentato del male in seno a essa. Così pure nelle apparizioni alla mistica calabrese Natuzza Evolo, che ricevette messaggi molto simili a quelli riferiti da san Pio di Pietrelcina nel carteggio con i direttori spirituali, pubblicato solo un decennio dopo la sua morte. Ma proprio Lucia dos Santos, il santo di Pietrelcina e la mistica calabrese indicano la via da seguire: da un lato la fiducia più totale nella potenza dell'amore divino, dall'altro l'obbedienza e la prudenza, la totale fiducia verso l'autorità ecclesiastica che deve stabilire l'autenticità del messaggio, ma anche il momento e l'opportunità della divulgazione. Le parole davvero "venute dal cielo" non possono sortire effetti contrari all'unione e all'armonia tra tutti i credenti, secondo la mis-

[27] Cfr. Antonio Galli, *Scoperti in Vaticano i segreti de La Salette*, Sugarco, Milano 2007.

sione che Gesù stesso ha dato alla Sua Chiesa. L'attesa, il silenzio, anche quando a volte, in un'ottica umana, fragile ed esposta a molteplici tentazioni – l'orgoglio, la paura, la curiosità, il giudizio superficiale – potrebbero sembrare prolungati, "misteriosi" o persino ingiusti, sono, invece, strumento della provvidenza e della grazia divina. Una difesa dalle vere insidie del male, dalla più temibile apostasia.

La disobbedienza, la ribellione, anche strisciante, o il favorire la discordanza, viceversa, sono strumento dell'opera diabolica. Così pure, il diffondere, mediante speculazioni su segreti e messaggi celesti di dubbia autenticità, l'idea che la bugia alberghi nei vertici ecclesiastici: lo scopo di Satana è proprio minare ogni certezza, confondere il confine tra il bene e il male. E anche non mettendo in discussione direttamente l'infallibilità papale, l'ipotizzare che un pontefice sia in balia di gerarchie prelatizie bugiarde e cospiratrici finisce per assecondare questo obiettivo, attenuando la fiducia nella sua guida, l'autorità di quel Pietro su cui Gesù ha voluto edificare la Sua Chiesa. Il dolore della Madonna per i consacrati nel peccato, che tradiscono la propria vocazione non è e non può essere certamente volto a minacciare l'unità della Chiesa. È sempre e soltanto la conversione autentica dei cuori e l'invito alla preghiera anche per i peccati altrui – di tutti, laici e religiosi – al centro della materna premura della Vergine, che interviene unicamente a rammentare il messaggio evangelico del Figlio. E lo conferma persino l'interpretazione dei testi originali dei messaggi di Mélanie e Maximin, data da colui che li ha ritrovati, Corteville, a René Laurentin:

> I due testi ritrovati ci offrono [...] l'apparizione nella sua integrità. Come Gesù nel Vangelo, così Maria a La Salette non ha solo annunciato cattive notizie, né parlato soltanto di peccati. La sua grande rivelazione è uguale a quella del Vangelo di Luca (cfr. 2,34), che ci presenta Cristo "Signore del tempo e della storia", "rovina e risurrezione di molti in Israele", tradito dagli uni, accolto dagli altri, amico dei più piccoli e nemico degli orgogliosi e dei potenti. Come altre profezie di santi e di beati, i segreti dei pastorelli, stando a due lun-

ghi studi inediti, compiuti da Maritain e da Millon, attestano la fedeltà alla loro missione da cui emana, in un contesto di fede, una luce viva e insieme modesta. Punto finale d'una lunga polemica storica, i nuovi testi, se accolti con umiltà e serietà, possono aumentare i frutti di misericordia e di conversione, offerti dalla Vergine riconciliatrice. "Là dove il peccato è abbondato, è sovrabbondata la grazia" (*Rm* 5,20). Povero o ricco, o plebeo, chierico o laico, francese o straniero, la Madonna esorta tutti a salire più in alto, verso il Salvatore, senza fermarsi a guardare indietro. [...] La Salette vorrebbe essere meta di quel grande pellegrinaggio di fede che il santo Curato d'Ars, dopo aver vinto i dubbi che lo attanagliavano, immaginava in continuo progresso. La sua posizione e i suoi messaggi evocano i monti e le figure bibliche. Nel libro di Daniele una pietra si stacca dal monte e, rotolando, cozza contro gli antichi imperi idolatri e li frantuma (2,45). Si tratta di un'analogia? Dal miracolo personale, compiuto dalla medaglia mariana di Parigi, La Salette non conduce al miracolo comunitario della "pietra", "drizzata" dai fanciulli, sulla quale Maria si siede? Non richiama alla mente la "Misericordia che piange", ma anche il Giudizio che promana dalla Croce?[28]

La medaglia miracolosa

Il riferimento alla medaglia mariana parigina da parte di Corteville merita una piccola riflessione. Anche l'esperienza mistica di santa Caterina Labouré, sedici anni prima dell'apparizione di La Salette, lancia uno squarcio sul richiamo materno della Vergine Maria di fronte alle insidie del male. Nella più nota delle visioni, quella del 27 novembre 1830, la santa vide, come in un quadro, la Madonna ritta su un globo avvolto dalle spire di un serpente, simbolo del Diavolo. La Vergine, quindi, offrì a Dio un altro piccolo globo dorato, simbolo di ogni singolo credente, da Lei tenuto all'altezza del cuore. Dalle mani della Madonna poi piovvero sul globo inferiore due fasci di luce. Infine, scomparso il piccolo glo-

[28] René Laurentin - Michel Corteville, *Découverte du secret de La Salette*, Fayard, Paris 2002, p. 223.

bo dorato, le mani della Vergine si abbassarono, emanando raggi di luce, e, come a formare un'aureola, intorno alla testa della Madonna apparvero le parole: "O Maria, concepita senza peccato, pregate per noi che ricorriamo a Voi". Quando la figura della Madonna scomparve, al centro, si "delineò" una grande lettera M, con sopra la Croce e sotto i Sacri Cuori di Gesù e Maria. Fu allora che una voce interiore chiese a Caterina di far coniare una medaglia che riproducesse la visione. Nel 1832 furono diffusi i primi esemplari e la medaglia fu subito detta "miracolosa" per via di una serie di grazie compiute, come l'eclatante conversione dell'ebreo agnostico Alfonso Ratisbonne, nel 1842. La Madonna dunque affida a santa Caterina Labouré un monito molto simile a quello raccolto dai due pastorelli di La Salette: rammenta l'insidia del serpente, indica la via della luce, grazie alla preghiera e all'affidamento più genuino alla misericordia di Dio che opera dai cuori del Figlio e della Madre, uniti nell'eterno progetto d'amore e salvezza, culminato sul Golgota.

Il senso più autentico dell'apparizione di La Salette si condensa, infatti, nel crocifisso che pende da una catena attorno al collo dell'effige della bella Signora, raffigurata sulla base del racconto di Maximin e Mélanie. Alla croce sono aggiunti, a metà dei bracci laterali, un martello e delle tenaglie, e ai piedi un teschio coi femori incrociati. Il martello simboleggia il peccatore che inchioda Gesù alla croce per i suoi peccati, mentre le tenaglie rappresentano i cristiani che tentano di rimuovere i chiodi della croce mediante la vita di santità e di fedeltà al Signore. Il teschio con i femori incrociati rappresenta la morte, che è inevitabile per gli uomini, per ricordarsi dell'urgenza della salvezza.

Il significato più profondo di Lourdes e la scelta di Benedetto XVI

Dodici anni dopo l'evento di La Salette, l'11 febbraio 1858, la Madre Celeste si manifesta per la prima volta a Lourdes e dice alla quattordicenne Bernadette Soubirous: "Bacia la terra per la conversione dei peccatori! [...] Pregate per i peccatori! [...] Penitenza! Penitenza! Penitenza!". Quasi a richiamare l'onnipotenza sul cosmo del Signore, a volte dimenticata da chi dovrebbe predicarla, tutti gli elementi della natura concorrono al fenomeno delle apparizioni di Lourdes: l'aria (sotto forma di folate di vento), l'acqua (il fiume e la sorgente in cui bere e lavarsi, scavata in quel punto su indicazione da parte della Madonna a Bernadette), il fuoco (nel globo luminoso in cui appare la Vergine o nella candela che arde in mano alla ragazzina mentre dialoga con la Madre del Cielo, senza che le provochi ustioni), infine la terra (rappresentata dalla grotta e dall'erba che diventa cibo). Povertà, preghiera, penitenza, carità e amore per il prossimo sono alla base del messaggio di completa "conversione" annunciato alla giovane Soubirous. In pieno diciannovesimo secolo, la mentalità positivista era ormai dominante, e si apriva una nuova era tecnologica e industriale in cui i valori del progresso materiale cominciavano a sovrastare il bisogno di coltivare quelli spirituali, il desiderio di beni terreni gettava nell'oblio la necessità di cercare i tesori dell'anima, i soli indistruttibili, e gli egoismi dominavano ovunque. Così pure le manovre degli occulti potentati massonici. La Madre del genere umano, dunque, interviene di nuovo a risvegliare i cuori dei credenti. Apparentemente, a Lourdes non aggiunse altro sulla situazione precaria dell'umanità, sulla crisi morale tra i potenti e persino in seno alla Chiesa. Tuttavia Bernadette accennerà a dei messaggi che le affidò la Madonna chiedendole di non rivelarli: "Nello spazio di questi quindici giorni mi diede tre segreti che mi proibì di dire. Sono stata fedele fino a ora". Un enigma in parte svelato da una lettera scritta nel 1879 a papa Leone XIII dalla stessa Bernadette poco prima della sua morte, per sottoporgli i messaggi della Vergine Maria sui due secoli successivi, ritrovata fortuitamente nei sotterranei della biblioteca vaticana da padre Antoine La Grande, nel 1998, proprio mentre cercava documenti sui miracoli di

Lourdes.[29] Nelle cinque profezie riportate in questa missiva, che si credeva perduta, ricorre l'argomento del credo illimitato e ingiustificato nella scienza, comunque destinato al rovinoso crollo, quindi nel potere dell'uomo. Un argomento molto caro a papa Benedetto XVI il quale, più volte nel corso del suo pontificato, ha messo in guardia i fedeli dalla spropositata fiducia nei mezzi umani, che fa perdere la fede in Dio, fino ad arrivare alla visione arida e fallace di "un mondo in cui non c'è più posto per Dio".

Può non essere stato un caso che Ratzinger abbia scelto proprio un 11 febbraio, festa della Madonna di Lourdes, per annunziare la sua rinuncia al papato, nel 2013. Quello stesso giorno, 155 anni prima, l'adolescente Bernadette, figlia dei Soubirous, una coppia di mugnai impoveriti con altri sei bambini da sfamare, vide per la prima volta delinearsi davanti ai propri occhi la Madonna con il rosario in mano. Bernadette era una ragazzina sensibile, di carattere molto dolce e di salute cagionevole. Soffriva d'asma, ma la sua famiglia non poteva permettersi le cure necessarie. E neppure un'alimentazione adeguata o una casa confortevole, senza quell'umidità così nociva per i suoi bronchi. Nel 1855, appena undicenne, aveva rischiato di morire di colera. Ce l'aveva fatta, ma era rimasta molto debilitata nel fisico: a quattordici anni, sembrava ancora una bambina. Era semianalfabeta. Per un po' si era occupata del piccolo gregge della sua ex balia, che le voleva bene come a una figlia. Poi, su richiesta del parroco, era rientrata in famiglia per prepararsi alla prima comunione, seguendo le lezioni di catechismo dalle suore di Lourdes. Ma nell'istruzione religiosa incontrava molte difficoltà perché era piuttosto impedita nella lettura. Le religiose, quindi, cercarono di insegnarle anche le prime nozioni di grammatica e di lessico.

[29] Cfr. *Una lettera profetica di Bernadette Soubirous al Papa Leone XIII*, "Il segno del soprannaturale", febbraio 1999, trad. dal tedesco di M. Jean Mittelberg di un articolo pubblicato da "Der Schwarze Brief" n. 45/98 del 4 novembre 1998, in *Il segno del soprannaturale*, febbraio 1999.

Le apparizioni della Madonna a Bernadette si conclusero il 16 luglio 1858. La ragazza, nonostante gli eventi straordinari di cui fu protagonista, non perse mai la sua umiltà. Con pazienza e docilità estreme affrontò i duri interrogatori cui fu sottoposta dalle autorità religiose e civili, mostrandosi amorevole con le frotte di devoti e curiosi che cominciarono ad accorrere sul luogo delle apparizioni. La sua breve esistenza (morì ad appena trentacinque anni) trascorse nell'instancabile e serena accettazione della sofferenza fisica, come generosa risposta all'invito dell'Immacolata alla preghiera e al sacrificio per il riscatto di tante anime che vivono nel peccato. Terminate le apparizioni, Bernadette riprese le lezioni di catechismo e ricevette l'eucaristia. In seguito, rimase per alcuni anni con le suore di Lourdes, facendo la cuoca e partecipando alla vita di preghiera. Nel 1866, quattro anni dopo il riconoscimento ufficiale delle apparizioni, quando ormai era stato anche eretto il santuario chiesto dalla Madonna, su indicazione del vescovo di Nevers entrò come novizia presso l'ospizio della congregazione delle suore della Carità. Alla professione religiosa, un anno dopo, assunse il nome di suor Maria Bernarda (il suo vero nome, in occitano). Dapprima svolse la mansione d'infermiera all'interno del convento, poi quella di sacrestana, finché l'aggravarsi del male non la costrinse a letto per quasi un decennio. All'asma, che continuava a tormentarla, si erano aggiunti degli atroci dolori d'origine reumatica alle articolazioni e violenti sbocchi di sangue, che più d'una volta fecero temere per la sua vita.

Ma le sue sofferenze non furono solo fisiche, perché i suoi quattordici anni in convento furono un calvario: perse precocemente entrambi i genitori e i superiori la trattavano spesso freddamente, se non con durezza, forse proprio in virtù di quel disegno divino che l'avrebbe portata alla gloria degli altari. Come la Madonna le aveva predetto, non vi sarebbe stata per lei felicità in questo mondo, solo spine per godere, poi, dei fiori della vita eterna. Bernadette morì santamente il 16 aprile 1879. L'umile ed eroica veggente di Lourdes fu beatificata nel 1925 e proclamata santa l'8 dicembre 1933. Il 22 settembre 1909, durante la causa di beatificazione, ne fu riesumata la salma, che fu trovata incorrotta, con gli occhi chiusi e le labbra semiaperte, come in un sorriso. Verrà poi deposta in un sarcofago d'oro e vetro ed esposta al pubblico nella cappella di Nevers, dove ancora oggi è venerata.

Il 16 aprile 2012, nell'omelia pronunciata in occasione del suo ottantacinquesimo compleanno, Benedetto XVI, ricorrendo anche l'anniversario della morte di santa Bernadette, volle così renderle omaggio:

> La ragazza semplice del Sud, dei Pirenei – tutti la conosciamo e la amiamo. Bernadette è cresciuta nella Francia illuminista del XIX secolo, in una povertà difficilmente immaginabile. [...] Ma proprio questa fanciulla semplice, che nel suo cuore era rimasta pura e schietta, aveva il cuore che vede, era capace di vedere la Madre del Signore e in Lei il riflesso della bellezza e della bontà di Dio. A questa fanciulla, Maria poteva mostrarsi e attraverso lei parlare al secolo e oltre il secolo stesso. Bernadette sapeva vedere, con il cuore puro e genuino. E Maria le indica la sorgente: lei può scoprire la sorgente, acqua viva, pura e incontaminata; acqua che è vita, acqua che dona purezza e salute. E attraverso i secoli, ormai, quest'acqua viva è un segno da parte di Maria, un segno che indica dove si trovano le sorgenti della vita, dove possiamo purificarci, dove troviamo ciò che è incontaminato. In questo nostro tempo, in cui vediamo il mondo in tanto affanno, e in cui prorompe la necessità dell'acqua, dell'acqua pura, questo segno è tanto più grande. Da Maria, dalla Madre del Signore, dal cuore puro viene anche l'acqua pura, genuina che dà la vita, l'acqua che in questo secolo – e nei secoli che possono venire – ci purifica e ci guarisce. Penso che possiamo considerare quest'acqua come un'immagine della verità che ci viene incontro nella fede: la verità non simulata, ma incontaminata. Infatti, per poter vivere, per poter diventare puri, abbiamo bisogno che ci sia in noi la nostalgia della vita pura, della verità non travisata, di ciò che non è contaminato dalla corruzione, dell'essere uomini senza macchia. Ecco che questo giorno, questa piccola Santa è sempre stata per me un segno che mi ha in-

dicato da dove proviene l'acqua viva di cui abbiamo bisogno – l'acqua che ci purifica e che dà la vita – e un segno di come dovremmo essere: con tutto il sapere e tutte le capacità, che pure sono necessari, non dobbiamo perdere il cuore semplice, lo sguardo semplice del cuore, capace di vedere l'essenziale, e dobbiamo sempre pregare il Signore affinché conserviamo in noi l'umiltà che consente al cuore di rimanere chiaroveggente – di vedere ciò che è semplice ed essenziale, la bellezza e la bontà di Dio – e di trovare così la sorgente dalla quale viene l'acqua che dona la vita e purifica.[30]

Quattro anni prima, in un'indimenticabile omelia proprio davanti alla grotta di Lourdes, papa Ratzinger aveva lanciato un potente richiamo al più autentico spirito cristiano, dell'offerta e dell'amore verso Dio e verso il prossimo, a tendere a una vita che sia davvero "a immagine e somiglianza" del Cristo. In virtù dell'esempio del Buon Maestro anche papa Benedetto può aver accettato di perdere il tutto terreno per il bene della Chiesa, evitando con la sua scelta ogni giudizio, preferendo perfino prendere su di sé critiche e sospetti piuttosto che danneggiare l'unità dei credenti, già solcata da tanti pettegolezzi, strumentalizzati dai media dopo il caso "Vatileaks". Probabilmente le motivazioni più autentiche del suo gesto, come quelle di ogni azione delle "anime vittime" che si santificano nella quotidianità, con la carità e il sacrificio, silenziosi e sereni, saranno destinate a restare a lungo ignote. Ma la traccia che può cogliersi, in questo senso, parla nel silenzio...

Il 9 settembre 2007, ringraziando il Signore "perché in tutti i secoli ci ha donato uomini e donne" come san Francesco d'Assisi, padre Pio o madre Teresa di Calcutta, "che per amor suo hanno lasciato tutto il resto, rendendosi segni luminosi del suo amore", aveva anche elevato una preghiera "affinché anche nel nostro tempo doni a tante persone il coraggio di lasciare tutto, per essere così a disposizione di tutti".[31]

[30] Benedetto XVI, Omelia per la santa messa in occasione dell'85° genetliaco del Santo Padre, 16 aprile 2012, Libreria editrice vaticana, in www.vatican.va.
[31] Benedetto XVI, Omelia in occasione della visita pastorale in Austria, Vienna, per l'850° anniversario della fondazione del Santuario di Mariazell, Libreria editrice vaticana, in www.vatican.va.

Dietro la scelta storica dell'11 febbraio 2013 sembra esserci questo tipo di coraggio. In tanti, a "caldo", dopo la rinuncia al ministero petrino, hanno ripensato anche a quanto aveva detto nella sua prima omelia da pontefice, il 24 aprile 2005: "Pregate per me, perché io non fugga, per paura, davanti ai lupi. Preghiamo gli uni per gli altri, perché il Signore ci porti e noi impariamo a portarci gli uni gli altri". Ma la sua piuttosto che una fuga sembra essere stata una scelta di fede, amore, sacrificio, secondo gli accorati appelli che la Vergine Maria è andata ripetendo dalle apparizioni ottocentesche in poi. Una scelta, che, forse, gli ha fatto assumere su di sé altre sofferenze e critiche veementi, ma ha aperto una via per il cambiamento dei cuori, pure in seno alla Chiesa, secondo la svolta impressa dal suo successore, papa Francesco. Anche un modo per stoppare intrighi e cupidigie varie, senza pressioni distruttive, senza laceranti bracci di ferro, ma nell'armonia, nella pace, nella totale fiducia nello Spirito Santo, che ha insegnato a ogni credente, col suo esempio, la Madre Celeste, di cui Ratzinger è stato sempre devotissimo. Come aveva scritto nella sua prima Enciclica, *Deus caritas est,* "l'amore è la forza fondamentale della vita ed esige anche delle rinunce, proprio per crescere e maturare. Ed è l'amore che redime, non il potere". La scelta di papa Benedetto e poi quella di Francesco vanno nella stessa direzione, quella della riscoperta della più autentica fede, per religiosi e laici. Quella basata sulla centralità del Cristo e del suo esempio d'amore senza fine, da diffondere con l'aiuto e la protezione della Madonna. Maria con le sue lacrime e con le sue premure, nel ruolo di Madre del genere umano conferitole dal Figlio, ai piedi della Croce, converte i cuori e ci riporta a Gesù, a una logica agli antipodi dal materialismo dilagante, ovunque, nei nostri tempi. Sempre a Lourdes, nel 2008, Benedetto XVI richiamò accoratamente "l'esempio luminoso" della Madonna, l'essere umano che ha raggiunto il grado di massima comunione con Dio, prima ancora di generarne il Suo unico figlio, per la fiducia incondizionata che mostrò nei suoi disegni: "Maria, la Vergine santa, Maria, l'Immacolata Concezione, ha accettato, duemila anni or sono, di donare tutto, di offrire il suo corpo per accogliere il corpo del Creatore. Tutto è venuto da Cristo, anche Maria; tutto è venuto mediante Maria, lo stesso Cristo. Maria, la Vergine santa, è con noi questa sera, davanti al corpo del Figlio suo, centocinquant'anni dopo essersi rivelata alla piccola Bernadette. Vergine santa, aiutaci a contemplare, aiutaci a adorare, aiutaci ad amare, ad amare di più Colui che ci ha tanto amato, per vivere eternamente con Lui".[32]

I pastorelli di Fatima e la visione dell'Inferno

Tra La Sallette e Lourdes, dunque, ma anche nella mariofania successiva di Fatima, è possibile cogliere non soltanto analogie contestuali (i destinatari sono sempre ragazzini di famiglie povere e contadine), ma anche una toccante identità e/o continuità di argomenti nel richiamo della Vergine Maria e nella ragione primaria del suo intervento: la Madre viene e appare per ricondurci sempre all'unica verità del Vangelo. Da maggio a ottobre del 1917 Maria si mostra nella campagna della piccola *freguesia* portoghese a Giacinta, Francisco e Lucia, tre pastorelli che avevano portato a pascolare le pecore discosto dall'abitato. L'intera Europa in quel frangente era devastata dall'ultima fase della Prima guerra mondiale, un'inutile carneficina provocata dai nazionalismi violenti e dalla cupidigia delle grandi lobby affaristiche. La massoneria dilagava ovunque e insidiava da vicino anche la Chiesa, andando persino a favorire il rientro in Russia di Lenin che avrebbe guidato la rivoluzione d'Ottobre e dato il via al regime comunista dell'ateismo di Stato. La Madonna affidò ai tre pastorelli messaggi straordinari sull'avvenire del mondo. Ma soprattutto invitò di nuovo tutti a comprendere e far comprendere il vero significato della Croce, strumento d'amore immenso di Dio

[32] Benedetto XVI, Viaggio apostolico per il 150° anniversario delle apparizioni di Lourdes, meditazione a conclusione della processione eucaristica alla *prairie* del santuario.

per gli uomini, imparando da Lei, dal Suo Cuore Immacolato, la retta disposizione verso Dio, la piena conversione. L'amore sincero per Gesù porta a imitare quello che Lui ha profuso per tutto il mondo e quindi a saper soffrire anche per gli altri, assumendosi il carico dei peccati, anche quelli non commessi in prima persona, perché i credenti sono, attraverso il legame col Cristo, Dio e Fratello, un corpo unico. E questa unione provoca la sconfitta del male.

A Fatima, il 13 luglio 1917 la Madonna mostrò a Lucia, Francisco e Giacinta, l'Inferno e il demonio. Ecco il terribile e realistico racconto lasciatoci da suor Lucia nelle sue *Memorie*:

> Dicendo queste ultime parole [la Madonna] aprì di nuovo le mani come nei due mesi passati. Il riflesso [di luce che esse emettevano] parve penetrare la terra e vedemmo come un grande mare di fuoco e immersi in questo fuoco i demoni e le anime dei dannati come se fossero braci trasparenti e nere o bronzee in forma umana, che ondeggiavano nell'incendio sollevate dalle fiamme che uscivano da loro stesse insieme a nuvole di fumo cadendo da tutte le parti – simili al cadere delle scintille nei grandi incendi – senza peso né equilibrio, tra grida e gemiti di dolore e di disperazione che terrorizzavano e facevano tremare di paura. (Deve essere stato questo che mi fece urlare, dato che delle persone mi sentirono gridare.) I demoni si distinguevano (dalle anime dei dannati) per la forma orribile e ributtante di animali spaventosi e sconosciuti, ma trasparenti come neri carboni di bragia. [...] Quella visione durò solo per un momento. E grazie alla nostra buona Madre del Cielo, la quale alla prima apparizione ci aveva promesso di portarci in Cielo: senza quella promessa, penso che saremmo morti per la paura e il terrore [...]. Spaventati, e come per chiedere aiuto, alzammo gli occhi alla Madonna, che ci disse con bontà e tristezza: «Avete visto l'Inferno, dove cadono le anime dei poveri peccatori. Per salvarle, Dio vuole stabilire nel mondo [...] la devozione al mio Cuore Immacolato. Se gli uomini faranno quello che io vi dico, molti si salveranno e avranno pace».[33]

[33] *Memorie di Suor Lucia*, a cura di Luigi Kondor, Secretariado dos pastorinhos, Fatima 2005, III, p. 108; IV, p. 172.

Giacinta, la più piccola dei tre pastorelli, fu talmente scioccata dalla visione dell'Inferno che tutte le penitenze e le mortificazioni per riuscire a salvare qualche anima le sembravano il nulla. Spesso si sedeva per terra o su un sasso e diceva: «L'Inferno! L'Inferno... Quanta pena mi fanno le anime che vanno all'Inferno! E la gente che brucia viva, là dentro, come legna sul fuoco!». Ma lo scopo della visione non era incutere né ai pastorelli né all'umanità, destinataria dei messaggi celesti, un terrore fine a se stesso. Il senso era e resta quello che si ricava dalle Sacre Scritture e dai moniti che Gesù stesso lancia per mettere in guardia dal rischio dell'eterna e più vera sofferenza chi, volutamente e caparbiamente, ignora l'amore e la misericordia senza fine di Dio. In questo senso, può cogliersi nel *flash* infernale di Fatima un valore, per così dire, pedagogico. Tramite quella visione, che costituisce la prima parte del segreto, la Madonna ci conduce direttamente all'unica cosa che conti per sempre: la nostra eternità. È la verità più importante, certamente più dell'annuncio di carestie, guerre e persecuzioni. L'agghiacciante visione della dannazione eterna che ci minaccia è uno dei punti essenziali del messaggio della Madonna, perché è una delle verità maggiori della fede cattolica che la Vergine Maria di Fatima desidera rammentare alla vigilia della seconda decade del Novecento, un secolo che si dimostrerà sempre più apostata, naturalistico e materialistico, ciecamente perso dietro meschini orizzonti terreni e nell'illusione dell'illimitato potere dell'uomo, ancor più del secolo precedente. È dal Vangelo che si ricava l'insegnamento della ricompensa divina per l'eletto: "Via, lontani da Me, maledetti, nel Fuoco eterno!". Se, per mezzo del nostro libero arbitrio e della nostra colpa, meriteremo il castigo eterno, ci si apre innanzi un'eternità orrenda, in cui regna il tormento, il terribile fuoco dell'ira del "Dio geloso", offeso nel Suo amore infinito. L'Inferno rappresenta la maledizione eterna data dall'aspetto vendicativo – nel senso di "giusto" – di Dio onnipotente, e "quella vampa di un fuoco che dovrà divorare i ribelli" (*Eb* 10,27) che da Lui verranno gettati per tutta l'eternità nell'abisso. La "vendetta" divina è, quindi, come abbiamo visto nel primo capitolo, lasciare che gli empi vadano nel luogo da loro stessi scelto e voluto con tutte le forze. La "pena del senso" tormenta i dannati e aggiunge anche, ad altre terribili sofferenze, le torture di un fuoco misterioso e sensibile, senz'altro differente da quello che siamo abituati a conoscere qui sulla terra, eppure reale e spaventoso. L'Inferno è fatto di castigo spirituale e fisico, esteriore e interiore. Esso tortura l'anima e il corpo con atroci sofferenze in tutto il nostro essere, per sempre, in ogni momento, senza un attimo di respiro. Non c'è speranza, ed è senza fine. L'anima che viene dannata è eternamente maledetta, allontanata da Dio, privata per sempre della Sua presenza, di tutta la pace, di tutta la gioia, ed è per sempre avvolta nella più cupa disperazione. La visione dell'Inferno, dunque, non ha altro fine che richiamare nelle anime il giusto timore del regno delle tenebre, per salvarle dall'unico male senza rimedio: la morte e il dolore per sempre.

L'"eclissi" delle coscienze

Sotto certi aspetti, la testimonianza dei pastorelli sulle pene infernali pare voler "profeticamente" prevenire la tendenza di certa teologia sviluppatasi dalla metà del Novecento in poi, a trascurare se non a ignorare o negare il dogma della realtà dell'Inferno, un cardine della nostra fede, rivelata da Dio incarnatosi nel Cristo. Questo è un pericolo, contro il quale, da Paolo VI in poi, l'intervento dei pontefici si è fatto sempre più costante e risoluto, a ribadire che il demonio non solo esiste, ma purtroppo agisce spesso con le armi della menzogna e dell'inganno. Particolarmente significativo quanto papa Benedetto disse in occasione dell'*Angelus* del 13 marzo 2011, prima domenica di Quaresima:

Perché la Quaresima? Perché la Croce? La risposta, in termini radicali, è questa: perché esiste il male, anzi, il peccato, che secondo le Scritture è la causa profonda di ogni male. Ma questa affermazione non è affatto scontata, e la stessa parola "peccato" da molti non è accettata, perché presuppone una visione religiosa del mondo e dell'uomo. In effetti è vero: se si elimina Dio dall'orizzonte del mondo, non si può parlare di peccato. Come quando si nasconde il sole, spariscono le ombre; l'ombra appare solo se c'è il sole; così l'eclissi di Dio comporta necessariamente l'eclissi del peccato [...]. Di fronte al male morale, l'atteggiamento di Dio è quello di opporsi al peccato e salvare il peccatore. Dio non tollera il male, perché è Amore, Giustizia, Fedeltà; e proprio per questo non vuole la morte del peccatore, ma che si converta e viva. Per salvare l'umanità, Dio interviene: lo vediamo in tutta la storia del popolo ebraico, a partire dalla liberazione dall'Egitto. Dio è determinato a liberare i suoi figli dalla schiavitù per condurli alla libertà. E la schiavitù più grave e più profonda è proprio quella del peccato. Per questo Dio ha mandato il suo Figlio nel mondo: per liberare gli uomini dal dominio di Satana, "origine e causa di ogni peccato". Lo ha mandato nella nostra carne mortale perché diventasse vittima di espiazione, morendo per noi sulla croce. Contro questo piano di salvezza definitivo e universale, il Diavolo si è opposto con tutte le forze, come dimostra in particolare il Vangelo delle tentazioni di Gesù nel deserto, che viene proclamato ogni anno nella prima domenica della Quaresima. Infatti, entrare in questo tempo liturgico significa ogni volta schierarsi con Cristo contro il peccato, affrontare – sia come singoli, sia come Chiesa – il combattimento spirituale contro lo spirito del male.[34]

Il discorso del pontefice si concludeva con l'invocazione del "materno aiuto" della Vergine Santissima quale più valido sostegno per ogni credente, nel "cammino quaresimale", l'aiuto di quella stessa Mamma Celeste che riappare ai pastorelli per confortarli dopo l'orrenda visione infernale e riaccendere in loro la speranza, o che soccorre san Pio e tanti altri santi e mistici dopo gli assalti diretti del Diavolo.

[34] Benedetto XVI, *Angelus,* 13 marzo 2011.

Se si parte dalla prospettiva dell'eclissi, secondo la metafora di papa Benedetto, che nasconde la luce, ma pure le tenebre, è facile comprendere come i dolorosi e inquietanti combattimenti contro il Maligno di diversi mistici e veggenti, venuti anche dopo Francisco, Giacinta e Lucia, nascano sempre dal fine divino di riconfermare inequivocabilmente l'esistenza tanto del luminoso amore di Cristo, quanto del buio totale della tentazione; oltre a quello di fortificare la santità di chi li vive, rendendo sempre più forte in loro l'immedesimazione con il Cristo e tutte le pene che affrontò per salvare gli uomini.[35]

L'offerta e la comunione, via di salvezza

Non a caso, raccontando della malattia del cuginetto Francisco Marto, stroncato dalla spagnola il 4 aprile 1919, Lucia, non ancora dodicenne, ricordava: "Sembrava sempre allegro e contento". Lei gli chiedeva: "Soffri molto?". E lui: "Abbastanza, però questo non mi colpisce! Io soffro per consolare Nostro Signore, e dopo me ne vado dritto in Cielo!". Ad analoga domanda, sua sorella Giacinta, uccisa dalla stessa malattia il 20 febbraio 1920, replicò a Lucia: "Soffro, però lo dono tutto per i peccatori e per offrire espiazione al Cuore Immacolato di Maria. Oh! Quanto amo soffrire per amore di Gesù e di Maria, solo per dar loro gioia! Quelli che soffrono per la conversione dei peccatori, amano con un amore immenso". Ma l'"angelo del Portogallo", come si era loro presentato nella primavera del 1916 annunciando le apparizioni della "Signora di Fatima", aveva portato con sé un altro dono di salvezza: l'eucaristia. La creatura celeste li aveva comunicati e per tre volte aveva pregato: "Mio Dio! Io credo, adoro, spero e vi amo. Vi chiedo perdono per quelli che non credono, non adorano, non sperano e non vi amano". Infine aveva concluso: "Pregate così. I cuori di Gesù

[35] Cfr. L. Regolo, *Il dolore si fa gioia – Padre Pio e Natuzza, due vite un messaggio*, Mondadori, Milano 2013, p. 246.

e di Maria stanno attenti alla voce delle vostre suppliche". È l'altro insegnamento profondo richiamato dall'esperienza mistica dei pastorelli: la ricerca dell'intima unione con Dio, attraverso la santa comunione e il sacrificio della messa, non una mera commemorazione, ma una ripetizione incruenta del sacrificio della crocifissione, l'offerta del corpo e del sangue per la salvezza dell'umanità, segno tangibile dell'unione in Cristo di tutta la Chiesa misticamente unita in Lui. Papa Pio XII, nell'Enciclica sulla sacra liturgia del 1947, *Mediator Dei,* volle sottolineare questa verità in modo molto chiaro: "Per godere del Pane degli angeli per mezzo della comunione sacramentale, possiamo essere partecipanti nel sacrificio".[36] Questo significa che otteniamo la santa comunione per causa della partecipazione all'oblazione di Cristo.

> Infatti, non soltanto il sacro ministro, dopo l'offerta del pane e del vino, rivolto al popolo, dice esplicitamente: "Pregate, o fratelli, perché il mio e il vostro sacrificio sia accetto presso Dio Padre Onnipotente", ma le preghiere con le quali viene offerta la vittima divina vengono, perlopiù, dette al plurale, e in esse spesso si indica che anche il popolo prende parte come offerente a questo augusto Sacrificio.[37]

Riceviamo, dunque, la santa comunione per essere insieme con Cristo nel suo sacrificio al Padre, attraverso il quale Egli ha compiuto due immensi atti d'amore: la glorificazione di Dio e la salvezza dei peccatori. Questo è l'esempio lasciato da Gesù: "fate questo in memoria di me".

> Quando soprattutto i fedeli partecipano all'azione liturgica con tanta pietà e attenzione da potersi veramente dire di essi: "dei quali ti è conosciuta la fede e nota la devozione", non possono fare a meno che la fede di ognuno di essi operi più alacremente per mezzo della carità, si rinvigorisca e fiammeggi la pietà, e si consacrino tutti quanti alla ricerca della gloria divina, desiderando con ardore di diveni-

[36] Pio XII, *Mediator Dei,* Libreria editrice vaticana, in www.vatican.va, n. 118.
[37] Ivi, n. 122.

> re intimamente simili a Gesù Cristo che patì acerbi dolori, offrendosi col Sommo Sacerdote e per mezzo di Lui come ostia spirituale.[38]

Giacinta e Francisco, ma anche altri santi, beati e mistici, succedutisi nella lunga storia della Chiesa, sono testimoni eccelsi di questa vita eucaristica. Francisco era così desideroso di perdersi nell'adorazione del santissimo sacramento, per "consolare Dio", che Lucia lo trovava sempre, di ritorno dalla scuola, in chiesa, inginocchiato davanti al tabernacolo, "a Gesù nascosto", diceva lui. La contemplazione del Cristo Offerente e Redentore è un'altra potente arma contro il male. Illuminanti, al riguardo, le parole di Benedetto XVI a Lourdes, il 14 settembre 2008, in occasione dell'adorazione eucaristica nella *prairie* del santuario, di fronte alla grotta:

> L'Ostia Santa ci dice l'incredibile abbassamento di Colui che s'è fatto povero per farci ricchi di Sé, Colui che ha accettato di perdere tutto per guadagnarci al Padre suo. L'Ostia Santa è il Sacramento vivo ed efficace della presenza eterna del Salvatore degli uomini alla sua Chiesa. Fratelli miei, sorelle mie, amici miei, accettiamo, accettate di offrirvi a Colui che ci ha donato tutto, che è venuto non per giudicare il mondo, ma per salvarlo (cfr. *Gv* 3,17), accettate di riconoscere nelle vostre vite la presenza attiva di Colui che è qui presente, esposto ai nostri sguardi. Accettate di offrirGli le vostre proprie vite![39]

Ha scritto don Ennio Innocenti: "È dogma cattolico che l'umanità redenta è un corpo solo, un corpo mistico, in cui ognuno, senza perdere la propria identità, è solidale con tutti gli altri. La Madonna è venuta per ricordarci questo e per insegnarci a vivere questa nostra vocazione con gli stessi sentimenti del suo cuore". Questo, che forse è l'invito più importante lasciato dalla Santa Vergine a Fatima, non fu colto nel suo significato più prezioso. Pio XII nel 1943 volle richiamarlo con l'Enciclica *Mystici Corporis*, sottolineando

[38] Ivi, n. 126.

[39] Cfr. Benedetto XVI, Meditazione a conclusione della processione eucaristica alla *prairie* del santuario cit.

l'importanza di "accettare come dalle mani di Dio le fatiche e i travagli della presente vita". Paolo VI fece altrettanto recandosi in pellegrinaggio e tenendo un discorso coinvolgente a Fatima, quattordici anni dopo.[40]

L'azione congiunta dei due Cuori Immacolati

La Madonna, ricordandoci dell'esistenza dei tormenti e delle atrocità dell'Inferno, vuole fortificare gli uomini contro la più terribile tra le cecità che conduce chi insiste nell'ignorare l'azione diabolica proprio verso l'abisso di Satana. Il Signore, nel Vangelo, ci dice che l'Inferno è "la Geènna del fuoco", "il fuoco eterno" (cfr. *Mt* 18,8-9). Usa inequivocabili espressioni per descrivere la dannazione eterna: l'inferno di fuoco, "dove il loro verme non muore e il fuoco non si estingue" (*Mc* 9,48), "fuori nelle tenebre" (*Mt* 22,13) o anche "nella fornace ardente, dove sarà pianto e stridore di denti" (*Mt* 13,42). Questa è la Parola di Dio, la saggezza eterna di Colui che ha creato il cielo e la terra. Ma il Signore non ci rivela mai il pericolo della nostra dannazione eterna senza, allo stesso tempo, aprirci le braccia della Sua misericordia e senza indicarci una via per la salvezza, che sia insieme possibile e desiderabile! Ecco perché allo spettacolo dei tormenti infernali succede la "visione beata della pace" della Vergine Maria, Madre misericordiosa, Regina e Porto del Paradiso. "La visione dell'Inferno" scrisse Padre Joaquín María Alonso "ha lo scopo di ispirare i piccoli veggenti a ricorrere alla protezione del Cuore Immacolato di Maria e alla Sua potente intercessione per la salvezza dei peccatori".[41]

La stessa Lucia dos Santos indica a padre Fuentes questa strada: "La devozione al Cuore Immacolato di Maria, no-

[40] Cfr. L. Regolo, *Il dolore si fa gioia – Padre Pio e Natuzza, due vite un messaggio*, Mondadori, Milano 2013, p. 125.

[41] Joaquín María Alonso, *Fatima et le Coeur Immaculé de Marie*, "Ephemerides Mariologicae", XXIV, p. 36.

stra Madre santissima, considerandoLa come la fede della clemenza, della bontà e del perdono, e come sicura porta per entrare in paradiso".[42] È la via seguita dalla più devota tradizione cattolica che, da tempo immemorabile, venera la Beata Vergine Maria come la "Madre della misericordia e del perdono", "Rifugio dei peccatori e Speranza dei disperati", "Madre della santa speranza", l'ultima possibilità persino dopo i peccati più gravi, così come durante le tentazioni più terribili.

"Dio vuole stabilire nel mondo la devozione al Mio Cuore Immacolato." La Madonna pronunciò quest'ultima frase il 13 luglio per la seconda volta, poiché l'aveva già detta il 13 giugno, prima di far vedere il Cuore ai pastorelli. È questo il vero e più importante segreto di Fatima, la rivelazione che completava quella di Paray-le-Monial, in Francia, dove nel diciassettesimo secolo apparve a santa Margherita Maria Alacoque il Sacro Cuore di Gesù. La devozione al Cuore Immacolato di Maria si unisce a quella per il Cuore del Figlio, iniziata tre secoli addietro, perché Gesù e Maria sono inseparabili e procedono l'Uno con l'Altra, secondo il grande disegno del Padre Celeste per "gli ultimi tempi della storia": il trionfo universale dei Loro due Cuori uniti.

La devozione al Cuore Immacolato di Maria è, proprio in virtù di questa unione, il mezzo certo per ottenere la salvezza. Ai bambini che le chiesero il 13 giugno 1917 di portarli in Paradiso subito, la Madonna rispose: "Sì, Giacinta e Francisco li porterò presto". Lucia sarebbe rimasta: "Gesù vuole che tu sia il Suo strumento, Lucia, per farMi conoscere e amare [...] il Mio Cuore Immacolato sarà il tuo rifugio e la strada per cui ti condurrò a Dio". Così la Madonna in persona promise di condurre i suoi tre piccoli prescelti in Paradiso. *Ad Jesum per Mariam*: tramite Maria si va a Gesù, come Lui è venuto fra noi, oltre duemila anni fa, mediante Lei. E la stupenda promessa ai pastorelli si apre come un'offerta di beatitudine eterna a tutti i credenti, perché la

[42] Michel de la Sainte Trinité, *The Whole Truth about Fatima*, Immaculate Hearth Publications, New York, Buffalo 1989, I, p. 106.

Madonna aggiunge: "Gesù desidera stabilire nel mondo la devozione al Mio Cuore Immacolato. A chiunque abbraccerà questa devozione Io prometto la salvezza. Quelle anime verranno accolte da Dio, come fiori da Me posti a decorare il Suo trono".

In una lettera del 27 maggio 1943, suor Lucia riporta le confidenze ricevute al riguardo direttamente da Nostro Signore: "Io desidero ardentemente la propagazione del culto e la devozione al Cuore Immacolato di Maria, perché quel Cuore è il magnete che attrae anime a Me, il Cuore che emana sulla terra i raggi della Mia luce e del Mio amore, fonte inesauribile che fa giungere sulla terra le acque viventi della Mia Misericordia".[43]

Si comprende in quest'ottica la "chiamata alla preghiera" che papa Pio XII lanciò il 27 ottobre del 1940, in piena Seconda guerra mondiale, in stretto collegamento con i messaggi affidati dalla Madonna ai pastorelli di Fatima e ai suoi contatti personali con Lucia dos Santos:

> Ordiniamo che in tutto il mondo, il 24 del prossimo novembre, si elevino con Noi a Dio pubbliche preghiere. E nutriamo fiducia che tutti i figli della Chiesa con animo volenteroso asseconderanno i Nostri desideri, in modo da formare un immenso coro di oranti, il quale, salendo in alto e penetrando i cieli, ci propizi il favore e la misericordia di Dio.[44]

Sempre papa Pacelli estese la memoria liturgica del Cuore Immacolato di Maria a tutta la Chiesa nel 1944, in ricordo della consacrazione del mondo che aveva elevato due anni prima. Tale memoria, resa obbligatoria nel 2000 da Giovanni Paolo II, cade significativamente il giorno seguente alla solennità del Sacro Cuore di Gesù.

[43] Eugenio Fornasari, *La grande promessa di Fatima. I primi cinque sabati in onore del Cuore Immacolato di Maria*, San Paolo, Milano 1996, p. 72.
[44] Pio XII, *Motu proprio Norunt Profecto*, Libreria editrice vaticana, in www.vatican.va.

La "parte oscura" del terzo segreto: un diabolico inganno

Nel 1982 Giovanni Paolo II volle recarsi al santuario di Fatima e, alla vigilia di quel viaggio, lasciò una riflessione davvero intensa sulla lezione spirituale da cogliere nei messaggi affidati ai pastorelli.

La rivista tedesca "Stimme des Glaubens", nell'ottobre del 1981, infatti, riferì che un anno prima, a Fulda, in Germania, davanti a una cerchia ristretta di persone, Giovanni Paolo II aveva risposto a delle domande e che le sue parole erano state "verbalizzate". Ne furono pubblicati degli estratti toccanti.

Spiegando perché il contenuto del "terzo segreto" di Fatima non era stato divulgato, come annunciato, nel 1960, Wojtyła disse:

> Molti vogliono semplicemente sapere, per curiosità e gusto del sensazionale; ma dimenticano che sapere comporta anche una responsabilità. Si cerca soltanto l'appagamento della propria curiosità e ciò è pericoloso se non si è in pari tempo disposti a far qualcosa, se si è convinti che nulla si può fare contro il male.

Poi, il papa afferrò il rosario e disse: "Ecco il rimedio contro questo male. Pregate; pregate e non chiedete altro. Affidate tutto il resto alla Madre di Dio". In quella stessa circostanza fu chiesto al Santo Padre che cosa sarebbe accaduto nella Chiesa. E lui:

> Dobbiamo prepararci a subire tra non molto grandi prove le quali esigeranno da noi la disposizione a far getto persino della vita [il 13 maggio di quello stesso anno Giovanni Paolo II avrebbe subito l'attentato in piazza San Pietro] e una dedizione totale a Cristo e per Cristo. Con la preghiera vostra e mia è possibile mitigare questa tribolazione, ma non è più possibile stornarla perché solo così la Chiesa può essere effettivamente rinnovata. Quante volte nel sangue è spuntato il rinnovamento della Chiesa! Anche questa volta non sarà diversamente. Dobbiamo essere forti, prepararci, confidare in Cristo e nella Sua Madre

Santissima ed essere molto, molto assidui nella preghiera del Rosario.[45]

Parole da cui può trarsi la giusta prospettiva attraverso la quale prendere le distanze dal fiorire di polemiche e speculazioni sulla presunta parte occultata del terzo segreto di Fatima, molto simili a quelle stratificatesi nei decenni a proposito del messaggio di La Salette. La Madonna non potrebbe mai spingere con delle "rivelazioni private" a una ribellione alle autorità ecclesiastiche e nemmeno a scelte laceranti all'interno della Chiesa.

Se attira l'attenzione sui sacerdoti nel peccato è per far riflettere come questi dilanino ancora le carni del Figlio e quindi per invitare alla preghiera per la loro conversione e redenzione, non certo alla condanna o alla vendetta, per indurre a sperare nel trionfo del Suo Cuore Immacolato, e non certo a temere il trionfo del male. La non accettazione della contrarietà o dell'ingiustizia, l'istinto a reagire violentemente alla violenza rendono ancora più vulnerabili davanti alla minaccia diabolica. Un anno dopo Fatima, padre Pio riceve le stigmate e Gesù gli parla dei mali in seno alla Chiesa, in termini molto simili a quelli riferiti da Lucia dos Santos o che poi riferirà Natuzza Evolo. Però sia il santo di Pietrelcina, sia la mistica calabrese offriranno le proprie sofferenze e la propria preghiera per questo, continuando a osservare la più stretta obbedienza alle autorità ecclesiastiche.

Come ai pastorelli di Fatima, più volte alla giovane Natuzza furono mostrate le fiamme e le pene dell'Inferno, accendendo in lei la devozione al Cuore Immacolato. A quest'ultimo la Evolo e san Pio affidano chiunque bussi alla loro porta, poiché loro per primi vi confidano. Nelle "emografie", i disegni tracciati prodigiosamente dal sangue della Evolo, ricorrono spesso coroncine del rosario, i pastorelli di Fatima inginocchiati davanti alla "bella Signora", il simbolo dell'eucaristia e un grande cuore, che circoscrive al proprio interno i volti di Gesù e della Madonna insieme, se-

[45] L. Regolo, *Il dolore si fa gioia* cit., pp. 112-113.

gno di quell'alleanza a beneficio del genere umano che si delineò sin dalle nozze di Cana, il primo miracolo di Gesù, compiuto proprio con l'intercessione di sua madre. Allo stesso modo sono frequenti, nei fazzoletti emografati da Natuzza, le frasi affidate dalla Madonna ora a santa Caterina Labouré, ora a Bernadette, ora ai pastorelli di Fatima.[46]

È curioso notare come, tra il 2004 e il 2005, Natuzza fu più volte invitata, durante le apparizioni di Gesù e Maria e le sue sofferenze mistiche quaresimali, a offrirsi vittima "per la santificazione dei sacerdoti". Il 22 marzo 2005, Venerdì Santo, durante la Via Crucis, l'allora cardinale Joseph Ratzinger, che di lì a breve sarebbe succeduto a Giovanni Paolo II, usò termini forti sui mali che insidiavano i consacrati, analoghi a quelli dei messaggi ricevuti da Lucia dos Santos, padre Pio e Natuzza Evolo:

> Non dobbiamo pensare anche a quanto Cristo soffra e debba soffrire nella sua stessa Chiesa? [...] Quante volte celebriamo soltanto noi stessi senza neanche renderci conto di lui! Quante volte la sua parola viene distorta e abusata! Quanta poca fede c'è in tante teorie. Quanta sporcizia c'è nella Chiesa, e proprio anche tra coloro che, nel sacerdozio, dovrebbero appartenere completamente a lui. [...] Con la nostra caduta ci trasciniamo a terra e Satana se la ride...

Il testo della Via Crucis, tuttavia, rinnovava con le stesse parole il messaggio di speranza di Nostra Signora di Fatima: "Alla fine il mio Cuore Immacolato trionferà", rammentando che mentre gli Apostoli erano fuggiti dal Crocifisso, la Madonna "sta lì con il coraggio della madre, con la fedeltà della madre, con la bontà della madre e con la sua fede che resiste nell'oscurità". Il giornalista e scrittore Antonio Socci, partendo da queste vibranti parole del futuro Benedetto XVI, concordate col morente Giovanni Paolo II, avanza l'ipotesi del tutto soggettiva che furono "probabilmente un modo per rendere nota la parte ancora nascosta del terzo segreto di Fatima, che il Vaticano si

[46] Cfr. L. Regolo, *Il dolore si fa gioia* cit.

era impegnato con suor Lucia a rendere noto subito dopo la sua morte".[47]

La veggente, infatti, era morta il 13 febbraio 2005 e il 25 marzo sarebbe stato adempiuto questo impegno. Ma se così fosse, se Ratzinger, d'accordo con Giovanni Paolo II, avesse ritenuto che ci fosse una parte autentica ancora sconosciuta del terzo segreto da svelare, perché mai, una volta eletto papa, non ne avrebbe disposto la pubblicazione?

Stesso discorso vale per la congerie di teorie intrecciatesi a proposito di quanto affermò, poco prima della morte, avvenuta nel 1981, padre Joaquín María Alonso, archivista ufficiale di Fatima per sedici anni: "È del tutto probabile che il testo [non divulgato del terzo segreto] faccia dei riferimenti concreti alla crisi della fede all'interno della Chiesa e alla negligenza degli stessi pastori [e alle] lotte intestine nel seno stesso della Chiesa, e a gravi negligenze di carattere pastorale nella più alta gerarchia ecclesiastica".[48]

Una serie di "testimoni" e studiosi, riferendosi agli scritti o alle rivelazioni di Lucia dos Santos, hanno sostenuto che la parte nascosta del messaggio celeste riguarderebbe la minaccia incombente sulla Santa Sede, sottolineando persino il rischio di un'estesa e temibile infiltrazione massonica, in una logica fosca, sinistramente simile a quella accesasi sul segreto di Mélanie. Eppure di tutto ciò non vi è traccia nella pubblicazione nel 2000 del terzo segreto curata da monsignor Tarcisio Bertone. Per "terzo tegreto" si intende, è bene rammentarlo, la terza parte del messaggio con le grandi profezie (l'avvento del comunismo, le nuove persecuzioni contro la Chiesa, la Seconda guerra mondiale ecc.) affidato dalla Madonna ai pastorelli di Fatima il 13 luglio 1917. Questa parte, secondo l'intuizione dell'ultima veggente, suor Lucia, avrebbe dovuto essere svelata nel 1960 e, invece, papa Giovanni XXIII decise di secretarla, il che diede il via alle teorie apocalittiche del quarantennio successivo.

[47] Antonio Socci, *Il segreto di padre Pio*, Rizzoli, Milano 2008, p. 76.
[48] Michel de la Sainte Trinité, *The Whole Truth about Fatima* cit., vol. III, p. 704.

C'è chi come Socci,[49] nonostante le smentite e l'intervento autorevole e magisteriale di cardinali e pontefici, ravvisando presunte contraddizioni tra il testo pubblicato nel 2000 e le descrizioni del documento originale da parte di monsignor Loris Capovilla, segretario particolare di papa Roncalli, o di altri "testimoni" oculari, continua a sostenere che ne esisterebbe una parte "volutamente occultata" – come se un potere sinistro avesse nascosto il cuore del segreto – e non esita quindi a diffondere il sospetto che la menzogna alberghi o addirittura prevalga in seno alla Chiesa. Ma l'insidia maggiore di queste teorie è soprattutto incoraggiare l'idea che la vera guida della Chiesa sia affidata ai presunti messaggi e non ai suoi pastori. Fino al punto di aggiungere nel testo dei messaggi celesti ciò che manca per suffragare determinati sospetti, o di dare una valenza negativa, persino sospettosa, alle parole con le quali papa Benedetto XVI estendeva il significato del terzo segreto – con la visione del "vescovo vestito di bianco" nella dolente Via Crucis di una città in rovina, incontrando sul suo cammino cadaveri – fino al proprio martirio, insieme a molti vescovi e fedeli, ben oltre l'attentato subito da Giovanni Paolo II nel 1981.

Nel maggio del 2007 Bertone, nel frattempo segretario di Stato, in un libro intervista su Lucia dos Santos sottolineava l'"accanimento mediatico" nel far fiorire fosche ipotesi sul futuro della Chiesa e dell'umanità a partire dal terzo segreto.[50] Ma è "capzioso", oltre che pericoloso, vedere come implicita ammissione di una bugia da parte del segretario di Stato quanto Benedetto XVI affermò nel corso del suo viaggio a Fatima nel maggio del 2010, parole pregne di spiritualità che, in realtà, puntano a tutt'altro fine: richiamare i credenti al vero senso dei moniti celesti.

C'è in particolare un significativo passaggio dell'intervista concessa da papa Benedetto XVI, l'11 maggio di quell'anno, sul volo che lo portava in Portogallo, che merita di es-

[49] Cfr. Antonio Socci, *Il quarto segreto di Fatima*, Rizzoli, Milano 2006.
[50] Tarcisio Bertone, *L'ultima veggente di Fatima. I miei colloqui con suor Lucia*, con Giuseppe De Carli, Rizzoli-Eri, Roma 2007, p. 79.

sere riportato integralmente, poiché contiene una serie di spunti utili a guardare con maggiore serenità "gialli" o presunti enigmi a proposito di rivelazioni private, una serenità che ogni credente deve trarre dalla preghiera e dalla totale fiducia nei disegni di Dio, e nel prevalere del suo amore:

«Lei presentò il testo del terzo segreto nella Sala stampa vaticana, nel giugno 2000» domanda padre Lombardi, segretario della Sala stampa vaticana. «Le fu chiesto se il messaggio poteva essere esteso, al di là dell'attentato a Giovanni Paolo II, anche alle altre sofferenze dei Papi. È possibile, secondo Lei, inquadrare anche in quella visione le sofferenze della Chiesa di oggi, per i peccati degli abusi sessuali sui minori?» «Nel 2000» risponde Benedetto XVI «avevo detto che un'apparizione, cioè un impulso soprannaturale, che non viene solo dall'immaginazione della persona, ma in realtà dalla Vergine Maria, dal soprannaturale, che un tale impulso entra in un soggetto e si esprime nelle possibilità del soggetto. Il soggetto è determinato dalle sue condizioni storiche, personali, temperamentali, e quindi traduce il grande impulso soprannaturale nelle sue possibilità di vedere, di immaginare, di esprimere, ma in queste espressioni, formate dal soggetto, si nasconde un contenuto che va oltre, più profondo, e solo nel corso della storia possiamo vedere tutta la profondità, che era – diciamo – "vestita" in questa visione possibile alle persone concrete. Così direi, anche qui, oltre questa grande visione della sofferenza del Papa, che possiamo in prima istanza riferire a Papa Giovanni Paolo II, sono indicate realtà del futuro della Chiesa che man mano si sviluppano e si mostrano. Perciò è vero che oltre il momento indicato nella visione, si parla, si vede la necessità di una passione della Chiesa, che naturalmente si riflette nella persona del Papa, ma il Papa sta per la Chiesa e quindi sono sofferenze della Chiesa che si annunciano. Il Signore ci ha detto che la Chiesa sarebbe stata sempre sofferente, in modi diversi, fino alla fine del mondo. L'importante è che il messaggio, la risposta di Fatima, sostanzialmente non va a devozioni particolari, ma proprio alla risposta fondamentale, cioè conversione permanente, penitenza, preghiera, e le tre virtù teologali: fede, speranza e carità. Così vediamo qui la vera e fondamentale risposta che la Chiesa deve dare, che noi, ogni singolo, dobbiamo dare in questa situazione. Quanto alle novità che possiamo oggi scoprire in questo messaggio, vi è anche il fatto che non solo da fuori vengono attacchi al Papa e alla Chiesa, ma le sofferenze della Chiesa vengono proprio dall'interno della Chiesa, dal peccato che esiste nella Chiesa. Anche questo si è sempre saputo, ma oggi lo vediamo in modo realmente terrificante: che la più grande persecuzione della Chiesa non viene dai nemici fuori, ma nasce dal peccato nella Chiesa e che la Chiesa quindi ha profondo bisogno di rimparare la penitenza, di accettare la purificazione, di imparare da una parte il perdono, ma anche la necessità della giustizia. Il perdono non sostituisce la giustizia. Con una parola, dobbiamo rimparare proprio questo essenziale: la conversione, la preghiera, la penitenza e le virtù teologali. Così rispondiamo, siamo realisti nell'attenderci che sempre il male attacca, attacca dall'interno e dall'esterno, ma che sempre anche le forze del bene sono presenti e che, alla fine, il Signore è più forte del male, e la Madonna per noi è la garanzia visibile, materna della bontà di Dio, che è sempre l'ultima parola nella storia.»[51]

"Fede, speranza e carità", ecco le tre armi che ci rendono invincibili davanti alle insidie del male. E davanti agli inganni del Maligno, quelle frecce che attraverso manipolatorie interpretazioni imbastite su presunte verità celesti nascoste colpiscono il Santo Padre, minandone l'autorità, negandone l'infallibilità dottrinale, mostrandolo imbelle davanti agli inganni di questo o quel segretario di Stato. Di recente Antonio Socci, non pago delle sue ardite ipotesi sul *Quarto segreto di Fatima*, che sarebbe stato celato con l'inganno, è tornato sull'argomento e ha riferito di una telefonata, fatta da papa Francesco poco dopo la sua elezione a pontefice, a monsignor Capovilla, come se Bergoglio avesse voluto raccogliere quella "famosa" verità occultata.[52]

[51] Benedetto XVI, intervista concessa durante il volo verso il Portogallo per il viaggio apostolico nel X anniversario della beatificazione di Giacinta e Francesco, pastorelli di Fatima, 11 maggio 2010, in www.vatican.va.
[52] Cfr. Antonio Socci, *Il nuovo papa e il terzo segreto di Fatima*, in "Libero", 14 aprile 2013.

E l'ansia apocalittica oltre che il sospetto di menzogneri intrighi si sono riaccesi quando Bergoglio, dopo aver chiesto al patriarca di Lisbona di consacrare il suo pontificato al Cuore Immacolato di Maria, ha deciso di elevare alla porpora cardinalizia l'ultranovantenne segretario di Roncalli, che aveva letto il testo originale del terzo segreto di Fatima, quel testo autentico, mandato al pontefice nel 1959, che sarebbe più esteso e differente da quello pubblicato nel 2000. Un gesto malignamente interpretato come una presa di distanza di Bergoglio dai suoi predecessori riguardo all'atteggiamento tenuto nei confronti delle parole "occultate". Ma il fatto è che Socci arriva a tutta una serie di conclusioni suggestive, partendo da fatti che non si sono mai verificati, da testimonianze che i diretti interessati smentiscono. Né dalla documentazione di monsignor Capovilla, affidata alla Fondazione Papa Giovanni XXIII, né da quella in possesso della Congregazione per la dottrina della fede, risulta che il segretario di papa Roncalli abbia individuato incongruenze tra il testo pubblicato nel 2000 e quello mandato al pontefice nel 1959. Non vi è stata, inoltre, alcuna telefonata di papa Francesco all'anziano monsignore, come chiarito dallo stesso Capovilla, il quale ha sempre ribadito che appena Giovanni XXIII vide il testo scritto da suor Lucia lo mise da parte e disse con gran serenità: "Ci sarà un giorno chi giudicherà".[53] Parole che confermano quanto fosse ferma in Roncalli, come in tutti i pontefici, la convinzione che anche quando avvengono dei prodigi scientificamente inspiegabili, il loro significato vada sempre determinato dall'autorità ecclesiastica. Una certezza che nessuna rivelazione privata, o nessuna congettura può minare senza aprire una breccia al Maligno, il cui scopo è proprio minare l'autorevolezza e l'unità della Chiesa.

Questo è il più grave pericolo dell'opera menzognera e subdola del Diavolo: colpire la Chiesa suggestionando gli animi con presunte verità celesti, che in realtà finiscono

[53] Cfr. CDF, *Il messaggio di Fatima* cit., p. 4.

per allontanare l'uomo dal Signore. L'unica parola divina è svelata nelle Sacre Scritture, la cui esegesi è demandata alla Chiesa. E benché Socci sostenga il contrario, papa Francesco non dà alcun credito a fittizi segreti mariani occultati: "La Rivelazione si è conclusa con il Nuovo Testamento". Il Santo Padre ha avvertito nei "Cristiani senza Cristo", sempre a caccia di messaggi dal cielo, la voglia di andare "allo spettacolo della rivelazione, a sentire delle cose nuove". Ma l'esortazione che papa Francesco rivolge loro è: "Prendi il Vangelo!".[54] E il 14 novembre del 2013, durante un'omelia a Santa Marta, è tornato sull'argomento, mettendo in guardia, come già aveva fatto Giovanni Paolo II alla vigilia del pellegrinaggio a Fatima, dall'insidia della curiosità fine a se stessa, dai messaggi celesti che se messi davanti alla voce della Chiesa si trasformano in un'autentica fonte di depistaggio:

> È quando noi vogliamo impadronirci dei progetti di Dio, del futuro, delle cose [...] conoscere tutto, prendere in mano tutto [...] I farisei domandarono a Gesù: «Quando verrà il Regno di Dio?». Curiosi! Volevano la data, il giorno [...] Lo spirito di curiosità ci allontana dallo Spirito della sapienza, perché soltanto interessano i dettagli, le notizie, le piccole notizie di ogni giorno. È lo spirito di dispersione, di allontanarsi da Dio, lo spirito di parlare troppo. [...] Gesù dice che il Regno di Dio non viene in modo da attirare l'attenzione: viene nella saggezza. «Il Regno di Dio è in mezzo a voi!» dice Gesù: è questa azione dello Spirito Santo che ci dà la saggezza, che ci dà la pace. Il Regno di Dio non viene nella confusione, come Dio non parlò al profeta Elia nel vento, nella tormenta, ma parlò nella soave brezza, la brezza della sapienza.[55]

E a questa brezza dobbiamo affidarci anche per spazzare via gli inganni del Diavolo travestiti da messaggi del Cielo.

[54] Cfr. Francesco, Meditazione da Santa Marta, 7 settembre 2013; pubblicata da "L'Osservatore Romano", 8 settembre, con il titolo *Non c'è cristiano senza Gesù*.
[55] Francesco, Omelia da Santa Marta, 14 novembre 2013.

Lacrime

Che la possibile recrudescenza dell'insidia del male "all'interno e all'esterno" della Chiesa, piuttosto che fomentare malsane congetture o ipotesi pessimistiche, debba indurre alla preghiera per la totale conversione lo si intuisce anche da ciò che suor Lucia scrisse il 22 maggio 1958 a padre Agustín Fuentes:

> Il demonio sa che i religiosi e i sacerdoti, trascurando la loro eccelsa vocazione, trascinano molte anime all'inferno. Siamo appena in tempo per trattenere il castigo del Cielo. Abbiamo a nostra disposizione due mezzi efficacissimi: la preghiera e il sacrificio. Il demonio fa di tutto per distrarci e toglierci il gusto della preghiera. Ci salveremo, oppure ci danneremo. [...] Il demonio vuole impadronirsi delle anime consacrate, lavora per corromperle, per indurre gli altri all'impenitenza finale; usa tutte le astuzie, suggerendo perfino di aggiornare la vita religiosa! Ne proviene sterilità alla vita interiore e freddezza nei secolari circa la rinuncia dei piaceri e la totale immolazione a Dio. [...] La Madonna [...] mi disse che, esauriti gli altri mezzi disprezzati dagli uomini, ci offre con tremore l'ultima ancora di salvezza: la SS. Vergine in persona, le sue numerose apparizioni, le sue lacrime, i messaggi dei veggenti sparsi in tutte le parti del mondo; e la Madonna disse ancora che, se non l'ascoltiamo e continuiamo l'offesa, non saremo più perdonati. È urgente, padre, che ci si renda conto della terribile realtà. Non si vuole riempire le anime di paura, ma è solo urgente richiamo, perché da quando la SS. Vergine ha dato grande efficacia al Santo Rosario, non c'è problema materiale né spirituale, nazionale o internazionale, che non si possa risolvere col Santo Rosario e con i nostri sacrifici. Recitato con amore e devozione, consolerà Maria, tergendo tante lacrime dal suo Cuore Immacolato.[56]

Colpisce il riferimento dell'ultima veggente di Fatima alle "lacrime" che la Madonna avrebbe offerto come estremo,

[56] Pablo Martín Sanguiao, *Figlio, non dimenticare le lacrime di tua Madre*, Segno, Udine 1998, pp. 17-18.

dolce richiamo materno a tutti i figli per la salvezza delle loro anime. Ma anche quello ai "veggenti sparsi in tutte le parti del mondo", alla luce di quanto si è già accennato sui messaggi ricevuti da san Pio e Natuzza.

Impossibile non notare, nel ventesimo secolo, un intensificarsi dei segni mariani e una connotazione, in essi, sempre più sconvolgente o eclatante. Considerando le lacrimazioni "storiche" della Santa Vergine, sia mediante apparizioni, sia mediante icone, soltanto tra il 1255 e il 1745 se ne contano in tutto il mondo almeno ventidue casi, dei quali quattordici con il sangue; ben novanta (di cui cinquantadue con il sangue), invece, dal 1830, anno in cui la Madonna apparve in pianto a santa Caterina Labouré, fino ai giorni nostri.[57] C'è un significato particolare in questo incremento, forse il segno di quel disastro incombente, paventato da tanti supermediatici divulgatori?

Interrogato sul tema, monsignor Grillo ha osservato: "I ripetuti inviti alla conversione, come requisito per la pace nel mondo o per il trionfo del Cuore Immacolato, indicano nella Vergine la 'donna vestita di sole' di cui parla l'Apocalisse, che scende in lotta contro il dragone infernale, simbolo delle forze del male attualmente disgregatrici della società e del mondo. Così Maria diviene l'estremo tentativo che Dio compie per provocare il ritorno al cielo della salvezza, impedire il folle cataclisma nucleare e ispirare fiducia nelle sue promesse. Dio manifesta la sua continua compassione per il mondo servendosi della realtà materna di Maria".[58] In altri termini, secondo il vescovo emerito di Civitavecchia, se la Madonna si è fatta di nuovo vedere e sentire dopo Fatima, più volte fino agli sgoccioli del secolo scorso, è perché in quel contesto si chiudeva un periodo tra i più cruenti della storia, segnato da due guerre mondiali, da folli genocidi, persecuzioni e crudeltà dittatoriali, da fenomeni come "eutanasia, pedofilia a tutti i livelli

[57] Cfr. P.M. Sanguiao, *Figlio, non dimenticare le lacrime di tua Madre* cit., p. 21.
[58] Girolamo Grillo, *La vera storia di un doloroso dramma d'amore*, Shalom, Camerata Picena (An) 2011, p. 180.

e, soprattutto, con il coinvolgimento di non pochi uomini di chiesa".[59] La violenza sui minori, per Grillo, ha toccato nella nostra epoca vertici di particolare efferatezza e non solo a carattere sessuale: "bambini innocenti uccisi fin dal grembo materno (e sono milioni); bambini venduti per la utilizzazione dei loro organi vitali".[60]

In qualche modo, quindi, l'*escalation* di malvagità avrebbe provocato prima l'*escalation* di richiami della Vergine alla preghiera, all'offerta, alla penitenza, poi il passaggio, sempre più frequente, dalle "semplici" apparizioni o messaggi al pianto e anche alle lacrime di sangue, come è accaduto a Civitavecchia. Maria si era già fatta vedere in lacrime e in atteggiamento triste, a La Salette, ma aveva anche parlato. Come fece a Lourdes e Fatima. A Siracusa, nel 1953, invece, si limita al pianto, utilizzando quello che il pontefice d'allora, Pio XII, definì "l'arcano linguaggio delle lacrime". Colpito da quella mariofania, papa Pacelli, in occasione del Congresso mariano regionale della Sicilia, il 17 ottobre 1954, replicò all'obiezione di fondo, levatasi tra i massimi teologi dell'epoca e riaffiorata, poi, di fronte agli eventi di Civitavecchia: come potrebbe soffrire la Vergine Maria che fu assunta in cielo, in anima e corpo e si trova, quindi, in uno stato di gloria e beatitudine infinite?

> Senza dubbio Maria è in cielo eternamente felice e non soffre né dolore, né mestizia; ma Ella non vi rimane insensibile, che anzi nutre sempre amore e pietà per il misero genere umano, cui fu data per Madre, allorché dolorosa e lacrimante sostava ai piedi della Croce, ove era affisso il Figliuolo. Comprenderanno gli uomini l'arcano linguaggio di quelle lacrime? Oh, le lacrime di Maria! Erano sul Golgota lacrime di compatimento per il suo Gesù e di tristezza per i peccati del mondo. Piange Ella ancora per le rinnovate piaghe prodotte nel Corpo mistico di Gesù? O piange per tanti figli, nei quali l'errore e la colpa hanno spento la vita della grazia, e che gravemente offendono la maestà divina? O sono lacri-

[59] Ivi, p. 181.
[60] Ivi, p. 174.

> me di attesa per il ritardato ritorno di altri suoi figli, un dì fedeli, e ora trascinati da falsi miraggi fra le schiere dei nemici di Dio? A voi spetta di cooperare con l'esempio e con l'azione al ritorno dei profughi alla casa del Padre.[61]

Per quanto le lacrime di Siracusa non furono di sangue, esse, come nel caso di Civitavecchia, sgorgarono da una raffigurazione della Madonna, di minimo valore commerciale e di nessun pregio artistico, e la manifestazione avvenne nella casa di una famiglia: quella di Angelo Iannuso e Antonina Lucia Giusto. I due si erano uniti in matrimonio il 21 marzo 1953 e Antonina, in attesa del primo figlio, aveva accusato dei seri disturbi, fra i quali un notevole abbassamento della vista. Alle tre del mattino, il 29 agosto, svegliandosi, si rese conto di aver perso la vista. Era disperata, temeva anche per il bambino che portava in grembo. All'improvviso, però, circa cinque ore e mezza dopo, riprese a vedere e, alzando lo sguardo verso la statuetta-quadretto di gesso, attaccato a capo del letto, incredula, notò grosse lacrime solcare il viso della Vergine. Si trattava di un mezzo busto di gesso in rilievo, un dono di nozze raffigurante, particolare significativo, il Cuore Immacolato di Maria. Un regalo dunque, come la statuetta che, quarantadue anni dopo, porterà don Pablo Sanguiao da Medjugorje ai Gregori, la famiglia di Civitavecchia, nel cui giardino, in località Pantano, il 2 febbraio 1995 si registrò la prima delle clamorose lacrimazioni sanguigne, che si concluderanno il 15 marzo successivo, in casa del vescovo Grillo, che era inizialmente scettico, mentre egli stesso teneva la Madonnina di gesso tra le mani e recitava il *Salve Regina* in presenza della sorella, del cognato e di una suora rumena che lo assisteva.

Il pianto di Siracusa si sarebbe ripetuto più volte (dal 29 agosto al 1° settembre 1953) concentrate in pochi giorni, proprio come accadrà a Civitavecchia.

[61] Pio XII, *Discorsi e radiomessaggi di Sua Santità Pio XII*, Tipografia poliglotta vaticana, Città del Vaticano 1954, XVI (2 marzo 1954 - 1° marzo 1955), pp. 222-223.

Il contesto storico mondiale dell'evento siciliano, inoltre, era particolarmente fosco: si era nel pieno della guerra fredda tra Stati Uniti e Unione Sovietica, e nei Paesi del blocco comunista la "Chiesa del silenzio" subiva una feroce persecuzione. Il parroco di allora, don Giuseppe Bruno, con il permesso della curia arcivescovile siracusana, la mattina del 1° settembre si era recato in casa Iannuso con alcuni medici del laboratorio di Igiene e profilassi provinciale, fra i quali il dottor Michele Cassola, in seguito presidente della Commissione scientifica. Tutti loro, una volta sul luogo, divennero testimoni dell'ultimo pianto di Maria: sotto i loro occhi quelli dell'effigie di gesso si gonfiarono di lacrime. I chimici, con la loro provetta, riuscirono a raccoglierne circa un centimetro cubo. Dopo questo prelievo la Madonna non pianse più; quasi che il Cielo avesse voluto dare l'opportunità di un verdetto ufficiale.

Il 9 settembre 1953 la relazione, firmata da tutti i componenti della Commissione scientifica, anche da Cassola, dichiaratamente ateo, concluse che non poteva spiegarsi scientificamente il fenomeno. Tre mesi dopo, il 12 dicembre, l'episcopato della Sicilia, unanimemente, dichiarò autentica la lacrimazione prodigiosa. Pio XII, nel radiomessaggio diffuso l'anno successivo, rivelerà di aver appreso "non senza viva commozione [...] dell'unanime dichiarazione [...] sulla realtà dell'evento", su quelle lacrime "che si dissero sgorgate da una Sua effigie in un'umile casa di lavoratori".[62]

Il quadretto, subito diventato oggetto di un vasto e spontaneo culto popolare, il 19 settembre 1953 fu sistemato su una stele di pietra bianca in piazza Euripide, dove rimase fino al 1968, quando fu spostato sull'altare della cripta del santuario in costruzione. Imponente, alto quasi cento metri e in grado di accogliere diciassettemila persone, venne progettato dagli architetti francesi Michel Andrault e Pierre Parat: iniziato nel 1966, fu solennemente consacrato da Giovanni Paolo II il 6 novembre 1994, neppure tre mesi pri-

[62] Pio XII, *Discorsi e radiomessaggi* cit., p. 220.

ma dei prodigi di Civitavecchia. Nell'intensa omelia, ricca di riferimenti ai pianti di Gesù narrati dal Vangelo e alle storiche apparizioni della Vergine, Wojtyła dirà, fra l'altro:

> Ella piange ancora qui, a Siracusa, alla conclusione della seconda guerra mondiale. È possibile comprendere quel pianto proprio sullo sfondo di quegli eventi tragici: l'immane ecatombe, provocata dal conflitto; lo sterminio dei figli e delle figlie di Israele; la minaccia per l'Europa proveniente dall'Est, dal comunismo dichiaratamente ateo. Piange in quel periodo anche l'immagine della Madonna di Częstochowa a Lublino: fatto, questo, poco conosciuto fuori della Polonia. [...] Le lacrime della Madonna appartengono all'ordine dei segni: esse testimoniano la presenza della Madre nella Chiesa e nel mondo. Piange una madre quando vede i suoi figli minacciati da qualche male, spirituale o fisico. Piange Maria partecipando al pianto di Cristo su Gerusalemme, oppure presso il sepolcro di Lazzaro o, infine, sulla via della croce. [...] Qui, tra queste mura accoglienti, vengano quanti sono oppressi dalla consapevolezza del peccato e qui sperimentino la ricchezza della misericordia di Dio e del suo perdono. Qui li guidino le lacrime della Madre. Sono *lacrime di dolore* per quanti rifiutano l'amore di Dio, per le famiglie disgregate o in difficoltà, per la gioventù insidiata dalla civiltà dei consumi e spesso disorientata, per la violenza che tanto sangue ancora fa scorrere, per le incomprensioni e gli odi che scavano fossati profondi tra gli uomini e i popoli. Sono *lacrime di preghiera*: preghiera della Madre che dà forza a ogni altra preghiera, e si leva supplice anche per quanti non pregano perché distratti da mille altri interessi, o perché ostinatamente chiusi al richiamo di Dio. Sono *lacrime di speranza*, che sciolgono la durezza dei cuori e li aprono all'incontro con Cristo Redentore, sorgente di luce e di pace per i singoli, le famiglie, l'intera società.[63]

Sia Pio XII sia Giovanni Paolo II, i due pontefici avvinti dal mistero del pianto di Maria, furono particolarmente attenti all'eredità di Fatima e al più autentico significato degli

[63] Giovanni Paolo II, Omelia per la dedicazione del Santuario della Madonna delle Lacrime a Siracusa, Libreria editrice vaticana, 1994, in www.vatican.va.

eventi sovrannaturali ai quali assistettero i pastorelli portoghesi. E alla celebre mariofania portoghese, secondo padre Flavio Ubodi,[64] il teologo che, per incarico della commissione diocesana, seguì da vicino i Gregori, la famiglia dei prodigi di Civitavecchia, bisogna guardare per cogliere nel più giusto significato quanto accaduto nella città laziale: non solo le lacrime, ma anche i messaggi e le apparizioni. Perché i fenomeni, coperti dal riserbo e sotto stretta osservazione ecclesiastica, dal 1995 non si sono interrotti. Quando la statuina, che oggi è esposta nel Santuario, fu sequestrata dalla procura per le indagini, i Gregori ne ricevettero un'altra in dono, sempre acquistata a Medjugorje, portata dal cardinale Andrzej Deskur a nome di Giovanni Paolo II. Questa seconda statuina, ripresa anche dalle telecamere della BBC, in occasione di feste religiose e davanti a gruppi di persone raccolti in preghiera, effonde tuttora un olio balsamico di profumo intensissimo, la cui scaturigine, secondo le analisi effettuate, non può essere spiegata scientificamente. Ma soprattutto, nell'arco di quasi un ventennio, Fabio e Anna Maria Gregori e i loro tre figli, Jessica, Davide e Manuel, hanno continuato nel nascondimento ad avere apparizioni della Vergine e a riceverne dei messaggi, ora sottoposti al vaglio delle autorità ecclesiastiche. Ha osservato padre Ubodi: "Sembrerebbe esistere una evidente continuità fra le parole affidate ai Gregori e quelle svelate dalla Madonna ai pastorelli di Fatima. Nelle prime, a volte, ci sono richiami espliciti agli eventi portoghesi. Non si può, poi, fare a meno di notare che, in entrambi i casi, le apparizioni e le comunicazioni celesti vengano precedute, in un certo senso, annunciate da un angelo. Infine anche nei messaggi ricevuti dai Gregori ricorre con insistenza l'importanza del Rosario, dell'adorazione eucaristica e della consacrazione al Cuore Immacolato di Maria come protezione contro l'attacco del male particolarmente serrato contro le famiglie e la Chiesa".[65]

[64] Cfr. Flavio Ubodi, *La Madonna di Civitavecchia: lacrime e messaggi*, Ares, Milano 2010.

[65] Testimonianza raccolta a Orvieto nell'ottobre 2013.

Un accorato invito al risveglio dell'anima

Dopo le conclusioni della commissione diocesana, che riconobbe, nel 1997, che le lacrimazioni di sangue della madonnina di Civitavecchia non erano un fenomeno spiegabile scientificamente, il 17 febbraio 2005, nel corso della trasmissione di RAIUNO *Porta a Porta,* il cardinale Bertone annunciò che quella istituita dal Vaticano si sarebbe pronunciata per il *non constat de supernaturalitate,* un verdetto "attendista" che non attesta l'autenticità del fenomeno ma neppure lo esclude, come invece accade con il *constat de non supernaturalitate.* Al momento, però, non è stato emesso alcun verdetto ufficiale dalla Santa Sede. Nel 2011, a ridosso della beatificazione di Giovanni Paolo II, monsignor Grillo rivelò che il pontefice polacco gli aveva chiesto di portargli la statuina nel Palazzo apostolico nel giugno del 1995; lì, il Santo Padre aveva voluto venerarla, facendole devoto omaggio della piccola corona e di un rosario, che tuttora l'adornano, nella teca del Santuario di Civitavecchia. Wojtyła, inoltre, quello stesso anno, aveva controfirmato e approvato una testimonianza di autenticità del fenomeno scritta da Grillo. Questo documento è oggi esposto nel Santuario, visitato da Giovanni Paolo II in incognito insieme con il cardinale Deskur. Secondo quanto riferito dal vescovo emerito, fu il cardinale Camillo Ruini, presidente della Commissione vaticana, a "congelare" il pronunciamento della Santa Sede, poiché Grillo nel 1998, durante una telefonata, lo mise al corrente dell'esistenza di tale scritto firmato dal papa e custodito nel segreto per sedici anni. Grillo inoltre ha testimoniato di aver riferito più volte a Giovanni Paolo II il contenuto dei messaggi celesti ricevuti dai Gregori e che il papa, come riportato anche dal documento firmato da Wojtyła, ispirato da uno di questi moniti riferitogli dal vescovo, affidò ancora una volta la Chiesa e l'umanità intera al Cuore Immacolato di Maria, l'8 ottobre 1995.

Eppure, proprio l'atteggiamento tenuto da Giovanni Paolo II riguardo la lacrimazione e gli altri eventi di Civitavecchia conferma, ancora una volta, quale sia il sentiero da non smarrire di fronte a certe manifestazioni. Con umiltà e con ferma volontà di dare l'esempio, secondo quanto confermato dallo stesso Grillo, il papa, pur essendo personalmente convinto dell'autenticità del fenomeno e avendo un rapporto d'intensa fiducia col vescovo, volle che fosse la Congregazione per la dottrina della fede a dare il suo responso, secondo la procedura canonica, nel rispetto delle norme e senza influenze da parte sua. Per questo, quando visitò il Santuario di Civitavecchia, non avvertì neppure Grillo e fu riconosciuto solo dopo la sua partenza dalle suore in servizio. Voci e segni celesti non potevano essere anteposti al pronunciamento della Chiesa: questo ha voluto riaffermare Giovanni Paolo II. Il vescovo emerito di Civitavecchia è solito ricordare che proprio il pontefice gli annunciò, nel 1997, che sarebbe stato rimesso tutto alla Congregazione per la dottrina della fede, di cui era prefetto l'allora cardinale Ratzinger e che, quando pronunciò il nome di quest'ultimo, aggiunse che la questione "non poteva essere affidata a 'mani migliori' e alzò gli occhi al cielo, quasi come se presagisse che un giorno sarebbe stato proprio lui il suo successore".[66]

La Madonna, a Fatima come a Civitavecchia, rinnova l'invito alla devozione al Suo Cuore Immacolato, alla preghiera, alla conversione personale contro ogni tipo di attacco del male, confermandoci che ciascuno di noi, con l'amore e la fiducia nel Signore, può fare tanto per fermare l'azione degradante del Maligno. Questo è anche il significato più vero e profondo che si ricava dai colloqui spirituali con Gesù e Maria di altri veggenti contemporanei, la cui diffusione è stata approvata dalle autorità ecclesiastiche. Sia a san Pio da Pietrelcina sia alla Evolo – nata e vissuta a Paravati, frazione di Mileto, in provincia di Vibo Valentia, dove si sta ultimando la grande chiesa del "Cuore Immacolato di Maria rifugio delle Anime", secondo quanto chiesto dalla Vergine stessa a Natuzza nel 1944,[67] quando non era che una ragazza

[66] Testimonianza raccolta da Luciano Regolo nel settembre del 2013.
[67] Cfr. Luigi Renzo, *Il mio incontro con Natuzza*, Libreria editrice vaticana, Città del Vaticano 2014.

– il Cristo apparve e parlò più volte del dolore che Gli procuravano i sacerdoti nel peccato e le "mani sacrileghe" con cui toccavano il Suo corpo al momento della consacrazione eucaristica, chiedendo di offrire per la loro conversione le proprie sofferenze mistiche. Se Lucia dos Santos attirò l'attenzione di padre Fuentes sulla "sterilità alla vita interiore" e sulla "freddezza" provocate nei laici dai religiosi che tradiscono lo spirito sacerdotale, Gesù si duole con san Pio e con Natuzza di come viene "lasciato solo" nella forma eucaristica proprio dai suoi ministri, del Suo nome che non sempre pronunciano con amore, dello scarso slancio che mettono nelle confessioni, pure quando sono richieste con grande bisogno dai fedeli.[68] A entrambi la Madonna suggerisce di rivolgersi a Lei quale Avvocata e Dispensatrice di grazie in un'epoca sempre più insidiata dalle tenebre: per questo entrambi creano gruppi di preghiera per la recita collettiva del Rosario. Tutti e due indicarono ai loro figli spirituali la strada dell'accettazione della sofferenza, dell'offerta di quest'ultima per il bene del prossimo, dunque, del "sacrificio d'amore" come via per la vera gioia che nasce dalla piena intimità con Dio. Gli effetti e la ragione trascendente del continuo ispirarsi alla Madre del Cristo sono così spiegati a Natuzza da Gesù in un dialogo intimo del 2004:

> Tutto ciò che piace a mia Madre, piace a me, e tutto ciò che piace a me, piace a mia Madre. Predica sempre che distribuiscano l'amore, che non è mai sufficiente quello che fanno. Io voglio amore, mia Madre pure. Sai che cos'è l'Amore? La conversione dell'anima. Convertili. Riparare. Non vedi quanti peccati, quanti innocenti muoiono. Io soffro, ma la Madonna soffre più di me, perché ha sofferto la mia morte. La mia crocifissione l'ha sofferta più mia Madre che io [...]. E voi dovete ascoltarla, perché è una mamma santa, una mamma piena di gloria, di luce e buona. Siete nel suo cuore, come nel cuore del figlio. Accontentatela! Se accontentate lei, accontentate me.[69]

[68] Cfr. L. Regolo, *Il dolore si fa gioia* cit., pp. 123 e sgg.
[69] *Ibid.*

Più ci si sofferma sul legame intrinseco con la Vergine Maria di san Pio e Natuzza, anime vittime che, guardando al Suo abbagliante ed eroico modello, hanno detto un totale "sì" al Signore per aiutarlo nell'inesauribile desiderio di salvare l'umanità, più saltano agli occhi le analogie con i veri messaggi affidati a Bernadette o ai pastorelli di Fatima, ma anche col significato intrinseco delle lacrime versate dalla Madonna a Siracusa e a Civitavecchia: fermare il male con l'invito alla preghiera e all'amore. Un invito accorato, commosso, come quello di una madre che geme al solo pensiero della morte di uno dei suoi figli. E con la preghiera, l'umiltà e l'amore vanno affrontate anche le insidie del Maligno in seno alla Chiesa. L'esempio l'ha dato papa Francesco fin dal suo primo saluto alla folla, dopo l'elezione a pontefice il 13 marzo 2013, richiamandosi con semplicità a quella forza del popolo "orante" e del Corpo Mistico uniti in Cristo sottolineata da Pio XII. Dopo aver invitato la folla a recitare con lui un *Padre Nostro* per il predecessore "perché il Signore lo benedica e la Madonna lo custodisca", ha aggiunto: "Adesso vorrei dare la benedizione, ma prima vi chiedo un favore: prima che il vescovo benedica il popolo, vi chiedo che voi preghiate il Signore perché mi benedica: la preghiera del popolo che chiede la benedizione per il suo vescovo. Facciamo in silenzio questa preghiera su di voi e su di me".[70] Poi Francesco si è inchinato verso la gente sotto il loggione di San Pietro e altrettanto ha fatto la folla di sotto, in un momento irripetibile d'intensa emozione e meditazione spirituali.

[70] Francesco, Benedizione apostolica *Urbi et orbi* – Primo saluto del Santo Padre, 13 marzo 2013.

10

Liberaci dal male

La tromba del Diavolo

Alla fine dei tempi il Figlio dell'uomo "manderà i suoi angeli, con una grande tromba, e raduneranno tutti i suoi eletti dai quattro venti, da un estremo all'altro dei cieli" (*Mt* 24,31). Ci sarà un grande richiamo grazie al quale tutti "saremo trasformati" (1*Cor* 15,51). Ma prima di quella grande celestiale tromba che segna la nostra salvezza ne squilla un'altra, quella che dovremmo imparare a non suonare (cfr. *Mt* 6,2) e a non ascoltare: è la tromba del Diavolo. Al suo suono si "raccoglieranno tutti gli scandali e tutti gli operatori di iniquità" (*Mt* 13,41) per diffonderli "ai quattro venti". C'è uno zelo buono che ci impone di "denunciare il male, quando siamo tenuti a farlo";[1] fa parte della virtù della giustizia e segue le vie della giustizia. C'è uno zelo cattivo che, invece, non è animato dalla virtù della giustizia, ma dallo spirito di rivalità, "come i mercenari, che, ogni grazia che essi ricevono, gli pare avere per debito, e con difetti d'altrui spesse volte vogliono ricoprire il loro"[2] e, come si conviene ai mercanti, segue la via della piazza.

All'inizio di questo libro, abbiamo visto come una delle arti del Maligno per squalificare l'opera di Dio e quella della

[1] CCC, n. 1868.
[2] Caterina da Siena, *Le lettere*, Giunti-Barbera, Firenze 1940, V, lettera CCCXI, p. 6.

Chiesa – ricordiamo che è l'unica Sposa! – sia quella di *infamare*. Sappiamo con certezza che il Corpo Mistico del Cristo non è composto da persone illibate. Abbiamo sviscerato la grave tentazione di vagheggiare una "Chiesa dei puri". Ci siamo resi conto che il grembo della propaganda atta a squalificare la Chiesa è sempre molto fecondo. Ancor più, abbiamo preso coscienza dell'azione paralizzante che il Maligno vuole realizzare inducendo una sorta di "colpa esistenziale" derivata dagli errori, veri e presunti, commessi dai cristiani di tutte le epoche. L'ipertrofia del senso di colpa e del rimorso è il veleno migliore per portare al suicidio; il rimorso toglie al peccatore il coraggio necessario per tornare sulla retta via e rende indelebile il suo peccato. E tale veleno, bisogna ammetterlo, il Diavolo lo ha inoculato nelle vene della Chiesa.

> Quel rimorso è il germe di morte che un'Impresa di Sovversione insinua da tempo, in mille maniere, nell'anima della Chiesa e di quella Europa che così profondamente la Chiesa stessa ha contribuito a creare. I duemila anni di storia della cristianità non sono certo immuni da macchie. Ma sono macchie antiche, che non hanno impedito al fulgore di manifestarsi di nuovo. Eppure, quelle chiazze sbiadite sono di continuo ravvivate, segnate con segni indelebili, mostrate senza posa agli occhi dei credenti, e, in genere, degli europei di tradizione cristiana, in modo tale che ciò che dovrebbe costituire solo un ricordo deplorevole si fissi nelle coscienze e vi diventi un'ossessione. [...] Inventate e gestite da persone intelligenti, lucide nel loro programma di distruzione del cristianesimo e propagate da una folla di sciocchi, di disinformati, di masochisti all'interno stesso della Chiesa, queste mitologie, queste "leggende nere" trionfano in un organismo ecclesiale in cui si è inoculato il germe del rimorso. Tutte le tecniche di condizionamento degli spiriti contribuiscono all'impresa di infezione morale, magistralmente abbozzata fin dalla scuola elementare e sorretta dal sistema dei media, concepiti espressamente per distogliere dalla possibilità di saper leggere e, per conseguenza, pensare.[3]

[3] Alexis Curvers cit. in Vittorio Messori, *Pensare la storia. Una lettura cattolica dell'avventura umana*, Edizioni Paoline, Cinisello Balsamo (Mi) 1992, pp. 411-412.

Che tutto questo avvenga per opera dell'"Impresa di Sovversione" individuata da Curvers, per opera dei nemici della Chiesa, non c'è da meravigliarsi. Diciamo pure che fa parte del normale gioco del Maligno.

Ma il Diavolo ha escogitato un metodo meno rozzo, una tentazione più raffinata e ben travestita da potente rimedio, con la quale ingannare meglio i cristiani zelanti che, credendo di dare gloria a Dio, contribuiscono in realtà ai tentativi messi in atto per distruggere la Chiesa. E danno fiato, per così dire, alla tromba del Diavolo.

Diffondere i peccati altrui

Un modo sorprendente per colpire la Chiesa è lo zelo maldestro che spinge tanti cristiani a diffondere "ai quattro venti" i peccati altrui. Difficile trattare quest'argomento nel secolo delle comunicazioni... Per riconoscere l'albero, bisogna esaminarne il frutto (cfr. *Mt* 7,16): forse che l'aver divulgato in tutti i modi possibili gli orrori commessi dagli uomini ha diminuito il livello di violenza nel mondo così bene informato? Non si dovrebbe cadere in un simile trabocchetto! Eppure... anche all'interno del mondo cristiano troviamo tanti fedeli, persino tra le file del clero, pronti a puntare l'infuocato indice contro gli altri peccatori. Sono "gli uomini privi di speranza. Essi, quanto meno badano ai propri peccati, tanto più si occupano di quelli altrui. Infatti cercano non che cosa correggere, ma che cosa biasimare [negli altri]. E siccome non possono scusare se stessi, sono pronti ad accusare gli altri. Non è questa la maniera di pregare e implorare il perdono di Dio".[4] San Giovanni della Croce, poi, avverte che "il demonio rappresenta con grande chiarezza i peccati altrui, la cattiva coscienza e la malvagità delle anime, con lo scopo di diffamare e con l'intenzione di divulgare i peccati e il motivo per cui vengono commessi".[5] È giusto denunciare il male, ma la giustizia ha le sue vie ben disci-

[4] Agostino, *Discorsi*, 19, 2.
[5] Giovanni della Croce, *Salita del monte Carmelo*, 2, c. XXVI, n. 17.

plinate. La giustizia sommaria è il frutto della cultura del sospetto e del terrorismo psicologico. San Paolo ammoniva: "Ma se vi mordete e vi divorate a vicenda, badate almeno di non distruggervi del tutto gli uni gli altri!" (*Gal* 5,15).

La giustizia di piazza non è dunque il metodo insegnato dal Cristo che, anzi, ne fu vittima (cfr. *Gv* 19,1-16). Pensiamo a Gesù di fronte alla donna "sorpresa in flagrante adulterio" (*Gv* 8,4). La parola "flagrante" ci lascia ben intendere che, con buona probabilità, la donna ebbe a malapena il tempo di indossare un lenzuolo. Gesù abbassò lo sguardo (cfr. *Gv* 8,6-8), a differenza degli interlocutori che fissavano con occhi ingordi l'evidenza di quel peccato, e pronunciò quel salutare monito: "Chi è senza peccato, scagli per primo la pietra contro di lei (*Gv* 8,7)".

> Quali punture hai inflitto, Signore, nel cuore di quegli uomini spietati quando dicesti: "Chi è senza peccato, scagli per primo la pietra contro di lei". Eccitati nell'intimo dalla parola grave e penetrante, conobbero lo stato della loro coscienza e arrossirono davanti alla giustizia che era presente; quindi, allontanandosi l'uno dopo l'altro, lasciarono sola l'infelice donna (cfr. *Gv* 8,9). Ma la colpevole non si trovò sola, era con lei il giudice, non ancora in funzione di giudice, ma dispensatore di misericordia. Partiti gli accusatori, sono state lasciate infatti la misera e la misericordia.[6]

La lente d'ingrandimento poi viene puntata specialmente sui peccati del clero. Magari nella speranza di ottenere un clero migliore! Ma è ancora una questione di metodo.

L'evangelista Giovanni non risparmia di informarci che un apostolo era ladro (12,6). Luca racconta il rinnegamento di Pietro (cfr. 22,57-62). Matteo, in una parabola, afferma che su dieci vergini ben "cinque erano stolte" (*Mt* 25,2). Tutti gli evangelisti poi dichiarano che Giuda Iscariota fu il traditore. Non è un quadro idilliaco. Chi vive nella Chiesa deve sapere da subito chi sono i suoi compagni di viaggio. Gesù cercò di scuotere amabilmente Giuda, fino alla fine;

[6] Agostino, *Discorsi*, 302, 14.

persino quando disse: «uno di voi mi tradirà» (*Gv* 13,21), lo fece in modo che i commensali non capissero (cfr. *Gv* 13,28). Il perdono non sostituisce la giustizia, ma ancora una volta Gesù non sceglie la giustizia di piazza.

Diciamo con franchezza che dagli Apostoli in poi una certa fragilità non è mai venuta meno. Origene, nel secondo secolo, considerava:

> La Chiesa è un tempio costruito con pietre vive; in essa ci sono alcuni che non vivono come si addice alla Chiesa, ma militano secondo la carne; anzi con il loro vizio riducono la casa di preghiera in una spelonca di ladri. [...] Metti a confronto questo passo con quello in cui è scritto che Gesù, alla vista di Gerusalemme, pianse su di essa (cfr. *Lc* 19,41); e se a ragione pianse su Gerusalemme, a maggior ragione piangerà sulla Chiesa costruita bensì per essere casa di preghiera, ma diventata una spelonca di ladri per colpa del turpe lucro e il lusso di certuni (e voglia Iddio che non siano i capi del popolo!).[7]

In tutti i secoli ci sono stati santi che hanno sottolineato le piaghe che affliggono la Chiesa. Ma una cosa è esporre al medico le ferite per guarirle, altra è diffondere lo scandalo. Gesù pianse amare lacrime su Gerusalemme, e dopo di lui tutti i santi hanno sofferto per le colpe dei cristiani. Benedetto XVI, con grande dolore, ricordò una visione di sant'Ildegarda del 1170. In essa una donna bellissima aveva il volto impolverato, il vestito strappato e le scarpe insudiciate. E disse: "Ero nascosta nel cuore del Padre, finché il Figlio dell'uomo, concepito e partorito nella verginità, sparse il suo sangue. Con questo sangue, quale sua dote, mi ha preso come sua sposa. Le stimmate del mio sposo rimangono fresche e aperte, finché sono aperte le ferite dei peccati degli uomini. Proprio questo restare aperte delle ferite di Cristo è la colpa dei sacerdoti. Essi stracciano la mia veste poiché sono trasgressori della Legge, del Vangelo e del loro dovere sacerdotale. Tolgono lo splendore al mio mantello, perché trascurano to-

[7] Origene, *Commento al Vangelo di Matteo*, a cura di Rosario Scognamiglio, Città Nuova, Roma 2001, vol. 157, l. XVI, 21, pp. 94-95.

talmente i precetti loro imposti. Insudiciano le mie scarpe, perché non camminano sulle vie dritte, cioè su quelle dure e severe della giustizia, e anche non danno un buon esempio ai loro sudditi. Tuttavia trovo in alcuni lo splendore della verità. E sentii una voce dal cielo che diceva: 'Questa immagine rappresenta la Chiesa. Per questo, o essere umano che vedi tutto ciò e che ascolti le parole di lamento, annuncialo ai sacerdoti che sono destinati alla guida e all'istruzione del popolo di Dio e ai quali, come agli Apostoli, è stato detto: *Andate in tutto il mondo e proclamate il Vangelo a ogni creatura*'".[8]

La risposta cristiana al male presente nel mondo e nella Chiesa non è però la diffusione di inchieste scandalistiche. Non è l'essere ossessionati dal bene che dovrebbero fare gli altri. È invece una risposta molto personale, un amore fraterno talora eroico, che si riassume nelle parole di papa Benedetto, il quale così bene spiegò il vero senso del terzo segreto di Fatima: "Conversione permanente, penitenza, preghiera, e le tre virtù teologali: fede, speranza e carità". È certamente più comodo gridare a tutti le colpe degli altri; preoccuparsi dei peccati degli altri diventa la scusante per non emendarsi dai propri, e così si vanifica il senso profondo di ogni richiamo del Cielo. Ma nella fede cristiana il Signore ci ha lasciato una grave responsabilità personale: riparare al male altrui con la propria preghiera e la penitenza.

I messaggi autentici sono un richiamo alla conversione personale di cui la penitenza è espressione. Ma anche su questa parola il Maligno suggerisce la sua interpretazione, al punto da avere aggiunto "penitenza", parola cardine di ogni conversione, al vocabolario dell'*antilingua*.[9] Il significato corrente della parola "penitenza", infatti, ci porta a pensare a qualcosa di sgradevole, a un castigo espiatorio imposto al perdente dal vincitore, o comunque a qualcosa di scomodo, ridicolo e soprattutto inutile. Insomma a una sofferenza che, potendo, si scansa volentieri. Nel linguaggio cristiano

[8] Benedetto XVI, Discorso ai cardinali, arcivescovi e vescovi per la presentazione degli auguri natalizi, 20 dicembre 2010.

[9] Dell'"antilingua" si parla nel terzo capitolo; cfr. pp. 101-102 e nota 34.

invece non è così. "Penitenza" è l'ardente invito alla conversione che ci viene dal Battista (cfr. *Mt* 3,2), da Gesù (cfr. *Mt* 4,17; *Mc* 1,15) e dalla Madonna! Il "fare penitenza" è la traduzione del verbo greco *metanoéo* (in latino *paenitēre*) che indica un rovesciamento di mentalità, un cambiamento radicale del proprio modo di pensare e, di conseguenza, anche del proprio agire. Insomma, la conversione. È chiaro che se c'è una vera conversione, c'è anche l'impellente desiderio di astenersi dal male e di riparare, ove possibile, al danno arrecato al prossimo, "per esempio restituire cose rubate, ristabilire la reputazione di chi è stato calunniato, risanare le ferite".[10] Commettendo il peccato però, come abbiamo visto, entriamo nella prospettiva *diabolica* in cui il Redentore, il fautore della "nuova ed eterna alleanza" con l'uomo, nella mente suggestionata diviene un rivale da combattere. Ecco allora la possibilità di ristabilire la giusta relazione con Dio, l'opportunità di riparare, per noi e per gli altri, la relazione lesionata dal peccato. L'accezione *diabolica* della parola "penitenza" ha invece separato la fatica dal suo frutto, il mezzo dal suo fine. E così, di "quella salutare astinenza che premunisce dal pericolo di lasciarsi trattenere, nel pellegrinaggio verso la patria celeste, dalle cose di questo mondo"[11] è avanzato soltanto un brutto guscio vuoto.

Comunque, nonostante il possibile fraintendimento, grazie a Dio non si conta il numero di coloro che, comprendendo a fondo il significato della penitenza e della propria responsabilità, hanno deciso di consacrare la vita proprio nell'ottica riparatrice. Il modo migliore per riformare la Chiesa e rendere più buono il mondo è nella conversione personale. Suor Lucia dos Santos avvertiva: "È già tempo che ognuno, di sua iniziativa, compia opere sante, e riformi la sua vita secondo i richiami della Madonna Santissima".[12] In risposta alle tante rivelazioni sui mali della Chiesa e del mon-

[10] CCC, n. 1459.
[11] Paolo VI, Costituzione apostolica *Paenitemini*, 17 febbraio 1966.
[12] Agustín Fuentes, intervista a suor Lucia dos Santos, 22 maggio 1958, pubblicata in italiano dal "Messaggero del Cuore di Maria" nel settembre del 1961.

do, la beata Maria Bolognesi (1924-1980) replicava: "Oggi cosa potrò fare per il bene delle anime, perché non piombino su di noi altri castighi? Voglio lavorare sempre per il bene delle anime, lavorare per i poveri, cercare l'ufficio che più mi pesa per farne un fioretto da offrire a Gesù in riparazione per tutta l'umanità".[13]

Il Diavolo ci fa proiettare la responsabilità del male sempre sugli altri; Gesù, invece, dà a noi il potere ma anche la responsabilità di fare qualcosa. Ma "questo linguaggio è duro; chi può intenderlo?" (*Gv* 6,60). Le opere della fede non hanno davanti a sé la tromba che suona in piazza. Avvengono nel silenzio e, spesso, nel segreto della propria camera (cfr. *Mt* 6,6). Il papa san Pio X, nel 1908, in occasione del suo cinquantesimo anniversario di sacerdozio, aveva promulgato una accorata Esortazione apostolica dedicata al clero cattolico; in essa affermava con forza che l'avvenire della Chiesa dipende dalla santità del suo clero: "Che i sacerdoti siano tali, quali li esige la dignità del loro ministero, poiché a nostro avviso, per questa via principalmente, possiamo nutrire liete speranze dell'avvenire della religione".[14] Ma aggiunse anche che, per corroborare l'auspicata santità del clero, era necessaria la collaborazione di tutto il Corpo Mistico, collaborazione che in realtà non era mai venuta meno:

> È pure gradito balsamo al nostro animo che non poche sono le anime di più generosa virtù, le quali non solo nei sacri chiostri, ma altresì in mezzo al mondo per la stessa causa vanno a gara nell'offrirsi a Dio perenni vittime votive. Accolga il sommo Dio le pure e preziose loro preci in profumo di soavità, né rigetti le umilissime preci nostre, clemente e provvido, Egli, come imploriamo, ci esaudisca; e dal Cuore sacratissimo del diletto suo Figlio diffonda sopra tutto il clero tesori di grazia, di carità e di ogni virtù.[15]

L'ultimo documento conciliare, la Costituzione dogmatica *Gaudium et Spes*, rinnova il richiamo della grave respon-

[13] Raffaele Talmelli, *Il profumo dell'unguento*, Edizioni MB, Rovigo 2013, p. 20.
[14] Pio X, Esortazione apostolica *Hærent animo*, agosto 1908, n. 1.
[15] Ivi, n. 37.

sabilità personale di ogni fedele anche di fronte ai grandi problemi che travagliano il mondo.

> La pace terrena, che nasce dall'amore del prossimo, è essa stessa immagine ed effetto della pace di Cristo che promana dal Padre. [...] Gli uomini, in quanto peccatori, sono e saranno sempre sotto la minaccia della guerra fino alla venuta di Cristo; ma in quanto riescono, uniti nell'amore, a vincere il peccato essi vincono anche la violenza, fino alla realizzazione di quella parola divina "Con le loro spade costruiranno aratri e falci con le loro lance; nessun popolo prenderà più le armi contro un altro popolo, né si eserciteranno più per la guerra" (*Is* 2,4). [...] È inutile, infatti, che essi si adoperino con tenacia a costruire la pace, finché sentimenti di ostilità, di disprezzo e di diffidenza, odi razziali e ostinate ideologie dividono gli uomini, ponendoli gli uni contro gli altri. [...] E ciascuno di noi deve adoperarsi per mutare il suo cuore.[16]

È dunque una questione di fede: grazie alla fede ci si sente membra vive del Corpo Mistico e quindi si entra nell'ottica dell'intercessione e della riparazione; senza la fede si prende la strada dei "giustizieri dell'Apocalisse" del cinema, o si innesca la "caccia alle streghe" deplorata da papa Francesco.

> Mi fa tanto male riscontrare come in alcune comunità cristiane, e persino tra persone consacrate, si dia spazio a diverse forme di odio, divisione, calunnia, diffamazione, vendetta, gelosia, desiderio di imporre le proprie idee a qualsiasi costo, fino a persecuzioni che sembrano una implacabile caccia alle streghe. Chi vogliamo evangelizzare con questi comportamenti? Chiediamo al Signore che ci faccia comprendere la legge dell'amore. Che buona cosa è avere questa legge! Quanto ci fa bene amarci gli uni gli altri al di là di tutto! Sì, al di là di tutto! A ciascuno di noi è diretta l'esortazione paolina: "Non lasciarti vincere dal male, ma vinci il male con il bene" (*Rm* 12,21). E ancora: "Non stanchiamoci di fare il bene" (*Gal* 6,9). [...] Non lasciamoci rubare l'ideale dell'amore fraterno! [...]

[16] Concilio Vaticano II, Costituzione pastorale sulla Chiesa nel mondo contemporaneo *Gaudium et Spes*, nn. 78, 82.

> Più che come esperti in diagnosi apocalittiche o giudici oscuri che si compiacciono di individuare ogni pericolo o deviazione, è bene che [gli uomini] possano vederci come gioiosi messaggeri di proposte alte, custodi del bene e della bellezza che risplendono in una vita fedele al Vangelo.[17]

Travestito da amore per la Chiesa, il falso zelo finisce con alimentare le file di coloro che scagliano pietre e dilaniano il Corpo di Cristo.

L'eco degli inferi

Come non bastasse uno zelo cattivo, tutto terreno, il Diavolo ne offre uno ancora più sottile, e lo manda direttamente dal suo "cielo" tramite i falsi messaggi di veggenti, di "anime particolari". Esiste un falso zelo "apostolico" che – non ritenendo sufficiente la Parola di Dio e la voce della Chiesa – pensa di lodare Dio e la Madonna e di propagare la fede affidando la catechesi direttamente al Diavolo. In altre parole, si ritiene implicitamente che la sua testimonianza sia più credibile di quella dei santi. Ecco allora la pubblicazione di lettere di dannati, interviste a Satana, voci dall'Inferno. Gesù non ha mai gradito una siffatta catechesi. Nei Vangeli sentiamo la voce adulante dei demòni che riconoscono il Messia ancor prima dei discepoli e gridano: "Io so chi tu sei: il santo di Dio". Eppure, la risposta di Gesù è solo una: "Taci!" (*Mc* 1,25; *Lc* 4,35). E, sempre nel Vangelo, c'è una risposta anche per coloro che sono convinti che le affermazioni dei dannati possano avere un benefico effetto sulle anime degli increduli. Anzi ci viene fornita una vera e propria intervista:

> [Il ricco] Stando negl'inferi tra i tormenti, alzò gli occhi e vide di lontano Abramo, e Lazzaro accanto a lui. Allora gridando disse [...]: «Padre Abramo, ti prego di mandarlo a casa di mio padre, perché ho cinque fratelli. Li ammonisca, perché non vengano anch'essi in questo luogo di tormento!». Ma Abramo rispose: «Hanno Mosè e i Profeti; ascolti-

[17] Francesco, Esortazione apostolica *Evangelii gaudium*, 24 novembre 2013, nn. 100; 101; 168.

no loro». E lui replicò: «No, padre Abramo, ma se dai morti qualcuno andrà da loro, si convertiranno». Abramo rispose: «Se non ascoltano Mosè e i Profeti, non saranno persuasi neanche se uno risorgesse dai morti» (*Lc* 16,23.27-31; CEI 2008).

Luca, poi, negli Atti degli Apostoli, narra l'episodio occorso a Paolo e Sila nella città di Filippi, dove una giovane schiava, posseduta da un demone, li seguiva "gridando: 'Questi uomini sono servi del Dio Altissimo e vi annunciano la via della salvezza'. Così fece per molti giorni, finché Paolo, mal sopportando la cosa, si rivolse allo spirito e disse: 'In nome di Gesù Cristo ti ordino di partire da lei'. E all'istante lo spirito partì" (*At* 16,17-18).

Distratti dall'eco degli inferi, rischiamo di non accorgerci della voce chiara e tonante del Diavolo che, omicida fin da principio, in ogni epoca spinge gli uomini a trasformare il delitto in diritto.[18]

I segreti delle tenebre

Esiste poi un falso zelo decisamente "spudorato". Leggendo i trattati di teologia mistica, si trova che, per poter discernere la veridicità del contenuto delle rivelazioni private, sono stati codificati criteri ben precisi.[19] Il contenuto, per esempio, non deve opporsi alle verità di fede né chiedere cose impossibili. C'è pure un criterio che, di primo acchito, lascia perplessi per la sua apparente ovvietà: il contenuto non deve essere "contrario alla decenza".[20] In realtà il problema è più serio di quanto non sembri. Si è già detto che molte rivelazioni private contengono un'analisi dei mali della Chiesa; quelle autentiche esortano al rimedio responsabilizzando personalmente i fedeli. Ma ce ne sono altre che arricchiscono l'analisi dei mali con accurate

[18] Cfr. Giovanni Paolo II, Lettera enciclica *Evangelium vitæ*, n. 11.

[19] Si legga, per esempio, Adolfo [Adolphe] Tanquerey, *Compendio di teologia ascetica e mistica*, Società di S. Giovanni Evangelista, Desclée & Co., Paris 1928^5, III, c. III; oppure Agostino Poulain, *Delle grazie d'orazione. Trattato di teologia mistica*, Marietti, Torino 1926^2, c. XXII.

[20] A. Tanquerey, *op. cit.*, III, c. III, n. 1502b.

spiegazioni esemplificative, specialmente quando si tratti di peccati contro il sesto comandamento.

È rimasto famoso il caso di una presunta veggente di metà Ottocento, una certa Canzianilla. La donna riuscì a carpire la fiducia del suo vescovo riguardo all'autenticità delle rivelazioni di cui lei si diceva beneficiaria e a pubblicarle in un libello; in esse, la Madonna chiedeva preghiere e penitenza per la santificazione del clero, ma nel contempo dava "una pittura orribile dei costumi di sacerdoti e religiosi. Ne seguì uno scandalo e il Vescovo dovette dimettersi; così Satana ottenne il suo scopo".[21]

Nello stesso periodo, anche il *Segreto di Melania*,[22] condannato definitivamente il 21 dicembre 1915[23] e poi inserito nell'*Indice dei libri proibiti* nel 1923,[24] contiene accuse sommarie e senza pudore contro il clero e le comunità cristiane

[21] A. Poulain, *op. cit.*, c. XXII, p. 385.

[22] Recentemente si è potuto dimostrare che "l'opuscolo condannato dagli Eminentissimi Cardinali preposti alla tutela della fede e dei costumi" – così recita il Decreto – corrisponde al manoscritto inviato da Melania a papa Pio IX.

[23] Il Decreto afferma specificamente che "non vieta la devozione alla Beata Vergine col titolo di 'Riconciliatrice dei peccatori', popolarmente detta 'Madonna de La Salette'", ma commina la scomunica ai fedeli religiosi e laici che "incuranti delle decisioni della Congregazione, continuano a diffondere tramite libri, opuscoli e articoli, il cosiddetto *Segreto de La Salette*, a dissertare delle sue versioni, come pure del suo adattamento al tempo presente o futuro" (*Acta Apostolicae Sedis*, vol. VII, p. 594).

[24] L'*Indice dei libri proibiti* venne abrogato il 14 giugno 1966. Nella *Notificazione* della Congregazione per la dottrina della fede veniva affermato che "l'*Indice* rimane moralmente impegnativo, in quanto ammonisce la coscienza dei cristiani a guardarsi, per una esigenza che scaturisce dallo stesso diritto naturale, da quegli scritti che possono mettere in pericolo la fede e i costumi; ma in pari tempo avverte che esso non ha più forza di legge ecclesiastica con le annesse censure" (*Acta Apostolicae Sedis*, vol. LVIII, p. 445). A circa vent'anni di distanza, il cardinal Ratzinger, allora prefetto della Congregazione per la dottrina della fede, – sebbene riferendosi specificamente agli scritti di Maria Valtorta – ribadì lo stesso principio con valore chiaramente estensivo: "Avendo poi alcuni ritenuta lecita la stampa e la diffusione dell'Opera in oggetto, dopo l'avvenuta abrogazione dell'*Indice*, [si fa presente] che l'*Index* conserva tutto il suo valore morale, per cui non si ritiene opportuna la diffusione di un'Opera la cui condanna non fu presa alla leggera ma dopo ponderate motivazioni al fine di neutralizzare i danni che tale pubblicazione può arrecare ai fedeli più sprovveduti" (J. Ratzinger, Prot. n. 144/58, Roma, 31 gennaio 1985).

degli anni che vanno dal 1846 al 1865 (anni in cui, tra l'altro, vivevano il beato Pio IX, san Giovanni Bosco e il santo Curato d'Ars).[25]

San Pio X, poi, fra le varie motivazioni dalle quali si poteva comprendere la falsità dei messaggi che portarono allo scisma dei Mariaviti, annoverò il fatto che in essi fossero contenute "le più gravi accuse contro tutti i sacerdoti e i vescovi che hanno osato esprimere dubbi circa la santità e la divina elezione della veggente, o hanno mostrato una qualche riserva nei confronti della società dei Mariaviti".[26]

> In una civiltà paradossalmente ferita dall'anonimato e, al tempo stesso, ossessionata per i dettagli della vita degli altri, spudoratamente malata di curiosità morbosa, la Chiesa ha bisogno di uno sguardo di vicinanza per contemplare, commuoversi e fermarsi davanti all'altro tutte le volte che sia necessario.[27]

Messaggi che squalifichino in modo sommario intere categorie di persone e manifestino spudoratamente peccati nascosti altrui, finendo col mancare di carità e favorire gravi giudizi temerari, non sono certamente nello stile di Dio che, solo alla fine dei tempi, "svelerà i segreti delle tenebre e le intenzioni dei cuori" (1*Cor* 4,5).

La crepa nella Roccia

Esiste infine un terzo tipo di zelo demoniaco, uno zelo più intellettuale che potremo definire "antiereticale". Il vescovo di Roma riveste il grandissimo ruolo di essere la "Pietra", la Roccia, il punto fermo su cui è costruita la Chiesa e contro cui si infrangono le potenze degli inferi. "Meglio ci è di stare appoggiati alla colonna ferma – la quale, se è percossa con molte persecuzioni, non è però rotta – piuttosto che alla paglia che, siamo certi, ella vien meno, e ogni piccolo vento la caccia a terra",[28] scriveva santa Caterina riferendosi al

[25] Cfr. A. Poulain, *op. cit.*, c. XXII, p. 385.
[26] Pio X, Lettera enciclica *Tribus circiter,* 5 aprile 1906, nn. 1-3.
[27] Francesco, *Evangelii gaudium,* 24 novembre 2013, n. 169.
[28] Caterina da Siena, *op. cit.*, p. 6.

papa di Roma, in quel tempo di massima confusione ecclesiale che fu il grande scisma d'Occidente. Nella Chiesa c'è sempre la certezza che l'autorità del papa sia legata non alla sua personale impeccabilità, ma a quella "delle Chiavi che Dio gli ha date".[29] In mezzo agli sconvolgimenti del mondo resta un punto di riferimento, un uomo a cui Dio dona il carisma di non poter insegnare errori in materia di fede e morale. Abbiamo già analizzato la confusione creata dal Diavolo giocando sulle parole "infallibile" e "impeccabile" (cfr. quinto capitolo). Il problema, comunque, riguarda soprattutto chi, non accettando tale dogma – che si è rivelato una vera "cruna dell'ago" –, giudica la Chiesa standone all'esterno. Per infettare le pecore dell'ovile era dunque necessaria una tentazione meno scontata.

Non potendo attaccare apertamente l'infallibilità del papa – sarebbe una manovra troppo evidente – il Diavolo ha trovato il modo di entrare nell'ovile senza passare per la porta, ma salendo "da un'altra parte" (*Gv* 10,1). Ha tentato di insinuare una crepa nella Roccia: l'idea, che poi si trasforma in convinzione, che il papa regnante non sia quello vero. Storicamente, chi ha coltivato tale idea si è poi stretto attorno a un antipapa. Cominciò il prete romano Ippolito (eletto antipapa nel 217), sostenendo che papa Callisto fosse caduto nell'eresia e quindi non potesse essere legittimo. In seguito, nel periodo della "lotta per le investiture" (che contrappose il papato e l'impero nei secoli undicesimo e dodicesimo), con analoghe motivazioni vennero eletti numerosi antipapi sostenuti dalla fazione imperiale. Tra la fine del Trecento e l'inizio del Quattrocento vi furono vari papi rivali. Dal 1449, grazie a Dio, non ci sono più stati antipapi, ma ha preso vita il bizzarro fenomeno dei "sedevacantisti": l'ultimo vero papa sarebbe morto da quel dì, e il trono di Pietro è usurpato da un eretico, da un apostata o addirittura da un demone. In nome dello zelo antiereticale, per la difesa della vera fede, si è fatto così passare il cammello per la "cruna dell'ago".

[29] Ivi, p. 5.

Ebbene, molti "messaggi" – con suadente linguaggio mascherato a difesa dell'ortodossia cattolica – vanno a minare proprio la stabilità del primato di Pietro: la Beata Vergine, o qualche altra creatura celeste, piange perché Roma o "i vertici della Chiesa" – nominare esplicitamente il papa sarebbe un attacco troppo palese – hanno abbandonato la vera fede, e ora Satana dirige la Chiesa. In altre parole, il papa e i vescovi in comunione con lui non sono più infallibili e stanno insegnando eresie o, peggio, sono caduti nell'apostasia. Da quel momento i fedeli sono quindi autorizzati a non fidarsi né dei vescovi né del papa; e l'azione di dispersione (*diabállein*) comincia. A chi si riferirebbe la profezia? Al segretario di Stato? al suo sostituto? al prefetto della Congregazione per la dottrina della fede? al papa in persona? o a tutti i residenti entro le mura vaticane? Compaiono così le liste dei vescovi (soprattutto cardinali) sospettati di appartenere all'organizzazione sovversiva che complotta contro la "vera Chiesa"; compare l'elenco delle eresie di cui si sarebbe macchiato il pontefice; compaiono i veggenti – quelli non mancano mai – che, a nome della Madonna o di Gesù, guidano il gregge disperso finché non giunge la divina legittimazione ad abbandonare scismaticamente la Chiesa reale.

In tempi recenti, le false versioni del terzo segreto di Fatima e il *Segreto di Melania* sono stati utilizzati per alimentare filoni apocalittici di carattere scismatico. Emblematica in tal senso è l'insistenza di alcune frange tradizionaliste sul presunto occultamento del "vero terzo segreto di Fatima", che sarebbe stato operato dagli ultimi papi, allo scopo di nascondere la loro demoniaca identità di "Anticristi sul trono di Pietro". Benché, in prospettiva, tali posizioni deliranti siano facilmente riconoscibili, numerosi fedeli sono caduti nella trappola. Negli anni successivi al Concilio Vaticano II ci fu una vera epidemia di rivelazioni private. Fra le tante, per il legame con il presunto terzo segreto, meritano di essere ricordate le false apparizioni avvenute a Bayside, un quartiere di New York. La "veggente", Veronica Lueken, dal 1968 fino alla morte (avvenuta nel 1995) dichiarò di ricevere messaggi da santa Teresa di Lisieux e dalla Madonna. Nonostante i pronunciamenti dei vescovi di Brooklyn (1973 e 1986) in cui si avvertivano i fedeli che "le presunte visioni di Bayside sono assolutamente destituite di autenticità e i 'messaggi' contengono affermazioni contrarie agli insegnamenti della Chiesa cattolica che minano la legittima autorità di vescovi e concili instillando dubbi nelle menti dei fedeli", attorno a Veronica si strutturarono un centinaio di gruppi di "rosarianti". Naturalmente Veronica sosteneva di detenere il terzo segreto di Fatima e di essere un'anima vittima per il bene della Chiesa. Nel 1975, la Madonna avrebbe rivelato a Veronica che tre anni prima un gruppo di cardinali aveva avvelenato Paolo VI e insediato al suo posto un impostore, un "agente di Satana"; il terribile contenuto del segreto era proprio questo: Satana papa e guida della Chiesa. Si narra che anche a fine Ottocento – quando Leone XIII adottò un atteggiamento più dialogante con il neonato Stato italiano e scrisse le encicliche sociali – una banda di fedeli armati fosse partita dalla Francia con l'intenzione di liberare il vero papa Leone XIII, imprigionato nelle segrete del Vaticano. In tempi recentissimi, le "veggenti" Filomena e Marina – pure loro istruite sul terzo segreto dalla Madonna in persona –, quando Giovanni Paolo II – contraddicendo clamorosamente le loro profezie – promosse l'incontro interreligioso di Assisi, sostennero che la massoneria avesse segregato il vero papa, sostituendolo con un sosia. Controcorrente, il terzo segreto ispira anche l'Opera cenacolo familiare, fondata da don Salvatore Paparo nel 1946: il messaggio di Fatima inaugura l'"età aurea del cristianesimo", il trionfo della Chiesa cattolica in cui "vescovi sposati e preti sposati saranno un fulgido esempio per le altre famiglie cristiane".[30]

Possiamo capire come qui non sia in gioco tanto l'autorità del pontefice, ma la Parola del Signore: "Tu sei Pietro e su questa pietra edificherò la mia Chiesa e le porte degli inferi non prevarranno su di essa".

[30] Lettera di don Salvatore Paparo al vescovo Arrigo Miglio, 14 agosto 2007; cfr. il sito dell'Opera cenacolo familiare: www.operacefa.blogspot.com.

La porta dell'Inferno

Tra i doni dello Spirito Santo è annoverato il timore di Dio. Con le sue risposte sintetiche, il *Catechismo* di san Pio X condensava il significato del dono in queste parole: "Il Timor di Dio è un dono che ci fa riverire Dio e temere di offendere la sua divina Maestà, e ci distoglie dal male incitandoci al bene".[31] E il timore di offendere qualcuno può nascere fondamentalmente dalla paura di una ritorsione, o di non ricevere un guadagno, oppure di far soffrire la persona amata. È quindi il dono che, giunto alla sua perfezione, non solo ci allontana da ogni desiderio di male, ma esprime tutta la delicatezza dell'amore.

> O ci allontaniamo dal male per timore del castigo e siamo nella disposizione dello schiavo. O ci lasciamo prendere dall'attrattiva della ricompensa e siamo simili ai mercenari. Oppure è per il bene in se stesso e per l'amore di colui che comanda che noi obbediamo [...] e allora siamo nella disposizione dei figli.[32]

Santa Caterina, in un'analoga prospettiva, spiega che è proprio il dono del santo timore che ci permette di salire la scala che ci porta alla comunione con Dio. E, trattandosi di una scala, ha i suoi gradini, che ci fanno comprendere l'evoluzione del nostro rapporto con Dio. Come già accennato, la santa senese, nel *Dialogo della Divina Provvidenza,* immagina che ci siano grandi "scaloni" che ci permettono di arrivare all'unione profonda con Dio; e tali "scaloni" corrispondono allegoricamente ai piedi, al costato e alla bocca del Cristo, il Ponte fra cielo e terra.[33] Il primo "scalone" viene paragonato al timore del "servo mercenario",[34] a quel timore, cioè, che nasce dalla paura del castigo e dall'amore del guadagno. È certamente uno stadio molto imperfetto

[31] Pio X, *Catechismo Maggiore,* Tipografia vaticana, Roma 1905, n. 925.
[32] Basilio Magno, *Regulae fusius tractatae,* prol. 3.
[33] Caterina da Siena, *Dialogo della Divina Provvidenza,* Cantagalli, Siena 2006, c. 26, p. 72.
[34] Ivi, c. 56, p. 122.

dell'amore. Ma Dio accoglie i primi passi – siamo infatti a livello dei piedi del Ponte – e l'amore del guadagno – che umanamente non è affatto un pregio –, è qui il primo rudimentale passo nella fede, in quanto ci fa comunque desiderare i beni promessi da Dio. Se tale desiderio viene ben coltivato, col crescere della fede si giunge al secondo "scalone": quello in cui il timore del "servo mercenario" si trasforma in quello del "servo fedele".[35] Qui il servizio avviene per quel senso di profonda riconoscenza che sgorga dal cuore di chi, comprendendo la bontà del Signore, spera di collaborare sempre più con la sua grazia e, semmai, teme di non essere sufficientemente grato. L'ultimo scalone è quello della comunione profonda e affettuosa con Dio, cioè quello dell'"amore del Figlio";[36] in esso, il senso di timore si trasforma in un amore profondo, che desidera solamente corrispondere in tutto alla volontà della persona amata: "Nell'amore non c'è timore, al contrario l'amore perfetto scaccia il timore" (1*Gv* 4,18).

Se questo è il santo timore di Dio, esiste anche, ovviamente, la sua versione *diabolica,* dove il timore è totalmente distaccato (*diabállein*) dall'amore: la paura.

La paura è il sentimento paralizzante per eccellenza, e completa, in un certo senso, il circolo infernale del rimorso e del rimpianto. Non è un caso che gli ultimi tre papi abbiano quasi condiviso una frase del Vangelo come fosse uno slogan, a cominciare da Giovanni Paolo II: "Non abbiate paura!" (*Gv* 6,20). Il coraggio che deriva da Dio ha però un perimetro ben definito: quello della fede. Il mattino di Pasqua, l'angelo si rivolge alle donne dicendo: "Non abbiate paura! Voi cercate Gesù Nazareno, il crocifisso" (*Mc* 16,6). Il motivo di tanto incoraggiamento sta proprio nella qualità della ricerca. In altre parole, se invece di cercare il Crocifisso stiamo cercando qualcos'altro, saremo preda della paura.

Il Diavolo, da un lato, seduce con un falso bene e, dall'altro, tiene legati con l'immensa catena della paura. La paura

[35] *Ibid.*
[36] *Ibid.*

di perdere i beni, le buone occasioni, la salute, la vita, il tempo; la paura del passato e del futuro; la paura di sé e degli altri; e alla fine la paura di un Dio duro, che miete dove non ha seminato e raccoglie dove non ha sparso (cfr. *Mt* 25,24).

Abbiamo visto come, a livello sociale, sulla paura si fondino le dittature, le sette, le organizzazioni segrete. A livello religioso, avere riaperto con tanta enfasi l'orizzonte di un nuovo paganesimo ha comportato inevitabilmente la ricomparsa dei "tempi dell'ignoranza" (*At* 17,30), e dello "spirito da schiavi per ricadere nella paura" (*Rm* 8,15). Il cielo, un tempo abitato da un Padre buono e misericordioso, si è ripopolato di entità negative, forze oscure e minacciose. Il fatto che talvolta tali forze siano travestite da madonne o da arcangeli non ne cambia l'essenza. Una volta in preda alla paura, l'uomo perde la libertà; per sedare l'ansia può sottoporsi a riti insensati, compiere azioni riprovevoli, distruggere ciò che ama. In una parola: abdica alla propria ragione.

> Fallivano i ritrovati della magia,
> e il vanto della loro saggezza era svergognato.
> Infatti quelli che promettevano di cacciare
> timori e inquietudini dall'anima malata,
> languivano essi stessi in un ridicolo timore.
> Anche se nulla di spaventoso li atterriva,
> messi in agitazione al passare delle bestie e ai sibili dei rettili,
> morivano di tremore,
> rifiutando persino di guardare l'aria
> che in nessun modo si può evitare. [...]
> La paura infatti altro non è
> che l'abbandono degli aiuti della ragione; [...]
> quanto meno ci si affida nell'intimo a tali aiuti,
> tanto più grave è l'ignoranza della causa che provoca il tormento.
> (*Sap* 17,7-12; CEI 2008)

Ma non vogliamo dare l'impressione che una tale sciagura sia una inevitabile catastrofe. A noi è sempre lasciato un margine di azione importante: la nostra fede. La fede però, per quanto primitiva, deve essere retta e ben orientata. Sappiamo che la fede fa miracoli, che senza la fede è impossibile essere graditi a Dio (cfr. *Eb* 11,6); e che Gesù, giunto nella sua patria, "non vi poté operare nessun prodigio" (*Mc* 6,5) a causa della loro poca fede. Tuttavia, anche il Diavolo ha la fede, una fede senza amore e quindi piena di terrore (cfr. *Gc* 2,19).

A livello individuale, è importantissimo crescere nel corretto timor di Dio. Non si farà fatica a scorgere come, tante volte, certe persone "si creino una tale rappresentazione di Dio che, respingendolo, rifiutano un Dio che non è affatto quello del Vangelo".[37] Incrinata la fiducia in Dio, l'angoscia di esistere può assumere connotati spaventosi, come alcuni filosofi hanno ben descritto. E come il santo timore di Dio è la strada dell'amore di Dio, la paura è la porta dell'Inferno. Attraverso di essa passano legioni di demòni.

Si può subito comprendere che persino i mezzi magici – una vera apoteosi della irrazionalità umana – pur nella loro stupida vacuità possano acquistare un valore inaspettato, in base alla fede che in essi viene riposta. Grazie alla suggestione operata dalla paura, le semplici cose della vita quotidiana si trasformano in "sacramenti" del Diavolo e le vittime ne percepiscono gli effetti proprio in base alla loro fede. Dobbiamo ammettere che il "sia fatto secondo la tua fede" (*Mt* 8,13) si può anche riferire a una fede distorta che, credendo nella potenza di certi rituali, ne realizza gli scopi. Persino la manna – che pure "aveva in sé ogni dolcezza" (*Sap* 16,20) –, quando gli Ebrei nel deserto cominciarono a rimpiangere l'Egitto, divenne per essi un cibo nauseante (cfr. *Num* 21,5), proprio perché "si trasformava in ciò che ognuno desiderava" (*Sap* 16,21).

Purtroppo, la ritualità magica può immergere i suoi velenosi tentacoli anche nel cristianesimo. Il fenomeno, inquietante e mascherato di devozione, avviene ogni volta che, scindendo liturgia e vita, si attribuisce ai riti un'efficacia diretta, a prescindere dalla volontà di Dio che, con il rito, ne sarebbe addomesticata. Non si può nascondere che pie devozioni, sganciate dalle scelte morali della per-

[37] Concilio Vaticano II, *Gaudium et Spes* cit., n. 19.

sona, si traducano in uno dei tanti rituali magici. Non è un caso che molti maghi, tra le varie formule per difendersi dal malocchio, inseriscano la recita di preghiere, Rosari, l'uso dell'acqua santa e di altri oggetti benedetti. Nella magia, proprio per la sua natura intrinseca, un individuo può tenere un comportamento riprovevole, odiare profondamente il prossimo e vivere palesemente nel peccato, senza che ciò sia di impedimento al raggiungimento dell'effetto desiderato: la ripetizione esatta del rituale è meccanismo sufficiente a produrre risultati, non importa nemmeno se peccaminosi. Anzi, capita addirittura che sprovveduti fedeli chiedano preghiere speciali per ottenere guadagni illeciti, amanti più focose e castigo dei nemici. La sciagura peggiore – triste segno dei tempi – è quando persino qualche sacerdote, che ha infarcito la fede di magia, attraverso i suoi "poteri speciali" giunge a incolpare terze persone di essere state la causa, tramite un maleficio, delle sventure altrui. Allora, con una benedizione, si radica nei fedeli l'odio verso suocere, genitori, vicini di casa, datori di lavoro. E il Diavolo, con la maschera di una liberante preghiera, induce al peccato più grave, alla violazione radicale e senza il minimo rimorso – avviene infatti per ordine del sacerdote! – dei comandamenti fondanti le relazioni umane: "Onora tuo padre e tua madre" (*Es* 20,12), "Amate i vostri nemici, fate del bene a quelli che vi odiano" (*Lc* 6,27).

È importante svincolarsi subito dai circoli della paura. Il Diavolo, abbiamo visto, inquina con la paura persino i messaggi della Madonna. Se è vero che tali messaggi provengono da Dio, allora costituiscono "una visione profetica paragonabile a quelle della Sacra Scrittura, che non descrivono in senso fotografico i dettagli degli avvenimenti futuri, ma sintetizzano e condensano su un medesimo sfondo fatti che si distendono nel tempo in una successione e in una durata non precisate. Di conseguenza, la chiave di lettura del testo non può che essere di carattere *simbolico*".[38] *Simbolico* e non

[38] CDF, *Il messaggio di Fatima*, Libreria editrice vaticana, Città del Vaticano 2000, p. 30.

diabolico. Come abbiamo già esaminato più volte, mentre la lettura *simbolica* è globale e panoramica, la lettura *diabolica* è parcellare, si fissa su un particolare vero per distogliere dal significato globale. Dimenticando lo scopo, il mezzo non è più il "fine in divenire", ma diventa in se stesso un fine. Il chirurgo si trasforma in un sadico squartatore e il ginecologo in un maniaco pervertito. Invece, "la cosa più importante è scoprire qual è il messaggio principale, quello che conferisce struttura e unità al testo. Il messaggio centrale è quello che l'autore in primo luogo ha voluto trasmettere, il che implica non solamente riconoscere un'idea, ma anche l'effetto che quell'autore ha voluto produrre".[39] L'effetto che la Beata Vergine porta è certamente un effetto incoraggiante; è sempre quello di raccogliere i figli sotto il mantello dell'unità (cfr. *At* 1,14), Lei che, essendo la *symbállousa*,[40] detiene la funzione *antidiabolica* per eccellenza. Lo scopo delle sue visite all'umanità è, in mezzo agli sconvolgimenti del mondo, non farci perdere di vista il trionfo del Cuore Immacolato. Maria porta l'unità in una Chiesa ferita ma tutta raccolta "sotto il fedel suo manto",[41] nella consapevolezza della responsabilità personale di ciascuno.

A Fatima, la Madonna chiese sì la consacrazione della Russia – compito riservato al papa e ai vescovi in comunione con lui – ma aggiunse un compito personale accessibile a tutti i cristiani: coltivare la devozione al Cuore Immacolato, la comunione riparatrice nei primi sabati, e soprattutto smettere di offendere Dio.[42] Il Diavolo invece ha istigato tanti fedeli a congetturare se il papa avesse pronunciato la giusta formula di consacrazione, anziché preoccuparsi della propria conversione. Commentando i castighi minacciati nel segreto di Fatima, la beata Maria Bolognesi osservava che essi sono totalmente condizionati dal nostro per-

[39] Francesco, *Evangelii gaudium*, n. 147.

[40] La definizione attribuita a Maria dall'evangelista Luca (2,19), nel suo significato di "mettere insieme", è spiegata all'inizio dell'ottavo capitolo.

[41] Silvio Pellico, preghiera *Consolatrice Vergine*: "O peccatori uniamoci a nostra Madre accanto, sotto il fedel suo manto non hàvvi alcun timor!".

[42] Cfr. CDF, *Il messaggio di Fatima* cit., p. 40.

sonale comportamento: "La Madonna parla sì di castighi. Ma ha anche detto: 'Se gli uomini non smetteranno di offendere Dio'. E come Lo si offende? Violando i comandamenti. E i comandamenti cosa ci insegnano? A non rubare, a non essere falsi, a non uccidere e soprattutto a volerci tutti bene! Allora capisci bene che la guerra, il castigo di Dio, non è una pietra che Lui scaglia dal cielo: è prodotta da uomini che rubano, sfruttano, uccidono; gli uomini si odiano e comincia la guerra tra le persone, poi tra le famiglie, tra i paesi e poi fra tutte le nazioni [...] cerca di essere sempre buono e prega tanto: la pace del mondo comincia con la pace nel tuo cuore!".[43] Sulla stessa lunghezza d'onda, suor Lucia dos Santos scriverà al papa il 12 maggio 1982: "E non diciamo che è Dio che così ci castiga; al contrario, sono gli uomini che da se stessi si preparano il castigo. Dio premurosamente ci avverte e chiama al buon cammino, rispettando la libertà che ci ha dato; perciò gli uomini sono responsabili".[44]

Trascurando lo scopo di un monito celeste, mettendo *diabolicamente* l'enfasi su una frase decontestualizzata, si ottiene l'effetto paura. Come parlare solamente di letame, trascurando i buoni frutti che il terreno produrrà. O descrivere la maternità come un susseguirsi di dolori del parto, frequenti risvegli notturni, igiene del neonato, lavaggi e rinunce; cosa si percepirebbe della gioia di avere un figlio? Torniamo, per esempio, a riflettere sullo strazio *diabolico* operato sul messaggio di Fatima. In esso, i pastorelli compresero che persino le fiamme angeliche che sembravano incendiare il mondo "si spegnevano al contatto dello splendore che Nostra Signora emanava dalla sua mano destra [...],[45] e alla fine il Cuore Immacolato trionferà!".[46] Ponendo, invece, l'accento esclusivamente sulla dolorosa battaglia della fede, sui "dolori del parto" e trascurando la cer-

[43] Cit. in R. Talmelli, *Il profumo dell'unguento* cit., p. 86.
[44] CDF, *Il messaggio di Fatima* cit., p. 9.
[45] Ivi, p. 21.
[46] *Ibid.*

tezza del trionfo finale, si ripropone una fede *diabolica* che, arrestatasi alla sera del Venerdì Santo, dimentica la Pasqua. Non dobbiamo illuderci di avere reazioni migliori di quelle che ebbero gli Apostoli: "Allora tutti lo abbandonarono e fuggirono" (*Mc* 14,50).

In questo modo, il Diavolo nutre il senso di sconfitta, l'istinto di fuga, un'empietà strisciante che, nel cuore dell'uomo spaventato, spegne la capacità di riconoscere l'opera dello Spirito. A quel punto l'uomo, "come un tamerisco nella steppa, quando viene il bene, non lo vede" (*Ger* 17,6). Così, con la paura si rischia di vanificare il dono che la Beata Vergine fa all'umanità quando, scendendo dal Cielo, ci invita a riconoscere l'opera di Dio: "Ecco, io faccio una cosa nuova: proprio ora germoglia, non ve ne accorgete?" (*Is* 43,19).

Tra suggestioni, sfacciate menzogne, scoop giornalistici e inchieste speciali, anziché essere collaboratori del trionfo di Cristo e della Madre, schiere di devoti sono diventati complici dei profeti di sventura, dei "copro-cultori" del Corpo Mistico che, ai consueti mali del mondo, aggiungono la convinzione che la Chiesa sia al tracollo. Dal frutto si riconosce l'albero. E il frutto di tali manovre è la fuga per paura del naufragio; a causa della paura così indotta, i fedeli, che pure avevano perseverato nella fede, sono tentati di buttarsi a mare al grido: "Si salvi chi può!". E nel mare, il Diavolo ha già approntato i suoi mezzi di salvataggio: un galeone, un lussuoso yacht, un'astronave.

La barca di Pietro

Nel Vangelo di Matteo, abbiamo due situazioni iconografiche in qualche modo speculari. In entrambe, la barca di Pietro è nel mare in gran tempesta, ricoperta dalle onde. Nella prima icona, finché Pietro tiene lo sguardo fisso su Gesù, riesce a camminare sulle acque ma, appena si concentra sulla tempesta, comincia ad affondare. Distogliere lo sguardo da Gesù provoca il dramma.

> La barca intanto distava già qualche miglio da terra ed era agitata dalle onde: il vento infatti era contrario [...] Ed egli disse: «Vieni!». Pietro, scendendo dalla barca, si mise a camminare sulle acque e andò verso Gesù. Ma, per la violenza del vento, s'impaurì e, cominciando ad affondare, gridò: «Signore, salvami!». E subito Gesù stese la mano, lo afferrò e gli disse: «Uomo di poca fede, perché hai dubitato?». Appena saliti sulla barca, il vento cessò (*Mt* 14,24-32).

Nella seconda, gli Apostoli finché tengono lo sguardo verso la tempesta sono sommersi dalle onde ma, appena si rivolgono a Gesù, si fa una grande bonaccia. Dirigere lo sguardo verso Gesù risolve il dramma.

> Ed ecco, scatenarsi nel mare una tempesta così violenta che la barca era ricoperta dalle onde; ma egli dormiva. Allora accostatisi a lui lo svegliarono, dicendo: «Salvaci, Signore, siamo perduti!». Ed egli disse loro: «Perché avete paura, uomini di poca fede?». Quindi levatosi, sgridò i venti e il mare e si fece una grande bonaccia (*Mt* 8,24-26).

Con il suo linguaggio essenziale, l'evangelista ci fa ben comprendere che è la poca fede a renderci sempre più vittime del mare di problemi che inonda la vita; finché l'attenzione resta polarizzata sugli eventi negativi, sull'infinita analisi del problema, ne siamo sommersi.

Noi dobbiamo credere che Gesù ha già vinto. Gesù è già vincitore. Anche la Madre è venuta a dirci che il suo Cuore Immacolato trionferà. È su questa certezza che si fonda la nostra fede. Se ne siamo davvero convinti, allora dobbiamo collaborare con la vittoria di Dio cooperando con la grazia che Lui ci manda. Bisogna cambiare ottica: anziché investigare perennemente sul problema e analizzarne tutte le sfumature, dobbiamo cercare le tracce della Sua vittoria e attaccarci a quelle. Anche se talora la barca è in mezzo alla tempesta, con vento forte e contrario, non bisogna avere paura: Lui ha già vinto. Ma è solo con gli occhi della fede che vediamo la Sua vittoria. Con gli occhi della fede riusciamo a scorgere quale sia la Sua grazia in mezzo al grande problema, quali siano i piccoli segnali della Sua vittoria... Probabilmente, la migliore soluzione prospettata dagli Apostoli sarebbe stata l'avere un secchio in più con cui svuotare la barca; ma capiamo bene che, buttato fuori il primo secchio d'acqua, sarebbe arrivata una nuova onda e poi un'altra e un'altra ancora. La vera grazia, invece, era Gesù lì con loro, anche se stava dormendo. Avere Gesù "inerte" sulla barca poteva sembrare una piccola cosa, ma è solo quando Lo hanno guardato con gli occhi della fede che Lo hanno svegliato: anziché guardare verso la tempesta hanno guardato a Lui, e Lui ha risolto il problema. Talora, ai nostri occhi, la grazia può sembrare piccola cosa rispetto alla grandezza del problema; ma se noi cooperiamo con essa, pian piano essa cresce in noi fino a superare il problema. A Paolo, tribolato da ogni parte e schiaffeggiato da Satana, il Signore disse: "Ti basta la mia grazia" (2*Cor* 12,9). Nutrendoci ogni giorno della grazia che Dio ci manda, col tempo, finiamo per essere trasformati dalla grazia stessa, una trasformazione così profonda che la nostra volontà si troverà tutta orientata a desiderare quello che Dio vuole. Saremo allora giunti sul terzo "scalone", nella bocca del Signore, veri figli che parlano con le Sue parole e si nutrono del Suo cibo: "la volontà di colui che lo ha mandato" (cfr. *Gv* 4,34).

Ancora un ultimo, e forse ardito, pensiero. Nella visione di Fatima, "il Santo Padre, prima di arrivare alla montagna della Croce, attraversò una grande città mezza in rovina e mezzo tremulo con passo vacillante, afflitto di dolore e di pena, pregava per le anime dei cadaveri che incontrava nel suo cammino; giunto alla cima del monte, prostrato in ginocchio ai piedi della grande Croce venne ucciso da un gruppo di soldati che gli spararono vari colpi di arma da fuoco e frecce".[47]

Trattandosi di una visione profetica, dobbiamo coglierne l'allegoria. Certamente, per esempio, la compresenza di armi da fuoco e frecce condensa in un'unica visione tempi molto diversi, come spiegò il cardinale Angelo Sodano,

[47] *Ibid.*

al termine della concelebrazione presieduta da Giovanni Paolo II a Fatima in occasione della beatificazione di Giacinta e Francesco Marto.[48] In quell'occasione il cardinale puntualizzò che la visione di Fatima descrive "una interminabile Via Crucis guidata dai Papi del ventesimo secolo".[49] La stessa suor Lucia aveva affermato che la Signora non aveva rivelato il nome del papa e quindi i veggenti non sapevano "se era Benedetto XV o Pio XII o Paolo VI o Giovanni Paolo II". [50] Il cardinal Ratzinger, nel suo Commento teologico al Messaggio di Fatima, scrisse che "Nella Via Crucis di un secolo la figura del Papa ha un ruolo speciale. Nel suo faticoso salire sulla montagna possiamo senza dubbio trovare richiamati insieme diversi Papi, che cominciando da Pio X fino all'attuale Papa hanno condiviso le sofferenze di questo secolo e si sono sforzati di procedere in mezzo ad esse sulla via che porta alla croce".[51]

Non sarà così azzardato, allora, leggere quella descrizione, forse con un po' di fantasia, in una prospettiva simbolica, non troppo fotografica.

Nella visione dei pastorelli c'è un papa che viene ucciso. Abbiamo assistito nel febbraio del 2013 a un evento storico, alle dimissioni di Benedetto XVI. La folla "era venuta a vedere questo spettacolo" (*Lc* 23,48). All'inizio del cammino quaresimale, con grande umiltà, il vecchio Pastore annunciò che le sue forze non erano "più adatte per esercitare in modo adeguato il ministero petrino",[52] e che si sarebbe ritirato nel monastero Mater Ecclesiae, il piccolo convento di clausura costruito dentro i Giardini vaticani. Se è vero che l'età aveva fisiologicamente corroso il vigore del Pastore, non possiamo sorvolare sul fatto che dall'inizio alla fine del pontificato il papa fosse stato oggetto – con incredibile accanimento – di infiniti attacchi, di "dardi infuoca-

[48] Cfr. ivi, p. 30.
[49] *Ibid.*
[50] Ivi, p. 28.
[51] Ivi, p. 42.
[52] Benedetto XVI, *Declaratio*, 11 febbraio 2013.

ti del Maligno" (*Ef* 6,16), che non possono non avere contribuito a fiaccare la sua grande forza. Oltre alle "sparate" dei giornali, le accuse di coloro che "affilano la loro lingua come spada, scagliano come frecce parole amare" (*Sal* 64), i cui "denti sono lance e frecce e la loro lingua spada affilata" (*Sal* 57), il tradimento di alcuni amati figli.[53]

> Se mi avesse insultato un nemico, l'avrei sopportato; se fosse insorto contro di me un avversario, da lui mi sarei nascosto. Ma sei tu, mio compagno, mio amico e confidente; ci legava una dolce amicizia, verso la casa di Dio camminavamo in festa (*Sal* 54).

Alla fine parlò come il Cristo, senza accusare nessuno e con grande mansuetudine: "Ma io vi dico la verità: è bene per voi che io me ne vada" (*Gv* 16,7). Umilmente, quasi prostrato in ginocchio, chiese a tutti perdono per i suoi difetti e ringraziò di cuore.[54] Il Sommo Pontefice era decaduto e, come un semplice pellegrino, iniziava l'ultima tappa del suo pellegrinaggio in questa terra.[55] Si rinchiuse nel cuore della "Madre della Chiesa", la Sposa da lui sempre amata, in un giardino dove mai nessuno era stato deposto (cfr. *Gv* 19, 41).

> Guarda sulla mia faccia gli sputi che io ricevetti per te, per poterti restituire al primo soffio vitale. Guarda sulle mie guance gli schiaffi sopportati per rifare a immagine di Dio la tua bellezza perduta. Guarda sulle mie spalle la flagellazione subita per liberare le tue spalle dal peso dei tuoi peccati. Risorgi mia Sposa! Risorgi, usciamo di qui! Tu in me e io in te, siamo infatti un'unica e indivisa natura.[56]

Chissà, forse, prima o poi volgeranno lo sguardo a "colui che hanno trafitto" (*Zc* 12,10). Il "semplice e umile la-

[53] Cfr. Benedetto XVI, intervista concessa durante il volo verso il Portogallo per il viaggio apostolico nel X anniversario della beatificazione di Giacinta e Francesco, pastorelli di Fatima, 11 maggio 2010.
[54] Cfr. Benedetto XVI, *Declaratio* cit.
[55] Cfr. Benedetto XVI, Saluto ai fedeli della diocesi di Albano, 28 febbraio 2013.
[56] Tratto da un'antica omelia sul Sabato Santo, in Umil (a cura di), *L'Ora dell'Ascolto*, Lezionario biblico-patristico, Piemme, Casale Monferrato (Al) 1989[3], pp. 552-553.

voratore nella vigna del Signore"[57] aveva concluso il suo grande e mite servizio di governo e di chiarezza dottrinale. "Sentiamo che Benedetto XVI ha acceso nel profondo dei nostri cuori una fiamma: essa continuerà ad ardere perché sarà alimentata dalla sua preghiera, che sosterrà ancora la Chiesa nel suo cammino spirituale e missionario".[58] Come il Battista, "Egli era la lampada che arde e risplende, e voi solo per un momento avete voluto rallegrarvi alla sua luce" (*Gv* 5,35).

Ma la luce della fede non si è spenta, anzi! Il *Lumen fidei*[59] ha continuato a brillare, con rinnovato e straordinario vigore, nelle mani di papa Francesco. La vera Tradizione[60] si era trasmessa in un modo unico nella storia della Chiesa, con una consegna viva e visibile a tutti, persino concretizzata in una lettera enciclica scritta a quattro mani. "Il Successore di Pietro, ieri, oggi e domani, è infatti sempre chiamato a 'confermare i fratelli' in quell'incommensurabile tesoro della fede che Dio dona come luce sulla strada di ogni uomo".[61]

L'ombra del Diavolo non ha oscurato la barca di Pietro: "Guardate a lui e sarete raggianti!" (*Sal* 34).

E il Risorto, ora con voce tremula, ora con voce più vigorosa, continua ad annunciare a ogni uomo e in ogni tempo:

> Coraggio! Non cedete al pessimismo di chi vi fa credere che la mia Sposa è vecchia e moribonda. La Chiesa è sempre giovane! Non lasciatevi rubare la speranza!
>
> Non abbiate paura! Io sono il Primo e l'Ultimo, e il Vivente. Ero morto, ma ora vivo per sempre e ho potere sopra la morte e sopra gli inferi (cfr. *Ap* 1,17-18).

57 Benedetto XVI, Benedizione apostolica *Urbi et orbi*, 19 aprile 2005.
58 Francesco, Udienza a tutti i cardinali, 15 marzo 2013.
59 È il titolo della prima Enciclica di papa Francesco. La lettera, frutto della collaborazione dei due pontefici (cfr. *Lumen fidei*, n. 7), è stata pubblicata il 29 giugno 2013, solennità dei Santi apostoli Pietro e Paolo.
60 Il verbo latino *tradere* significa "consegnare", "affidare", "trasmettere". Nella fede della Chiesa cattolica, la Tradizione è "la Parola di Dio non scritta, ma comunicata a viva voce da Gesù e dagli Apostoli, e giunta inalterata, di secolo in secolo per mezzo della Chiesa fino a noi" (Pio X, *Catechismo Maggiore* cit., n. 889).
61 Francesco, *Lumen fidei*, n. 7.

Ringraziamenti

Gli autori ringraziano:

il professor Giovanni Corbelli
suor Dina Roda, o.s.a.
don Paolo Cacciali
don Enrico Grassini
monsignore Antonio Buoncristiani
monsignore Girolamo Grillo
Roberta Grillo
la professoressa Luisa Agresti
padre David T. Fitzgerald, s.P.
padre Peter Lechner, s.P.
padre William Hoare, s.P.
padre Benedict Livingstone, s.P.
padre Raymond Gunzel, s.P.
la Fondazione Cuore Immacolato di Maria Rifugio delle Anime

Arnoldo Mondadori Editore S.p.A.

Questo volume è stato stampato
presso ELCOGRAF S.p.A.
Stabilimento - Cles (TN)

Stampato in Italia - Printed in Italy